国家出版基金项目
NATIONAL PUBLICATION FOUNDATION

欧亚历史文化文库

总策划　张余胜

兰州大学出版社

黑鞑事略校注

丛书主编　余太山

许全胜　校注

图书在版编目(CIP)数据

黑鞑事略校注 / 许全胜校注. —兰州:兰州大学
出版社,2014.3
(欧亚历史文化文库/余太山主编)
ISBN 978-7-311-04421-3

Ⅰ.①黑… Ⅱ.①许… Ⅲ.①蒙古族—民族历史—中
国—古代 Ⅳ.①K281.2

中国版本图书馆 CIP 数据核字(2014)第 044352 号

总 策 划　张余胜

————————————————————————————————

书　　　名　**黑鞑事略校注**
丛书主编　余太山
作　　　者　许全胜　校注
出版发行　兰州大学出版社　(地址:兰州市天水南路 222 号　730000)
电　　　话　0931 – 8912613(总编办公室)　　0931 – 8617156(营销中心)
　　　　　　0931 – 8914298(读者服务部)
网　　　址　http://www.onbook.com.cn
电子信箱　press@lzu.edu.cn
印　　　刷　天水新华印刷厂
开　　　本　700 mm×1000 mm　1/16
印　　　张　20(插7)
字　　　数　264 千
版　　　次　2014 年 3 月第 1 版
印　　　次　2014 年 3 月第 1 次印刷
书　　　号　ISBN 978-7-311-04421-3
定　　　价　66.00 元

————————————————————————————————

(图书若有破损、缺页、掉页可随时与本社联系)
淘宝网邮购地址:http://lzup.taobao.com

《黑韃事略箋注》作者李文田像

《黑韃事略校注》作者沈曾植像

《黑韃事略箋證》作者王國維像

上海圖書館藏李文田《黑韃事略筆箋注》鈔本卷首

上海圖書館藏沈曾植《黑韃事略校注》稿本卷首

王國維《黑韃事略箋證》排印本卷首

上海圖書館藏李文田《黑韃事略箋注》鈔本李文田跋

國家圖書館藏《黑韃事略》明嘉靖二十一年（1542）鈔本

圖1-1 成吉思汗像　　　　　　　　圖1-2 窩闊台像

圖4-1 耶律楚材贈劉滿詩卷（1）

圖4-2 耶律楚材贈劉滿詩卷（2）

圖9-1 李唐《文姬歸漢圖》（1）

圖9-2 李唐《文姬歸漢圖》（2）

圖9-3 李唐《文姬歸漢圖》（3）

圖9-4 李唐《文姬歸漢圖》（4）

圖9-5 李唐《文姬歸漢圖》（5）

圖9-6 李唐《文姬歸漢圖》（6）

圖9.1-1 羊羣廟一號祭祀遺址出土漢白玉坐像

圖9.1-2 羊羣廟二號祭祀遺址出土漢白玉坐像

圖9.1-3 羊羣廟三號祭祀遺址出土漢白玉坐像

圖10-1 蒙古馬

圖10-2 土撥鼠

圖11 元至順刻本《事林廣記》飲宴圖

4

圖15 元劉貫道《元世祖出獵圖》

圖16-1 《番騎圖》戴罟罟冠婦女

圖16-2 安西榆林窟第六窟元代壁畫

圖16-3 拖雷與唆魯和帖尼妃子像（拉施特《史集》插圖）

5

圖16-4 女主人戴罟罟冠（陝西省蒲城縣洞耳村元至元六年［1269］墓壁畫）

圖16-5 元世祖后徹爾伯像

圖17-1 安西榆林窟元代壁畫

圖17-2 遼寧凌源富家屯元墓壁畫

圖17-3 內蒙古赤峰市元寶山元墓壁畫

圖17-4 山西興縣紅峪村元至大二年（1309）墓壁畫

圖17-5 山西洪洞縣廣勝寺水神廟明應王殿南壁元泰定元年（1324）大行散樂忠都秀在此作場壁畫

圖17-6 西安潘家莊元墓出土女陶俑

圖17-7 西安潘家莊元墓女陶俑

圖17.1 男主人著腰線袍（陝西蒲城縣洞耳村元至元六年［1269］墓壁畫）

7

圖22.1 耶律楚材像

圖24 洛陽出土令牌（從左至右分別
爲畏兀蒙古字、八思巴文、波斯文）

圖24.1-1 1225年畏兀蒙古字移相哥碑

圖24.1-2 1240年窩闊台汗碑畏兀蒙古字

圖24.1-3 1246年貴由汗致因諾森
四世文書所鈐畏兀蒙古字璽印

圖24.1-4 吐魯番出土畏兀蒙古字刻本

圖24.1-5 畏兀蒙古字長牌

圖28-1 長寧蘸印

圖28-2 常樂蘸印

圖28-3 元平陽路五十兩銀錠　　圖28-4 元三十兩銀錠

圖28.1 洛陽出土宋代珍珠地紋瓷枕

圖31.1-1 北京白雲觀

9

圖31.1-2 洞耳村元墓壁畫人物髮式

圖31.1-3
甘肅省博物館藏銀質圓牌（1）

圖31.1-4
甘肅省博物館藏銀質圓牌（2）

圖31.1-5
李唐《文姬歸漢圖》髡髮人物

圖31.1-6
內蒙古赤峰市巴林左旗遼墓人物髮式

圖31.1-7 內蒙古赤峰市敖漢旗遼墓壁畫人物髮式

圖31.1-8 內蒙古通遼市庫倫旗遼墓壁畫侍衛髮式

圖31.1-9 內蒙古大學民族博物館藏索倫金質長牌

圖31.1-10 陝西寶雞元墓出土陶俑髮式

圖31.1-11 兒童剃鵓角（宋人嬰戲圖）

圖31.1-12 西安潘家莊元墓陶俑髮式（1）

圖31.1-13
西安潘家莊元墓陶俑髮式（2）

圖31.1-14
西安潘家莊元墓陶俑髮式（3）

圖36 蒙古騎射（劉貫道《元世祖出獵圖》）

圖40.1 回回砲

圖48.1 西夏國師鮮卑智海像（安西榆林窟第29窟壁畫）

12

出版说明

　　随着 20 世纪以来联系地、整体地看待世界和事物的系统科学理念的深入人心，人文社会学科也出现了整合的趋势，熔东北亚、北亚、中亚和中、东欧历史文化研究于一炉的内陆欧亚学于是应运而生。时至今日，内陆欧亚学研究取得的成果已成为人类不可多得的宝贵财富。

　　当下，日益高涨的全球化和区域化呼声，既要求世界范围内的广泛合作，也强调区域内的协调发展。我国作为内陆欧亚的大国之一，加之 20 世纪末欧亚大陆桥再度开通，深入开展内陆欧亚历史文化的研究已是责无旁贷；而为改革开放的深入和中国特色社会主义建设创造有利周边环境的需要，亦使得内陆欧亚历史文化研究的现实意义更为突出和迫切。因此，将针对古代活动于内陆欧亚这一广泛区域的诸民族的历史文化研究成果呈现给广大的读者，不仅是实现当今该地区各国共赢的历史基础，也是这一地区各族人民共同进步与发展的需求。

　　甘肃作为古代西北丝绸之路的必经之地与重要组

成部分,历史上曾经是草原文明与农耕文明交汇的锋面,是多民族历史文化交融的历史舞台,世界几大文明(希腊—罗马文明、阿拉伯—波斯文明、印度文明和中华文明)在此交汇、碰撞,域内多民族文化在此融合。同时,甘肃也是现代欧亚大陆桥的必经之地与重要组成部分,是现代内陆欧亚商贸流通、文化交流的主要通道。

基于上述考虑,甘肃省新闻出版局将这套《欧亚历史文化文库》确定为2009—2012年重点出版项目,依此展开甘版图书的品牌建设,确实是既有眼光,亦有气魄的。

丛书主编余太山先生出于对自己耕耘了大半辈子的学科的热爱与执着,联络、组织这个领域国内外的知名专家和学者,把他们的研究成果呈现给了各位读者,其兢兢业业、如临如履的工作态度,令人感动。谨在此表示我们的谢意。

出版《欧亚历史文化文库》这样一套书,对于我们这样一个立足学术与教育出版的出版社来说,既是机遇,也是挑战。我们本着重点图书重点做的原则,严格于每一个环节和过程,力争不负作者、对得起读者。

我们更希望通过这套丛书的出版,使我们的学术出版在这个领域里与学界的发展相偕相伴,这是我们的理想,是我们的不懈追求。当然,我们最根本的目的,是向读者提交一份出色的答卷。

我们期待着读者的回声。

总　序

　　本文库所称"欧亚"(Eurasia)是指内陆欧亚,这是一个地理概念。其范围大致东起黑龙江、松花江流域,西抵多瑙河、伏尔加河流域,具体而言除中欧和东欧外,主要包括我国东三省、内蒙古自治区、新疆维吾尔自治区,以及蒙古高原、西伯利亚、哈萨克斯坦、乌兹别克斯坦、吉尔吉斯斯坦、土库曼斯坦、塔吉克斯坦、阿富汗斯坦、巴基斯坦和西北印度。其核心地带即所谓欧亚草原(Eurasian Steppes)。

　　内陆欧亚历史文化研究的对象主要是历史上活动于欧亚草原及其周邻地区(我国甘肃、宁夏、青海、西藏,以及小亚、伊朗、阿拉伯、印度、日本、朝鲜乃至西欧、北非等地)的诸民族本身,及其与世界其他地区在经济、政治、文化各方面的交流和交涉。由于内陆欧亚自然地理环境的特殊性,其历史文化呈现出鲜明的特色。

　　内陆欧亚历史文化研究是世界历史文化研究中不可或缺的组成部分,东亚、西亚、南亚以及欧洲、美洲历史文化上的许多疑难问题,都必须通过加强内陆欧亚历史文化的研究,特别是将内陆欧亚历史文化视做一个整体加以研究,才能获得确解。

中国作为内陆欧亚的大国,其历史进程从一开始就和内陆欧亚有千丝万缕的联系。我们只要注意到历代王朝的创建者中有一半以上有内陆欧亚渊源就不难理解这一点了。可以说,今后中国史研究要有大的突破,在很大程度上有待于内陆欧亚史研究的进展。

古代内陆欧亚对于古代中外关系史的发展具有不同寻常的意义。古代中国与位于它东北、西北和北方,乃至西北次大陆的国家和地区的关系,无疑是古代中外关系史最主要的篇章,而只有通过研究内陆欧亚史,才能真正把握之。

内陆欧亚历史文化研究既饶有学术趣味,也是加深睦邻关系,为改革开放和建设有中国特色的社会主义创造有利周边环境的需要,因而亦具有重要的现实政治意义。由此可见,我国深入开展内陆欧亚历史文化的研究责无旁贷。

为了联合全国内陆欧亚学的研究力量,更好地建设和发展内陆欧亚学这一新学科,繁荣社会主义文化,适应打造学术精品的战略要求,在深思熟虑和广泛征求意见后,我们决定编辑出版这套《欧亚历史文化文库》。

本文库所收大别为三类:一,研究专著;二,译著;三,知识性丛书。其中,研究专著旨在收辑有关诸课题的各种研究成果;译著旨在介绍国外学术界高质量的研究专著;知识性丛书收辑有关的通俗读物。不言而喻,这三类著作对于一个学科的发展都是不可或缺的。

构建和发展中国的内陆欧亚学,任重道远。衷心希望全国各族学者共同努力,一起推进内陆欧亚研究的发展。愿本文库有蓬勃的生命力,拥有越来越多的作者和读者。

最后,甘肃省新闻出版局支持这一文库编辑出版,确实需要眼光和魄力,特此致敬、致谢。

余太山

2010 年 6 月 30 日

目 录

前　言

一、《黑韃事略》及其作者

　　《黑韃事略》是彭大雅、徐霆作爲南宋赴蒙古使節隨員所著的行記。作者親歷其地,耳聞目睹,記載十分全面,詳細敘述了當時蒙古國的朝廷要員、地理氣候、牧獵方式、語言文字、曆法筮占、官制法律、風俗習慣、差發賦稅、商賈貿易、兵馬將帥、軍事戰法,以及所屬各投下、被征服各國的名稱。這些內容具有很高的價值,是研究 13 世紀上半葉蒙古歷史的寶貴史料。

　　此書後有徐霆跋云:

　　　　霆初歸自草地,嘗編敘其土風習俗,及至鄂渚,與前綱書狀官彭大雅解后,各出所編,以相參考,亦無大遼絕,遂用彭所編者爲定本,間有不同,則霆復疏于下方,然此亦止述大略,其詳則見之《北征日記》云。嘉熙丁酉孟夏朔,永嘉徐霆長孺書。

可知南宋理宗嘉熙元年(1237)徐霆將彭大雅使北所記稿本與自己所作《北征日記》相互參照,遂以彭著爲定本,把己作之不同記載録於相關內容之下。今所見各种版本,前者頂格書寫,後者低一格書"霆"云云,所題撰人或署"宋彭大雅撰、徐霆疏證",或"宋徐霆長孺輯",或"永嘉徐霆"。

　　關於宋人彭大雅的情況,可參見本書附録張政烺先生所作《宋四川安撫制置副使知重慶府彭大雅事輯》[1],此不贅述。徐霆的生平,前人較少注意,今檢明淩廸知《萬姓統譜》卷 7 云:

---

　　[1]張氏此文原成於 1941 年 7 月,1946 年又作一《補記》,刊于《國學季刊》第 6 卷第 4 號,後收入《張政烺文史論集》(中華書局 2004 年,92－110 頁)。

徐霆,字長孺。永嘉人。少爲母舅陳塤所鞠,勵以講學,由是得聞性理之要。長游四方,所見益廣,連中漕舉。紹定中,李全亂淮楚。霆從趙善相(湘)於制幕,軍謀檄筆,實參其事。全斃,以功補官。端平初,軺車初通,霆以選介信使奉幣入行闕。又歲餘,覆命授江東路兵馬鈐轄。移江西,再移廣。歷守欽、復州、漢陽軍,以武功大夫致仕卒。[1]

其中"端平初(1234年),軺車初通,霆以選介信使奉幣入行闕",與徐霆隨使蒙古的情況是吻合的。

《黑韃事略》云:

霆至草地時,立金帳,想是以本朝皇帝親遣使臣來,故立之以示壯觀。前綱鄒奉使至不曾立,後綱程大使、更後綱周奉使至,皆不立。

1926年2月2日王國維作《黑韃事略跋》[2],據此語及《宋史·理宗紀》考徐霆於端平元年(甲午,1234)十二月隨鄒伸之使蒙古,并云:"伸之再使,雖奉命於甲午十二月,然其至草地已在丙申(1236年)之夏",而徐霆跋稱彭大雅爲前綱書狀官,其隨鄒伸之使蒙古則在紹定五年壬辰十二月。

王氏推理甚精,所考徐霆出使時間與上引霆傳正合,但彭大雅隨使時間則微有不確。1941年張政烺撰《宋四川安撫制置副使知重慶府彭大雅事輯》,指出鄒伸之初使蒙古,嘗撰《使韃日録》,清乾隆時原書尚存,《四庫全書總目》列入史部雜史類存目,以諱"韃"字,易名爲《使北日録》。可惜《四庫》不載,今書已不傳,唯元人白珽《湛淵靜語》卷2引《使燕日記》二千餘字,當爲鄒氏《日録》之遺。《四庫全書總目提要》所記鄒伸之出使年月甚精確,可補王跋不足。其文略云:

《使北日録》一卷(浙江巡撫採進本)。宋鄒伸之撰。理宗紹

---

[1]見《文淵閣四庫全書》子部類書類956册,商務印書館(臺灣)1986年,181頁。
[2]案王國維此跋見《觀堂集林》(中華書局1959年,804-805頁),又見王國維《黑韃事略箋證》附跋(《王國維遺書》,上海書店出版社1983年,第8册,257-260頁)。跋末署"乙丑十二月",而今國家圖書館藏王氏手稿本則題爲"乙丑季冬二十日"。參見袁英光、劉寅生:《王國維年譜長編》,天津人民出版社1996年,467-468頁。

定六年癸巳，史嵩之爲京湖制置使，與蒙古會兵攻金。會蒙古遣王
檝來通好，因假伸之朝奉大夫京湖制置使參議官，往使。以是歲六
月偕王檝自襄陽啟行，至明年甲午二月始見蒙古主於行帳。尋即
遣回，以七月抵襄陽。計在途者十三月。因取所聞見及往復問答，
編次紀録，以爲此書。……又《宋史》載伸之出使在紹定五年十二
月，而此《録》實以六年六月出疆，皆當以此録所紀爲得其實。

又《湛淵靜語》卷2云：

> 《使燕日録》載紹定癸巳北朝遣王檝來通好，朝廷劄京湖制司
> 就差官鄒沖（伸）之等六員使北朝審實，於次年六月回抵汴。[1]

據此可知鄒伸之初使時偕隨員六人（彭大雅當爲其中一員），於紹定六
年癸巳（1233）六月由襄陽啟程，第二年即端平元年甲午（1234）二月抵
達蒙古汗帳，見太宗窩闊台。伸之一行隨即返程，于同年六月至汴，七
月抵襄陽。[2]

案，張政烺先生所考甚確，但學者論及彭大雅出使事，或有用王國
維壬辰之說者[3]，故特爲拈出。不過最先注意鄒氏《使北日録》這條材
料的倒並非張氏，而是晚清蒙元史地學者李文田（1834—1895）。據李
氏《黑韃事略箋注》抄本"霆至草地時立金帳"條眉注云：

> 案，鄒伸之撰《使北日録》一卷，事在理宗紹定六年。此書存
> 目在《提要》卷五十二雜史類。[4]

是李氏應已考知鄒伸之初使蒙古在紹定六年。

二、《黑韃事略》的版本與中國學者的早期研究

《黑韃事略》流傳頗罕，原刊本早已不存。目前所見最早的版本爲

---

〔1〕見《文淵閣四庫全書》子部雜家類。

〔2〕參見《張政烺文史論集》，96—97頁。

〔3〕如陳得芝主編《中國通史》第8卷《中古時代・元時期（上）》（上海人民出版社1997年，
15—16頁）。不過，去年陳氏出版所著《蒙元史研究導論》（南京大學出版社2012年，26頁），已糾
正此誤。伯希和也從王說，見其《評王國維遺書》"《黑韃事略箋注》"條（馮承鈞《西域南海史地考
證譯叢五編》，商務印書館1962年，55頁）。

〔4〕此條注文見上海圖書館藏李氏《黑韃事略箋注》抄本，胡思敬所輯《問影樓輿地叢書》本
《黑韃事略》書眉李文田注無此條。

中國國家圖書館藏明嘉靖二十一年（1542）姚咨跋抄本。據姚跋（見本書附錄）這個抄本是據宋刻本抄的，此本爲後來衆多抄本之祖[1]。清光緒十六年庚寅（1890）春，李文田在京師廠肆得一抄本，此書原爲張蓉鏡（1803—?）舊藏本[2]，李氏跋云：

> 《黑韃事略》一卷，宋彭大雅撰、徐霆疏證而成此書。霆南宋理宗時人，嘗奉使蒙古，歸而編其風土爲此書。據其自跋，尚有《北征日記》一書，今已久佚，即此書亦爲藏家所罕有矣。姚咨跋稱嘉靖丁巳鈔自太史王懋中家云。光緒庚寅，見此於廠肆，亟收之，以慰物聚之好爾。

同年繆荃孫（1844—1919）在南方也購得一舊抄本攜歸京師[3]。沈曾植（1850—1922）借抄繆本後，又校以李本，並作箋注。沈氏稿本今藏上海圖書館，有題跋云：

> 此本借抄于繆小山編修，編修歸自江南，新得書也。李詹事春間從廠肆得一舊抄本，復借之校一過。繆本勝李本，然所出之源不同。繆本誤脫而李本是者，亦若干條，此書大略可讀矣。

案，據繆荃孫《藝風老人日記》，繆氏於庚寅五月十二日（1890 年 6 月 28 日）抵京，二十九日（7 月 15 日）與沈曾植等會面。六月三、四、五日（7 月 19、20、21 日），繆氏自校《黑韃事略》。六月九日（7 月 25 日）沈曾植來借《黑韃事略》。六月二十三日（8 月 8 日）繆荃孫約沈曾植等聚飲。二十四日（8 月 9 日）繆氏復借李文田本校勘。據此可知二十三日沈繆見面時，沈已將繆書歸還，則沈曾植校《黑韃事略》當在光緒十六年六月九日至二十三日（1890 年 7 月 25 日至 8 月 8 日）間。沈氏開始作箋注當也在是年。

---

[1]參見《中國古籍善本書目》史部雜史類，上海古籍出版社 1993 年，249 頁。案，國圖此本嘉靖壬寅（二十一年，1542）姚咨跋爲他本所無，其他諸本有嘉靖丁巳（三十六年，1557）姚咨跋，但無壬寅姚跋。

[2]繆荃孫《藝風老人日記》庚寅六月二十四日條云："謁順德師，……借《黑韃事略》張蓉鏡舊藏本回"（北京大學出版社 1986 年）。案，張蓉鏡，字芙川，江蘇常熟人，清藏書家（參見葉昌熾《藏書紀事詩》卷 5，上海古籍出版社 1999 年，579 – 581 頁）。

[3]此本見《藝風藏書記》卷 3，上海古籍出版社 2007 年，64 頁。

從李文田與沈曾植的跋語推測,他們大約同時在作《黑韃事略》的箋注。光緒三十四年戊申(1908)胡思敬(1870—1922)刊刻《問影樓輿地叢書》第 1 集[1],收有 1 種舊鈔本《黑韃事略》,書眉有箋注,書末除李文田跋外,還有熙元(1864—1900)[2]跋及胡氏自跋兩篇:

　　　　丁酉(1897)正月,達甫弟得鈔本於廠肆,余愛其敘事詳實,命書僕翟浦錄副藏之。此書惟《述古堂》、《持靜齋》二目著錄,他不多見,誠秘笈也。太初記。

　　　　右書自元以來展轉傳抄,罕見刻本。明人號搜輯古今佚乘,考諸家叢目,亦未著錄。唯吳縣曹中翰注《蒙韃備錄》徵引十餘條,未知所據何本,就其所引者兩相校對,各有脫誤。曹注沒去彭大雅之名,竟以此書為徐霆所著。度其所見,亦非校刻精本可知。此本熙太初祭酒家故物。祭酒殉難後,余遊曉市得之。其李侍郎所跋原書,則不知流落何所,侍郎攻西北輿地學最專,書眉評語,考證精博,足與徐疏互相發明,疑即侍郎之筆,存而不削,異時當與《元秘史》、《西遊錄》注並傳。末附校勘記,多系以意懸度,不敢徑改,用存古書之舊,讀者審之。光緒戊申(1908)秋九月,新昌胡思敬跋。

　　案,筆者將此書的李跋及眉批與上海圖書館藏李氏箋注抄本校核,發現除抄本眉批有兩條失載外,幾乎全同。[3] 可知胡氏刊本所依據的實為李文田注本的另一個抄本。蓋李氏於 1895 年(光緒二十一年)逝世後,其注本流入廠肆,至 1897 年(光緒二十三年)書為熙元之弟所得,熙元命人錄一副本。熙氏庚子殉難後,藏書復流出,乃為胡思敬所得。胡氏跋"書眉評語,考證精博,足與徐疏互相發明,疑即侍郎之筆,存而不削"是很有見地的。伯希和(1878—1945)《評王國維遺書》"黑韃事

　　〔1〕清光緒三十四年(1908)新昌胡氏京師仿聚珍版排印本。又見《叢書集成初編》史地類,民國二十四年至二十六年(1935—1937)商務印書館(上海)排印本。後附胡思敬校勘記。

　　〔2〕熙元,字太初,號吉甫,滿洲正白旗人。見孫雄《舊京文存》卷 3《紀略》(參見江慶柏《清代人物生卒年表》,人民文學出版社 2005 年,812 頁)。

　　〔3〕上圖藏李文田箋注抄本首條眉批有"田案"字樣,而胡刻本無此二字,故胡思敬不能十分肯定所刻本注是李氏所作。而內藤湖南蓋據胡思敬跋語,則徑稱《問影樓輿地叢書》本有李文田眉批,見其《中國史學史》(上海古籍出版社 2008 年,324 頁)。

略箋證"條云：

　　一九〇八年有活字本，訛誤甚多，收入胡思敬《問影樓輿地叢
書》中。胡氏所據者是一近代抄本，而此抄本又間接出於姚咨一
五五七年抄本。箋注佳者不少。王氏所據本，亦出姚咨本，然未言
出處，要非胡思敬所據之本。……徐霆疏後云："此亦止述大略，
其詳則見之《北征日記》。"王氏箋證未及此書，然胡思敬本有李文
田跋，視此《北征日記》爲徐霆之別一記録，余以其說不誤。按舊
《說郛》本有《北征記》，前此未能考得其撰人（參看《通報》一九二
四年刊二〇五頁），今以此書應是《北征日記》。[1]

可知伯氏于李文田之說評價頗高，不過他認爲《北征日記》即《說郛》中
的《北征記》則未必正確[2]。而王國維所據本確如伯氏所云是另一本，
王氏 1925 年 12 月 16 日（民國 14 年，十一月一日）致羅振玉函略云：

　　公前所印《黑韃事略》，如有存者否，乞賜一本。……李文誠
（案即李文田）《元秘史注》紕繆甚多，與其所著他書無異，培老（即
沈曾植）乃盛稱其人，殊不可解。[3]

案，據此函知王國維《黑韃事略箋證》所據之本應是羅振玉印本，此本
1926 年又由東方學會重印，收入《六經堪叢書》。顯然，伯希和僅見胡
思敬刊本而未見羅氏刊本。王國維對李文田評價甚低，他未及參考胡
氏刻本中的李注，所論不如伯希和公允。

　　1926 年王國維作《黑韃事略箋證》，其中多次引用沈曾植注，惜王
氏當時未見李文田注，李注精彩處可從下舉之例得其一斑。《黑韃事
略》"其賦"條有"置蘸之法"，沈注云：

　　置蘸即置站也，蘸字獨見於此。

王國維《箋證》引沈氏說稱是[4]，他在 1926 年 9 月 14 日（八月初八日）

---

〔1〕見馮承鈞《西域南海史地考證譯叢五編》，55－56 頁。
〔2〕《北征記》見陶宗儀輯、張宗祥重校《說郛》（100 卷本）卷 4，民國十六年（1927）商務印書
館（上海）排印本。此本收入《說郛三種》第 1 冊，上海古籍出版社 1988 年。
〔3〕見《王國維全集·書信》，中華書局 1984 年，425 頁。又見《羅振玉王國維往來書信》，東
方出版社 2000 年，649－650 頁。
〔4〕見《王國維遺書》第 8 冊，220 頁。

致神田喜一郎函中提及此事：

> 《親征録校注》甚爲草率，……此書印刷垂成，已發見當增訂
> 處不止三四。至《蒙韃備録》及《黑韃事略》二種增訂之處尤多，頃
> 見沈乙庵先生校本，釋《事略》中蘸字爲站之異譯，此條甚佳。[1]

顯然《箋證》所引是後來王氏見到沈曾植注增補進去的。沈注僅一句
話，博得王國維如此稱許，他不知道李文田也早已有此見解，而且比沈
注論證更充分。李注云：

> 蘸，即"站"字之借音，本借"占"字，其後或作"駐"或"站"，皆
> 俗字。明人撰《元史》用"立"旁"站"字以後，此字有一定之用矣。
> 周密《癸辛雜識》及陶宗儀《輟耕録》皆有"站"字。又《元史·世
> 祖昭睿順聖皇后列傳》："四怯薛官奏割京城外近地牧馬，責太保
> 劉秉忠曰：'汝何爲不諫？今軍蘸已定，奪之可乎？'"[2]是元初不
> 專用"站"字，亦作"蘸"字也。

沈曾植借李文田藏本校過，他們作注約在同時，此見解可謂不謀而合。
可惜這條注僅見於上圖所藏李注鈔本，而不見於胡思敬刻本。不過即
便胡本有，王氏當時沒有看到，也就無從參考了。當然，正如伯希和已
指出的那樣，王國維所作箋證"豐富精密，始終如一"[3]，雖然有個別不
足之處，仍是佳作。

三、沈曾植箋注未刊本的價值

1890年（光緒十六年）夏，沈曾植借抄繆荃孫藏本後，又校以李文
田藏本。據其書眉批註筆跡看，其注釋是不斷增補的，非一時所成。沈
曾植《黑韃事略箋注》是目前所知最早的《黑韃事略》注本之一，有不同
于李文田注的獨特價值，也受到後來王國維的重視。伯希和對胡刻本

---

〔1〕見《王國維全集·書信》，442頁。
〔2〕李注引文有節略，原文參見《元史·後妃傳》，中華書局1976年，2871頁。
〔3〕見伯希和《評王國維遺書》"《黑韃事略箋注》"條（馮承鈞《西域南海史地考證譯叢五
編》，56頁）。

·歐·亞·歷·史·文·化·文·庫·

的箋注有較好的評價,雖然他當時不知道這就是李文田所注。伯希和在書評中也因王氏箋證引沈曾植說而提及沈氏,他曾與沈氏有過交往[1],但因未見沈注全貌,沒有加以任何評說。[2]

沈氏箋注中除上揭爲王國維所徵引者之外,還有不少值得注意的研究成果。他對《黑韃事略》這部重要的行記所涉及的歷史人物,種族、地理名稱,蒙古風俗習慣,以及法律、商業制度等諸大端都作了開創性的研究,兹略舉數例。

(1)"霆見故姑之制"條注云:

○《至元譯語》:故故曰播庫脫。然則故故非蒙語也。○《事林廣記》:固姑,韃人、回回婦女戴之,以皮或糊紙爲之,朱漆剔金爲飾。

案,此條李文田注云:

故姑,蒙古冠名也。《蒙韃備録》作"顧姑",元丘處機《西遊記》作"故故",明葉子奇《草木子》作"姑姑",皆此物也。又《輟耕録》二十二卷云:"承旨阿目茄八剌死,……帶罟罟娘子十有五人。"[3]

沈曾植和李文田是國內最早注意罟罟冠問題的學者。後來王國維《蒙韃備録箋證》"顧姑冠"條引《長春真人西遊記》、楊允孚《灤京雜詠》、《析津志》,另外其《黑韃事略箋證》"故姑"條、《長春真人西遊記校注》"故故"條,也都有考證。[4] 沈注向未刊佈,而載有李注的《問影樓輿地叢書》本雖早已印行,學者似多未注意,故學術界至今論及此問題均首推王氏[5],理應更正。

(2)"自韃主以下,只是以銀與回回,令其自去賈販以納息"條注略

〔1〕參見許全勝《沈曾植年譜長編》,中華書局2007年,425–426頁。
〔2〕見伯希和《評王國維遺書》(馮承鈞《西域南海史地考證譯叢五編》,56頁)。伯氏文中把沈曾植的生卒年誤作1853—1922,應作1850—1922。
〔3〕見《問影樓叢書》本第三葉。
〔4〕見上揭《王國維遺書》第8冊,186、209、484頁。
〔5〕參見方齡貴《元明戲曲中的蒙古語》"罟罟"條,漢語大詞典出版社1991年,304頁;方齡貴《古典戲曲外來語考釋詞典》,漢語大詞典出版社、雲南大學出版社2001年,317頁;劉曉《元史研究》,福建人民出版社2006年,185頁。

云：

　　〇自轄主以下，皆以銀貸回回，令貿易以納息。此即元世所謂
斡脫錢也。……〇《至元譯語》：買賣人曰"或旦督赤"。"或旦
督"即"斡脫"也。

案，"斡脫"一詞源於突厥語 ortaq／ortoq[1]，本意爲"合夥"，轉義爲商
人。沈曾植指出"斡脫"即《至元譯語》君官門的"或旦督"[2]，似未經
他人道及。他是較早關注這種元代廣爲流行的商業行爲的學者之
一[3]。王國維《箋證》也過録此條注。[4]]

　　(3)"成吉思立法，只要其種類子孫蕃衍，不許有妬忌者"條注云：

　　《本紀》太宗六年，大會諸王百官於達蘭達葩之地，所頒條令
有婦人"妒者，乘以騸馬(牛)，徇部中論罪，即聚財爲更娶"一條。
嘗疑此細事，何汲汲於大札撒中言之，讀此乃知其故也。

案，此條有關法律制度，頗有價值。王國維《箋證》云："蒙古法，夫人妬
者離之。"也引《元史・太宗紀》六年所載條令，而未提及沈注。[5]

　　(4)"厥相王賢佐，年餘九十，有知來之明"條注略云：

　　〇影元本《中州樂府》王元佐小傳：賢佐，一名元佐，名澮，咸
平人。……按《[金]史・宣宗本紀》貞祐二年正月："乙酉，征處士
王澮，不至。"四年三月："己卯，處士王澮以右諫議大夫復遷中奉
大夫、翰林學士，仍賜詔褒諭。"

案，沈注避清諱，"玄佐"作"元佐"。屠寄《蒙兀兒史記》卷31《蒲鮮萬
奴傳》附《王澮傳》"王澮字賢佐"注："名依《金史》本紀，字依《黑韃事

---

　　[1]見伯希和《〈蒙古侵略時代之土耳其斯坦〉評注》注18（馮承鈞《西域南海史地考證譯叢
三編》，商務印書館1962年，26頁）。
　　[2]參見賈敬顏、朱風：《蒙古譯語女真譯語匯編》，天津古籍出版社1990年，15頁。
　　[3]李文田注引《元史・耶律楚材傳》、《太宗本紀》等，也注意及此。王國維《箋證》則引《元
文類》卷57《中書令耶律公神道碑》，與李注實相合。關於斡脫與斡脫錢的研究，參見方齡貴《古
典戲曲外來語考釋詞典》，27－32頁；又劉曉《元史研究》，158－159頁。
　　[4]見《王國維遺書》（第8冊，223－224頁），但王氏未録沈注引《至元譯語》"或旦督"等語。
　　[5]見《王國維遺書》第8冊，244頁。

略》"。[1] 王國維《箋證》也引元好問《中州集》卷11《王賢佐小傳》,并云:

> 屠靜山作《蒲鮮萬奴傳》,已疑此書之"王賢佐"即《金史》之"王澮"。今據《中州集》乃得定之。[2]

不知沈注早已定之矣。

四、國外學人的貢獻及中外學術交流

清季研究蒙古史爲一時學術風尚,中日兩國學者都對搜求與研究蒙古史料表現出極大的熱情。日本學者專治《黑韃事略》的,有著名蒙古史家箭內亙(1875—1926),他在1922(大正十一年)印有《黑韃事略》校訂本。[3] 但此書非正式出版物,可能印數很少,因此即使在日本現在也較難見到。京都大學內藤文庫藏有一冊(編號爲"內藤 – 118")[4],據東京高等師範學校藏鈔本校印,有箭內亙題跋,末署:

> 大正十一年九月東京帝国大学史学研究室二於いて。箭內亙識す。

上引1926年9月14日王国维至神田喜一郎札略云:

> 至《蒙韃備錄》及《黑韃事略》二種則當增訂之處尤多。頃見沈乙庵先生校本,釋《事略》中蘸字爲站之異譯,此條甚佳。不知箭內博士本將來能否印行?

箭內亙當時已病逝,其校訂本雖印出,但未公開發行,故王氏有此問。王國維《黑韃事略箋證》"東北曰妮奴曰那海益律于"條注云:

> 沈乙庵先生曰:"益律于"疑"益律干"之誤。《元史》本紀五:"至元元年吉里迷來言,其國東有骨嵬(嵬)、亦里干兩部,歲來侵,故征之。"亦里、益律,與今言烏拉、鄂倫同,皆古把妻音轉也。

---

〔1〕見屠寄《蒙兀兒史記》卷31,中國書店1984年,六葉反/284頁;元脫脫等撰《金史》卷14《宣宗紀》上,中華書局1975年,303、312、317頁。

〔2〕見《王國維遺書》第8冊,252 – 253頁。

〔3〕參見箭內亙《蒙古史研究》附錄書目,昭和41年(1965)版。

〔4〕感謝余欣君代查內藤文庫收藏情況。

案,沈先生以"益律于"爲"益律干"之訛是也,謂"益律干"爲"挹婁"之音轉則非。益律干,《秘史》作"亦兒堅",《親征録》作"亦兒干",乃蒙古語百姓之義。"那海益律干"、"斛速益律干"謂狗國民、水國民,猶林木中百姓之"槐因亦兒堅"或"火因亦兒干"也。日本箭內博士所見本,"益律于"作"益律子",以"益律子"爲蒙古語"奧魯思"之對音,不如讀爲"益律干"之善也。[1]

可見或許通過神田的寄贈,王國維顯然已經參考過此書。

京大內藤文庫中還有一冊羅振玉舊藏《黑韃事略》鈔本,編號爲"內藤-119"。[2] 書眉有內藤湖南(1866—1934)手書校記。書末有內藤1903年所作跋兩行:

此書壬寅歲游清國時得之羅叔蘊,歸後借那珂先輩藏本對校一過。那珂本得之清國陳士可,所以稱陳本。癸卯四月念九,炳卿。

據此可知此抄本爲內藤1902年來華時羅振玉所贈,歸國後第二年,他從日本近代蒙古史開山那珂通世(1851—1908)處借到原爲陳毅(字士可,1873—?)所藏的另一抄本作了校勘。跋文雖短,卻是近代中日兩國學者進行學術交流的生動寫照。[3]

德國學者譯注《黑韃事略》的工作始於著名漢學家、蒙古學者Erich Haenisch(1880—1966),曾師事他的中國學者姚從吾(1894—1970)也參與了德譯本的前期工作。1980年,Haenisch的弟子P. Olbericht與E. Pinks合作出版了《〈蒙韃備録〉與〈黑韃事略〉譯

---

〔1〕見《王國維遺書》第8冊,253頁。

〔2〕感謝吳念庵丈惠示內藤湖南藏本的電子圖像版。

〔3〕內藤湖南對蒙元史甚爲關注,多方搜羅史料,1902年文廷式(1856—1904)就曾將蒙文《元朝秘史》12卷鈔寄給他(參見《文廷式集》上冊,中華書局1993年,706頁)。內藤還曾將自己校正過的《蒙古源流》抄了一部送給沈曾植,並希望得到沈氏所作《蒙古源流事證》(參見內藤湖南《中國史學史》,325-326頁)。

·歐·亞·歷·史·文·化·文·庫·

注》[1]，譯文與註釋均爲學界稱道。[2]

蘇聯蒙古學家蒙庫耶夫（Мункуев，Николай Цырендоржие－вич，1922—1986）也曾研究過《蒙韃備録》和《黑韃事略》，并有俄文翻譯與註釋本行世。[3]

五、本書的校注工作

鑒於《黑韃事略》這部重要的著作一直未有標點本行世，因此筆者不揣譾陋，多年前就想做一新的校注本，以便學者翻檢。本書校勘方面，以中國國家圖書館藏明嘉靖二十一年壬寅（1542）姚咨跋抄本爲底本，參校李文田、沈曾植、日本內藤湖南等人所藏抄本及胡思敬、羅振玉、王國維等人的刊本，另外還參考了明人所著《武編》、《武備志》、《戰守全書》等書的相關引文爲校勘之資。註釋方面，則先輯録李文田、沈曾植、王國維三家注於相關段落之下，然後附以筆者的新注。具體版本情況可參見本書校注凡例。

筆者的新注，在史實地理、人物傳記、名物制度、宋元語詞等方面作了相應的補充，參考了許多古籍資料和中外學人的相關研究成果。但由於筆者學殖淺薄，見聞狹隘，一定存在不少失誤，尚祈讀者不吝賜教，以便將來修訂，臻於完善。

---

[1]Olbricht，Peter und Pinks，Elisabeth. *Meng-Ta Pei-Lu und Hei-Ta Shih-Lüeh*，*Chinesische Gesandtenberichte über die frühen Mongolen 1221 und 1237*，nach Vorarbeiten von Erich Haenisch und Yao Ts'ung-wu，Asiatische Forschungen，band 56. Wiesbaden：Otto Harrassowitz，1980.

[2]參見 Igor de Rachewiltz，"On a Recent Translation of the Meng-ta Pei-lu and Hei-ta Shih-lüeh：A Review Article"，Monumenta Serica，Vol. 35（1983），pp. 571－582 及《華裔學志》同期 Thomas T. Allsen 的書評（pp. 656－660）。

[3]40 參見陳得芝：《蒙元史研究導論》，259 頁。

校注凡例

一、本書所用底本爲中國國家圖書館藏明嘉靖二十一年壬寅（1542）姚咨藏鈔本，見《續修四庫全書·史部》423 冊 533－541 頁，上海古籍出版社 2002 年版。

此本卷末有姚氏題記兩行云："是編爲罂生借王太史家藏宋刻本抄寄。嘉靖壬寅秋八月上旬。"并鈐"姚舜咨圖書"陰文印。按，姚咨，字舜咨，一字潛坤，號皇象山人、茶夢道人等，無錫人，明藏書家。卷首有"林集虛印"陰文印。按，林集虛，本名昌清，字喬良，號心齋，鄞縣人，室名藜照廬，民國藏書家，寧波古舊書店大酉山房主人。此本蓋經林氏所藏。

二、參校其他鈔本有：

（1）上海圖書館藏李文田箋注本，今簡稱"李本"。

（2）上海圖書館藏沈曾植校注本，今簡稱"沈本"。沈本曾據李文田注稿本作校記，所云李本作某字，多與上海圖書館藏李文田箋注本相同，故不再重出，其不同者則予以保留。

（3）日本京都大學人文社會科學研究所內藤文庫所藏內藤湖南藏鈔本（編號爲內藤—119）。此本原爲羅振玉舊藏，今仍稱"羅本"。

（4）日本那珂通世藏本。此原本未見，內藤湖南以此本校勘過錄異文與上揭自藏本上。那珂本原爲陳毅（字士可）舊藏，內藤稱此爲"陳本"，今仍之。

三、參校刻本有：

（1）清光緒三十四年戊申（1908）胡思敬刊《問影樓輿地叢書》第 1 集仿聚珍版排印本，簡稱"問影樓本"。按，此本書眉有箋注，經筆者與上海圖書館藏李文田《黑韃事略箋注》鈔本（簡稱"李本"）校核，實即李氏注，兩者內容大體相同，僅有數條注問影樓本缺載。其卷末附錄李文田、熙元（字太初）、胡思敬題跋，并附胡氏據曹元忠《蒙韃備録校注》所引《黑韃事略》文所作校勘記。此本後又收入民國二十四年至二十六年（1935 — 1937）上海商務印書館排印本《叢書集成初編》史地類。胡氏校記簡稱"胡校"。《黑韃事略》原文上圖鈔本與問影樓本相同時，校記僅稱"李本"；如有不同時，則分別說明。

（2）民國十五年（1926）羅振玉刊《六經堪叢書》（東方學會排印本），簡稱"六經堪本"。此本後附章鈺過録曹元忠以章氏藏本與舊鈔本互勘所作校記，今將校記所據章氏藏本簡稱"章本"。曹氏校語則稱爲"曹校"。

（3）民國乙丑年十二月（1925 — 1926）王國維作《黑韃事略箋證》，後收入《王國維遺書》，末署"甲戌（引按，即民國二十三年［1934］）門人趙萬里以天一閣舊藏姚舜咨校本覆勘訖"，則今所見《黑韃事略箋證》所用文本實已兼天一閣本之長，今簡稱"王本"。

（4）明唐順之《武編》（《文淵閣四庫全書》子部兵家類第 727 冊）、明茅元儀《武備志》（明天啓刻本，見《續修四庫全書》第 936 – 966 冊）、明范景文《戰守全書》（明崇禎刻本，《四庫禁燬書叢刊》子部兵家類第 36 冊）中皆曾引是書若干段落，書名題作《黑韃遺事》，茲亦取作校勘之資。按，《黑韃遺事》與《黑韃事略》非一書，據《武編》前集卷 1 所引，《黑韃遺事》中有《松漠紀聞》文字，可知《黑韃遺事》蓋匯輯宋人筆記中有關"黑韃"資料而成者，其書今已佚。

四、集注共采三家：

（1）李文田箋注，上海圖書館藏鈔本；并參考問影樓本李氏眉注，稱"〇李曰"。

（2）沈曾植校注，上海圖書館藏稿本，稱"〇沈曰"。

（3）王國維箋證，《王國維遺書》本，稱"〇王曰"。王氏箋證多書於每小段之後，茲據所箋內容移至相應原文條目下。所引典籍文字皆經核對，如有誤字，則將正字置於圓括號"（ ）"內注於其後，不徑改以存其舊。

三家注外，筆者新註以"〇勝案"爲識。

五、附録收入前人題跋及研究資料。

1 黑韃之國

黑韃之國即北单于。號大蒙古[1]。沙漠之地有蒙古山,韃語謂銀曰"蒙古"。女真名其國曰"大金",故韃名其國曰"大銀"[1][2]。

校

[1]"大銀",六經堪本作"銀"。

注

【1】

○勝案,成吉思汗立國後至至元八年(1271)忽必烈改國號爲"大元"前,蒙古國號蒙文稱 Yeke Mongghol Ulus,漢文國號稱"大蒙古國"與"大朝"。[1]《蒙韃備錄》"國號年號"條:"舊有蒙古斯國,……去年春,珙每見其所行文字,猶曰'大朝',……又慕蒙爲雄國,故以國號曰'大蒙古國'。"曹元忠校注:"《古今紀要逸編》云:'又有蒙古國在女真東北,金亮時與韃靼並爲邊患,至我嘉定四年(1211)韃靼始併其國,名號稱"大蒙古國",韃靼於是始大,而忒没真爲韃靼始興之主。'亦視孟珙所言爲詳。……《高昌偰氏家傳》載仳俚伽語,有'挈吾衆歸大蒙古國'云云,爲元初號大蒙古國之證。"[2]

"大蒙古國"之號始用之年,史料多歧。或以爲在蒙古伐金之後。

---

〔1〕參觀蕭啟慶《說"大朝":元朝建號前蒙古的漢文國號》,見《内北國而外中國》上册,中華書局 2007 年,66－77 頁。
〔2〕蕭啟慶文蓋以柯立夫(F. W. Cleaves,1949)與田清波(Antoine Mostaert,1952)爲首揭此義者,不確。

1

李心傳《建炎以來朝野雜記》乙集卷 19《韃靼款塞_{蒙國本末}》："蒙人既侵金國,得其契丹、漢兒婦女而妻妾之,自是生子不全類蒙人,漸有火食。至是,韃靼乃自號大蒙古國,邊吏因以蒙韃稱之。……大安三年(1211)春,_{辛未,本朝嘉定四年}。韃靼主忒沒貞入貢,金主允濟將襲之,事覺。是秋,韃靼始叛。_{此以上事,詳見女真南徙事中}。"[1]

復有 1206 年、1211 年等不同記載。明釋幻輪《釋鑑稽古略續集》:"元自太祖成吉思皇帝,於宋寧宗開禧二年丙寅歲(1206),法天啟運,稱聖武年號,建大蒙古國號。"[2]此條史料年代較晚,所記"稱聖武年號"不確。元釋念常《佛祖歷代通載》卷 21"大元辛未(1211)"條:"大蒙古國號始建。"[3]歐陽玄《圭齋文集》卷 11《高昌偰氏家傳》:"亞思弼二子,長曰仳俚伽帖穆爾,次曰岳璘帖穆爾。仳俚伽生而敏慧,年十六襲國相、答剌罕。時西契丹方強,威制高昌,命太師僧少監來臨其國,驕睢用權,奢淫自奉。王患之,謀於仳理伽,曰:'計將安出?'仳理伽對曰:'能殺少監,挈吾眾歸大蒙古國,彼且震駭矣。'遂率眾圍少監。少監避兵于樓,升樓斬之,擲首樓下。"[4]此記高昌回鶻汗國歸屬蒙古,時在 1209 年。[5]《元史》卷 149《耶律留哥傳》:"乙亥(1215 年),留哥破東京,可特哥娶萬奴之妻李僊娥,留哥不直之,有隙。既而耶廝不等勸留哥稱帝,留哥曰:'向者吾與按陳那衍盟,願附大蒙古國,削平疆宇。

〔1〕〔宋〕李心傳:《建炎以來朝野雜記》,徐規點校,中華書局 2000 年,848 頁。參觀《續編兩朝綱目備要》(汝企和點校,中華書局 1995 年)卷 12"辛未六月"條,230 頁。又《建炎以來朝野雜記》乙集卷 19"女真南徙"條,842 頁。《大金國志》卷 22 紀年東海郡侯上,崔文印校證,中華書局 1986 年,298 頁。

〔2〕〔明〕釋幻輪:《釋鑑稽古略續集(釋氏稽古錄續集)》,載《大正新修大藏經》第 49 冊。

〔3〕〔元〕釋念常:《佛祖歷代通載》,元至正刊本,收入《文淵閣四庫全書》子部釋家類第 1054 冊。

〔4〕〔元〕歐陽玄:《歐陽玄集》,魏崇武、劉建立校點,吉林文史出版社 2009 年,150–151 頁。又見《元史》(〔明〕宋濂等:《元史》,中華書局 1976 年)卷 124《岳璘帖穆爾傳》,仳俚伽帖穆爾作仳理伽普華,3049–3050 頁。

〔5〕參觀《蒙古秘史》第 238 節、《聖武親征錄》(王國維校注,見《王國維遺書》第 8 冊,上海書店出版社影印民國二十九年(1940)石印本,1983 年)382–384 頁、《史集》(〔波斯〕拉施特主編,余大鈞、周建奇譯,商務印書館 1983 年)第 1 卷第 2 編《成吉思汗紀》四(第 2 分冊),211–213頁)。

倘食其言而自爲東帝,是逆天也,逆天者必有大咎。'"[1]要之,此號以元初始用蓋得其實。

"大蒙古國"之號,文獻多有記載。其用於紀年者,見元李道謙《甘水仙源錄》卷6《紫陽真人祭無欲真人》:"維大蒙古國歲在乙卯(1255年)正月己亥朔,二十三日辛酉,友生河南漕長兼廉訪致仕奉天楊奐謹致祭于無欲真人。"[2]亦多見於官文書,錢大昕《十駕齋養新錄》卷13:"《孔氏祖庭廣記》十二卷,先聖五十一代孫襲封衍聖公元措夢得所編。……書成於金正大四年(1227)。……此本最後有五行云:'大蒙古國領中書省耶律楚材奏准皇帝聖旨,於南京特取襲封孔元措,令赴闕里奉祀,來時不能挈負《祖庭廣記》印板,今謹增補校正,重開以廣其傳。壬寅年五月望日。'壬寅者,元太宗六皇后稱制之年,距金亡已十年,蒙古未有年號,當宋淳祐二年(1242)也。"[3]《元史》卷208《日本傳》:"元世祖之至元二年(1265),以高麗人趙彝等言日本國可通,擇可奉使者。三年八月,命兵部侍郎黑的,給虎符,充國信使,禮部侍郎殷弘給金符,充國信副使,持國書使日本。書曰:大蒙古國皇帝奉書日本國王……"[4]

【2】

○王曰:案蒙兀、蒙瓦之名,已見於新舊兩唐書,遠在女真未興之前,此說非是。又注云"即北單于"者,謂黑韃所居即後漢匈奴北單于地也。凡此書中雙行小注皆彭大雅自注,近人或認爲徐霆所疏,非也。

○勝案,《史集》第1卷第1分冊:"蒙古[m(u)gul]一詞,最初作萌古[mūnk(u)],意爲'孱弱'、'淳樸'。"[5]關於"韃靼"之名,參觀王國維《觀堂集林》卷14《韃靼考》[6]。關於"蒙古"之名,參觀王國維《觀

---

[1][明]宋濂等:《元史》,3512 頁。

[2][元]李道謙《甘水仙源錄》,收入《道藏》第 19 冊,文物出版社 1988 影印本,769 頁。

[3][清]錢大昕:《十駕齋養新錄》,見《嘉定錢大昕全集》第 7 冊,江蘇古籍出版社 1997 年,355–356 頁。參觀[清]孫星衍:《平津館鑒藏記》卷 3,上海古籍出版社 2008 年,113 頁。

[4][明]宋濂等:《元史》,4625 頁。

[5][波斯]拉施特主編:《史集》,余大鈞、周建奇譯,第 1 卷第 1 分冊,251–252 頁。

[6]王國維:《觀堂集林》,中華書局 1959 年。

堂集林》卷15《萌古考》、韓儒林《蒙古的名稱》[1]、邵循正《蒙古的名稱和淵源》[2]。

2　其主

其主初僭皇帝號者,小名曰忒沒真[1],僭號曰"成吉思皇帝"[2]。今者小名曰兀窟觧[3],其耦僭號者八人[4]。

注

【1】

○勝案,"忒沒真"即"鐵木真"、"帖木真"。《蒙韃備録》"立國"條、"韃主始起"條略云:"今成吉思皇帝及將相皆黑韃靼也。大抵韃人身不甚長,……惟今韃主忒沒真者,其身魁偉而廣顙長髯,人物雄壯,所以異也。……今成吉思皇帝甲戌生。……所傳忒沒真者,乃小名爾,初無姓氏,亦無名諱。"忒沒真之譯名亦見於《古今紀要逸編》[3]、《續編兩朝綱目備要》卷12、《心史·大義略敘》[4],《建炎以來朝野雜記》乙集卷19作"忒沒貞",又注云:"特墨津,夏人書來以為忒沒貞。"[5]《蒙古秘史》59節:"與塔塔兒厮殺時,也速該把阿禿兒將他帖木真兀格、豁

〔1〕韓儒林:《韓儒林文集》,江蘇古籍出版社1990年,111-122頁。
〔2〕邵循正:《蒙古的名稱和淵源》,收入《邵循正歷史論文集》,北京大學出版社1985年,106-111頁。
〔3〕〔宋〕黃震:《古今紀要逸編》,收入《知不足齋叢書》第21集(又見《四明叢書》第1集)。
〔4〕〔宋〕鄭思肖:《宋鄭所南先生心史》,北京大學藏明崇禎十二年張國維刻本,收入《四庫禁燬書叢刊》集部第30冊,北京出版社1997年。又見〔宋〕鄭思肖:《鄭思肖集》,陳福康點校,上海古籍出版社1991年,177頁。
〔5〕〔宋〕李心傳:《建炎以來朝野雜記》,848-852頁。

里不花等攎來。那時也速該把阿禿兒的妻訶額侖正懷孕,於斡難河邊迭里溫孛勒答黑山下,生了太祖。太祖生時,右手握著髀石般一塊血,生了。因攎將帖木眞兀格來時生,故就名帖木眞。"《元史》卷1《太祖紀》:"太祖法天啟運聖武皇帝,諱鐵木眞,姓奇渥溫氏,蒙古部人。……初,烈祖征塔塔兒部,獲其部長鐵木眞。宣懿太后月倫適生帝,手握凝血如赤石。烈祖異之,因以所獲鐵木眞名之,志武功也。"[1]"鐵木眞"本意爲鐵匠。[2]

【2】

○勝案,《蒙古秘史》202節:"成吉思既將衆部落收捕了,至是虎兒年,於斡難河源頭,建九腳白旄纛做皇帝。"《元史》卷1《太祖紀》:"元年丙寅(1206年),帝大會諸王群臣,建九游白旗,即皇帝位於斡難河之源,諸王群臣共上尊號曰成吉思皇帝。是歲實金泰和之六年也。"[3]《世界征服者史》:"我從可靠的蒙古人那裡聽說,這時出現了一個人,他在那帶地區流行的嚴寒中,常赤身露體走進荒野和深山,回來稱:'天神跟我談過話,他說:"我已把整個地面賜給鐵木眞及其子孫,名他爲成吉思汗,教他如此這般實施仁政。"'他們叫此人爲帖卜-騰格理(Teb-Tengri),他說什麼,成吉思汗就辦什麼。"[4]《史集》第1卷第1分冊第4編第1章"斡羅納兀惕部落"條:"當王汗定下狡計,召成吉思汗[前去],借口說要把[自己的]女兒嫁給他的兒子,[其實]卻要把他抓起來,而他已動身前往時,他在途中停留於蒙力克-額赤格家裏,同他進行了商議。[蒙力克]阻留了[他],沒讓他去。無論是遇到禍福或苦樂,他總是與成吉思汗一條心。……他有個兒子,名叫闊闊出,蒙古人把他稱作帖卜-騰格里。他慣於揭示玄機,預言未來的事情,并且常說:'神在和我說話,我在天上巡遊!'他經常來對成吉思汗說:'神命你爲

---

〔1〕〔明〕宋濂等:《元史》,1、3頁。

〔2〕cf. Pelliot P, *Notes on Marco Polo: I*, Paris, Adrien-Maisonneuve, 1959. CINGHIS, 1959, pp. 289-290.

〔3〕〔明〕宋濂等:《元史》,13頁。

〔4〕〔波斯〕志費尼(Juvaini):《世界征服者史》,何高濟譯、翁獨健校訂,內蒙古人民出版社1980年,40頁。

普世的君主！'他還將'成吉思汗'的稱號授予他,[并且]說道:'神降旨說:你的名字必須如此。'按照蒙古語,'成'意爲'堅強'(mūstaḥkam),'成吉思'爲其複數。原因是那樣的:當時哈剌－契丹的偉大君主們的尊號爲古兒汗,而'古兒'[一詞]也是'堅強'的意思,并且除非一個君主極其偉大,他不得被稱爲古兒汗。在蒙古語中,成吉思這個稱號有同樣的含義,但有更崇高的意義。因爲他是複數,舉例來說,這個詞大致相當於波斯語'沙罕沙'[王中之王]。"[1]《蒙韃備録》"韃主始起"條:"所以譯曰成吉思皇帝,或曰成吉斯者,乃譯語'天賜'二字也。"伯希和則主張"成吉思"(Činghis)一詞源於突厥語 Tangiz(意爲海洋)。[2]

【3】

○勝案,"兀窟觧"即"窩闊台",《心史》作"兀窟帶"。《元史》卷2《太宗紀》:"太宗英文皇帝,諱窩闊台,太祖第三子。"[3]

【4】

○王曰:案八人者,謂太祖弟搠只哈撒兒之子也苦,哈赤溫之子按只吉歹,太祖弟鐵木哥斡赤斤及別里台古,太祖大太子朮赤之子拔都,二太子察合台,四太子拖雷之子蒙哥,并太宗窩闊台爲八人。《元朝秘史‧续集》卷一:"太祖又说,合撒兒、阿勒赤歹 即按只吉歹、斡惕赤斤、別勒古台四箇弟的位子裏,他的子孫各教一人管,我的位子裏教一[箇]子管。"此時太祖諸弟已受分地,而諸子未封,故語云然。及平西域後,諸子各有廣大分地,故太祖四弟、四子各於其部内稱汗,而太宗又爲總汗。故云"其藕僭號者八人"。

〔1〕〔波斯〕拉施特主編:《史集》,余大鈞、周建奇譯,273 頁。參觀亦鄰真:《至正二十二年蒙古文追封西寧王忻都碑》註釋部分"成吉思"條,收入《亦鄰真蒙古學文集》,内蒙古人民出版社 2001 年,692 頁。

〔2〕參觀 Pelliot, *Notes on Marco Polo*: I, 158; CINGHIS, 1959, pp. 297–302.

〔3〕〔明〕宋濂等:《元史》,29 頁。

3　其子

　　其子曰闊端、曰闊除、曰河西觶、立爲偶太子，讀漢文書，其師馬錄事。曰合剌直[1]。

注

【1】

　　○沈曰：《史·表》，太宗七子，次二闊端，次〔三〕闊出，即此闊除也。次四哈剌察兒，即此合剌直也。○《史·阿剌罕傳》，父也柳干，太宗時爲皇子岳里吉衛士。岳里吉即合剌直，亦即月良也。《秘史》稱西夏主爲合申主，或疑此河西觶即《史》合失太子也。○陳桱《通鑑續編》云："太宗七子，長曰合西歹，二皇后孛灰所生，蚤卒，有子曰海都。次貴由，次曰闊瑞，曰屈出，曰合剌察兒，六皇后所生也。曰合丹，曰滅立，七皇后所生也。"陳桱所稱之合西歹即此河西觶，據有子海都證之，則《考異》以爲合失，碻然無疑。

　　○勝案，《元史》卷 129《阿剌罕傳》："父也柳干，幼隸皇子岳里吉爲衛士長。"[1]卷 107《宗室世系表》"太宗皇帝"條："按《憲宗紀》有云：太宗以子月良不材，故不立爲嗣。今考《經世大典·帝系篇》及《歲賜錄》，並不見月良名字次序，故不敢列之《世表》，謹著於此，以俟知者。"[2]月良之名，不見於今本《憲宗紀》。錢大昕《廿二史考異》卷 95："按《宗室表》太宗七子無岳里吉名，《表》又引《憲宗紀》'太宗以子月

---

〔1〕〔明〕宋濂等：《元史》，3147 頁。
〔2〕〔明〕宋濂等：《元史》，2717 頁。

良不材,故不立為嗣',岳里吉歹即月良之轉聲乎?"[1]

〇王曰:《元史·宗室世系表》太宗皇帝七子,長定宗皇帝,次二闊
端太子,次三闊出太子,次四哈剌察兒王,次五合失大王。此闊除即闊
出,河西鯞即合失,合剌直即哈剌察兒。不數定宗貴由者,大雅北使時,
定宗方出征遼東故也。云河西鯞立爲太子,亦傳聞之誤。

4　其相

其相四人,曰按只觯、黑韃人,有謀而能斷。曰移剌楚
材、字晉卿,契丹人,或稱中書侍郎。[1]曰粘合重山,女真人,或稱將
軍。[2]共理漢事;曰鎮海,回回人。專理回回國事[3]。

注

【1】

〇李曰:田案移剌楚材即耶律楚材,其《湛然居士集》自稱移剌,
《元史》百四十六有傳。

〇王曰:日本宮內省圖書寮新發見舊鈔本耶律文正《西游録》有牌
子云"燕京中書侍郎宅刊本"。

〇勝案,《元史》卷146《耶律楚材傳》略云:"耶律楚材,字晉卿。
遼東丹王突欲八世孫。……帝重其言,處之左右,遂呼楚材曰'吾圖撒
合里'而不名,吾圖撒合里,蓋國語長髯人也。……拜中書令,事無鉅
細,皆先白之。"[2]《聖武親征録》己丑(1229年)條:"助貧乏,置倉戍,
創驛站,命河北先附漢民賦調,命兀都撒罕主之。"[3]辛卯(1231年)

---

〔1〕〔清〕錢大昕:《廿二史考異》,收入《嘉定錢大昕全集》第2/3冊,江蘇古籍出版社1997
年,1757頁。錢氏以合西歹即合失,見《廿二史考異》卷91,1698頁。

〔2〕〔明〕宋濂等:《元史》,3455–3456、3458頁。

〔3〕見《王國維遺書》,上海書店出版社1983年,第8冊,425頁。

條:"執事之人,各執名位,兀都撒罕中書令,黏合重山右丞相,鎮海左丞相。"[1]《元史》卷2《太宗紀》元年己丑條:"始置倉廩,立驛傳。命河北漢民以戶計,出賦調,耶律楚材主之。"[2]

【2】

○李曰:粘合重山,《元史》百四十六有傳。

○勝案,《元史》卷146《粘合重山傳》略云:"粘合重山,金源貴族也。國初爲質子,知金將亡,遂委質焉。太祖賜畜馬四百匹,使爲宿衞官必闍赤。……立中書省,以重山有積勳,授左丞相。時耶律楚材爲右丞相;凡建官立法,任賢使能,與夫分郡邑,定課賦,通漕運,足國用,多出楚材,而重山佐成之。"[3]

【3】

○李曰:鎮海,《西遊記》云姓田也,宣使劉仲祿稱爲"鎮海相公"。《元史》百二十有傳。

○王曰:彭氏云鎮海回回人。案《元史》本傳云:"鎮海,怯烈台氏。"然頗有可疑者。本傳言鎮海"從太祖同飲班朱尼河水",則怯烈部未滅之前,鎮海已事太祖,一可疑也。此書言文書"行於回回者,則用回回字,鎮海主之;行於漢人、契丹、女真諸亡國者,只用漢字,移剌楚材主之。卻又於後面日月之後,鎮海親書回回字,云付與某人,以互相檢柅。"是鎮海不獨精通回回文字,亦當略知漢文,如係蒙古、克烈部人,恐未易辨(辦)此,二可疑也。案《蒙韃備錄》云:"回鶻有田姓者,饒於財,商販鉅萬,往來於山東、河北,具言民物繁庶,與紏同說韃人治兵入寇"云云。考《長春真人西遊記》,稱鎮海爲田鎮海或田相公,是鎮海姓田氏。《中州名賢文表》二十二許有壬《右丞相怯烈公神道碑》:"丞相名鎮海,即稱海,系出怯烈氏。或曰本田姓,至朔方始氏怯烈。或曰實怯烈族,時同名者三,因主屯田,故加田別之。"《西游記》又言:"至回紇昌八剌城,其王畏午兒與鎮海有舊。"是鎮海與回紇素有淵源。又鎮海

---

[1]見《王國維遺書》,第8冊,427頁。
[2][明]宋濂等:《元史》,29–30頁。
[3][明]宋濂等:《元史》,3465–3466頁。

·歐·亞·歷·史·文·化·文·庫·

與長春問答用漢語,是其人必曾往來中國者,余頗疑《備録》之回鶻人田姓即鎮海矣。此書云鎮海回回人,決非無根。

<h2 style="text-align:center">4.1</h2>

霆至草地時,按只觲巳不爲矣[1]。粘合重山隨屈尤僞太子南侵。次年,屈尤死[2][1],按只觲代之[2],粘合重山復爲之助。移剌及鎮海自號爲中書相公,總理國事,鎮海不止理回回也[3]。鞑人無相之稱,即只稱之曰"必徹徹"[3]。必徹徹者[4],漢語令史也,使之主行文書爾[5][4]。

校

[1]矣,六經堪本作"相"。胡校云:"'已不爲'下當有'相'字。"

[2]"尤"字,底本作"术",今改。

[3]李本、沈本、羅本、六經堪本無"即"字。

[4]"即只稱之曰必徹徹必徹徹者",李本作"只稱之曰必澈澈者",其中"徹徹"作"澈澈"。

[5]爾,羅本作"耳"。

注

【1】

〇沈曰:《太宗紀》:"乙未,皇子曲出及胡土虎伐宋。丙申冬,皇子曲出薨。"即此屈尤也。粘合重山從伐宋,本傳不見。

〇勝案,《元史》卷120《察罕傳》:"皇子闊出、忽都禿伐宋,命察罕爲斥候。"[1]卷129《阿剌罕傳》:"父也柳干,幼隸皇子岳里吉爲衛士

---

[1]〔明〕宋濂等:《元史》,10册,2956頁。

長。歲乙未（1235 年），從皇子闊出、忽都禿南征。"[1]《聖武親征錄》："乙未，……遣曲出、忽都都伐宋。忽都忽籍到漢民一百一十一萬有奇。"《太宗紀》之曲出即闊出，而胡土虎則誤以忽都忽當之，當作忽都禿[2]。《元史》曲出、闊出即徐氏之屈朮、彭氏之闊除。

【2】

○王曰：案此節彭氏所云按只觔與徐氏所云按只觔實非一人。彭氏所指，疑即《秘史》之額勒只吉歹。《秘史·續集》卷二："蒙文皇帝聖旨，衆官人每著額勒只吉歹爲長，依著額勒只吉歹的言語行事。"是太宗初即位時，額勒只吉歹實爲宰相。明年，乃以耶律楚材代之。至徐氏所謂代屈朮南侵者，乃太祖弟合出溫之子阿勒赤歹，《元史·宗室世系表》作濟南王按只吉歹，二人同名，故徐氏誤合爲一人。至屈朮即彭氏所謂闊除，徐作屈朮，則又誤分爲二人也。

○勝案，此二"按只觔"，其蒙古語人名本不同。彭氏之"按只觔"即《秘史》"額勒只吉歹"，蒙文爲 eljigidei。徐氏之按只觔即《秘史》阿勒赤歹，《元史》又作"按只帶"、"按只台"、"按赤帶"、"按赤台"，蒙文爲 alchitai，"按只吉歹"（又見《南村輟耕錄》卷 1"大元宗室世系"條）之"吉"當是誤衍。參觀《元史》卷 107《宗室世系表·校勘記［十四］》[3]、姚大力《關於元朝"東諸侯"的幾個考釋》之五《"按只觔"的蒙古原名》[4]。

【3】

○勝案，鎮海《元史》本傳云"拜中書右丞相"。《柏朗嘉賓蒙古行紀》第 9 章第 33 節："正是在這裏，我們被皇帝召見了。當首席書記官鎮海（Tchinqaï）簽完我們的名字和護送我們前來者的名字以及蕭良合

〔1〕〔明〕宋濂等：《元史》，10 冊，3147 頁。
〔2〕即《聖武親征錄》之忽都都，《元史·宗室表》之睿宗次子忽覩都。參觀王國維：《聖武親征錄校注》，435–436 頁。忽覩都，校注誤作"忽都覩"。
〔3〕〔明〕宋濂等：《元史》，2731 頁。
〔4〕姚大力：《蒙元制度與政治文化》，北京大學出版社 2011 年，434–436 頁。

與其他首領的名字時,他就當著皇帝和全體大首領高聲宣讀著名冊。"[1]又第40節:"皇帝向我們派了一位官人,并且通過他的首席秘書鎮海轉告我們,要求把我們的出使使命和我們行動的目的書面呈遞給他。我們照辦了,并且和同我們上文所述的那樣,把先前在拔都幕帳中所作的全部敘說都寫下來。數日的光陰過去了,他又派人來傳我們,通過管理全帝國的哈達(Kadac)告訴我們,要我們向他的首席秘書八剌(Bala)和鎮海以及其他書記官全面陳述我們的使命。我們非常樂意地照辦了。"[2]

【4】

○勝案,"必徹徹"蒙古語 bičikči 音譯詞,又譯作"必闍赤",元曲或作"必赤赤"。《元史》卷74《祭祀志三》:"必闍赤,譯言典書記者。"[3]卷99《兵志二》:"爲天子主文史者,曰必闍赤。"[4]女真語官吏稱"必忒失",文書稱"必忒額",見《女真譯語》[5]。清代有官名"筆帖式",掌司滿、漢文書,其名爲滿語音義結合譯詞。"必闍赤"、"必忒失"、"筆帖式"當爲蒙古、女真、滿語同源詞。[6]

蒙古汗庭多用必闍赤紀録王之言行,類似起居注官。《史集》第2卷《成吉思汗的兒子察合台傳》:"因爲當時有一種習俗,君主所說的每一句話都要逐日記載下來,凡他們所說的言詞,大部分有條有理而且含義深奧,所以每個[君主]都指定一個近臣記録他的話。察合台的話由上述維即兒記録。而[窩闊台]合罕有一個畏兀兒人輔弼名叫鎮海。有一次,[合罕]向察合台問道:'誰比較好,是你的維即兒還是我的[鎮海]?'察

---

〔1〕〔意〕柏朗嘉賓(Jeande Plan Carpin):《柏朗嘉賓蒙古行紀》,〔法〕貝凱(J. Becquet)、韓百詩(L. Hambis)譯注,耿昇譯,中華書局1985年,99頁。

〔2〕〔意〕柏朗嘉賓:《柏朗嘉賓蒙古行紀》,〔法〕貝凱、韓百詩譯注,耿昇譯,102–103頁。

〔3〕〔明〕宋濂等:《元史》,1831頁。

〔4〕〔明〕宋濂等:《元史》,2524頁。

〔5〕賈敬顏、朱風:《蒙古譯語女真譯語匯編》,天津古籍出版社1990年。按,此書收《至元譯語》、《華夷譯語》、《續增華夷譯語》、《韃靼譯語》、《登壇必究》載《譯語》、《武備志》載《譯語》、《盧龍塞略》載蒙古譯語、《新刻校正買賣蒙古同文雜字》、《女真譯語》等,本書校注所引及所標頁碼均據此書。

〔6〕參觀方齡貴:《元明戲曲中的蒙古語》,漢語大詞典出版社1991年,42–46頁,"必赤赤"條。

合台答道：'可能鎮海比較好。'有一次，在宴會上，兩兄弟講了必里克（案"必里克"原義爲"知識"，此處意爲"訓言"），維即兒領會了以後，就出去了，把它記下。合罕和察合台憶起了［說過的話］，就想試驗一下維即兒能否準確地記録下來。他（維即兒）正在録寫必里克。蒙哥合罕從旁經過，和他說起話來。維即兒說：'別碰我，讓我把聽到的記録下來。'當他把［寫好的東西］呈上去，經他們過目後，［證明］他正是按原樣記録下來的，把握了全部［詞句］，僅在開首和後記中略有些例外。合罕［爲他］說了一句公道話：察合台是對的，他的維即兒比我的鎮海强。因此，察合台在世之時，維即兒一直在他身邊有［很大］影響。"[1]

5　其地

　　其地，出居庸燕之西北百餘里。則漸高漸闊，出沙井天山縣八十里。則四望平曠[1]，荒蕪際天，間有遠山[1]，初若崇峻，近前則坡阜而已，大率皆沙石[2]。

校

〖1〗荒蕪，李本作"無"，則斷句爲"則四望平曠無際，天間有遠山"。

〖2〗李本無"大率皆沙石"5字。

注

【1】

〇王曰：案原注"天山縣八十里"，"縣"下奪一"北"字。《金史·

---

〔1〕可參觀［波斯］拉施特主編：《史集》，余大鈞、周建奇譯，186頁。

地理志》:"凈州,下,刺史。大定十八年以天山縣升……北至界八十里。"沙井去天山縣八十里,則正是金之北界。其地有界垣,元人於此置砂井總管府及砂井縣。

〇勝案,沙井爲大漠南北交通樞紐,即今内蒙古四子王旗北大廟古城。[1]

5.1

霆所見沙石亦無甚大者,只是碎沙小石而已[1]。

校

〔1〕"碎沙小石",沈本、章本作"碎小沙石"。

6　其氣候

其氣候寒冽,無四時八節。如驚蟄無雷。四月、八月常雪,風色微變。近而居庸關北,如官山、金蓮川等處[1],雖六月亦雪[2]。

注

【1】

〇李曰:案此稱官山者,蓋即他日桓州之龍山,以前未有此名。《元史·本紀》:太宗四年四月避暑官山。

---

〔1〕參觀陳得芝:《元嶺北行省諸驛道考》,載《歷史研究》1980 年第 1 期,收入《蒙元史研究叢稿》,人民出版社 2005 年,13 – 14 頁。

14

○王曰:《金史·地理志》西京府(路)大同路(府)宣寧縣有官山。
又桓州有曷里許(滸)東川,更名金蓮川。

○勝案,金蓮川以地生金蓮花而得名,位於牛群頭(今獨石口北石
頭城子)以北至灤河上游(今名閃電河)南北百里之地,遼景宗所建涼
殿、金世宗避暑宮景明宮所在地涼陘及元忽必烈察罕腦兒行宮皆在金
蓮川,爲避暑秋獮勝地。[1]

【2】

○勝案,《元史》卷2《太宗紀》四年壬辰(1232)條:"夏四月,出居
庸,避暑官山。"[2]與此云官山在"居庸關北"、"雖六月亦雪"等語相
合。《心史·大義略敘》:"韃主素以二月往陘山避暑,八月還幽州。陘
山又名炭山,在幽州西北八百里,坐水鄉,舊金酋避暑之地,僭升開平
府,北漸入草地舊界。六月井有冰,水帶黃油鐵腥臭味。四時雨雪,人
咸作土窖居宿。"[3]二月當是四月之譌。

6.1

霆自草地回程,宿野狐嶺下[1],正是七月初五日,早
起極冷,手足俱凍。

注

【1】

○勝案,《長春真人西遊記》:"北度野狐嶺,登高南望,俯視太行諸
山,晴嵐可愛。北顧寒煙衰草,中原之風自此隔絕矣。"野狐嶺,張德輝
《嶺北紀行》作"扼狐嶺",地在張北縣城南五十里[4]。

---

〔1〕參觀陳得芝:《元嶺北行省諸驛道考》,收入《蒙元史研究叢稿》,45-48頁。
〔2〕〔明〕宋濂等:《元史》,31頁。
〔3〕〔宋〕鄭思肖:《鄭思肖集》,陳福康點校,180頁。
〔4〕〔元〕張德輝:《嶺北紀行》,賈敬顏疏證,收入《五代宋金元人邊疆行記十三種疏證稿》,
中華書局2004年,338頁。

7 其產

其產野草。四月始青,六月始茂,至八月又枯^[1],草之外咸無焉。

校

〔1〕李本無"至"字。

8 其畜

其畜,牛、犬、馬、羊、橐駝。^[1]胡羊則毛氈而扇尾,漢羊則曰"骨律"^[1]。橐駝有雙峯者、有孤峯者、有無峯者。

校

〔1〕"犬、馬",沈本、羅本、六經堪本、王本作"馬、犬"。

注

【1】

○李曰:《松漠紀聞》:北羊"每羣必置殺羶數頭"。此云"骨律",即"殺羶"二字。

○王曰：《松漠紀聞》："北羊有角者，百無二三，味極珍。善牧者每羣必置羧羺羊數頭，仗其勇很，行必居前，遇水則先涉，羣羊皆隨其後。以羧羺發風，故不食。"自注："羧羺，音古力。北人訛呼'羧'爲'骨'。"《本草衍義》："羧羊出陝西，河東謂之羧羺羊，尤很健，毛最長而厚。"

○勝案，李、王注所引洪皓《松漠紀聞》不完整。《松漠紀聞續》："關西羊出同州沙苑，大角虬上盤至耳，最佳者爲臥沙細肋。北羊皆長面多髯，有角者百無二三，大僅如指，長不過四寸，皆目爲白羊，其實亦多渾黑，亦有肋細如箸者，味極珍。性畏怯，不觝觸，不越溝壥。善牧者每羣必置羧羺羊數頭，羧羺，音古力。北人訛呼'羧'爲'骨'。仗其勇很，行必居前，遇水則先涉，羣羊皆隨其後。以羧羺發風，故不食。生達靼者，大如驢，尾巨而厚，類扇，自脊至尾，或重五斤，皆脅脂，以爲假熊白，食餅餌，諸國人以它物易之。……春毛不直錢，爲氈則蠧；唯秋毛最佳，皮皆用爲裘。"[1]《松漠紀聞補遺》："秋毛最佳，不蛀。冬閒毛落，去毛上之麤者，取其茸毛，皆關西羊爲之，蕃語謂之'羺勑'。北羊止作麤毛。"[2]《松漠紀聞》所謂"生達靼"者，當即《黑韃事略》之胡羊，而關西羊即《黑韃事略》之漢羊。"羺勑"、"羧羺"與"骨律"皆一聲之轉。唐孫思邈《千金翼方》卷3《人獸部》："羧羊角，……生河西川谷。"[3]宋蘇頌《本草圖經》卷13《禽獸部》："羧羊角，出河西川谷，今河東、陝西及近都州郡皆有之。……羊之種類亦多，而羧羊亦有褐色、黑白色者，毛長尺餘，亦謂之羧羺羊。北人引大羊，以此羊爲羣首。［又謂之羊頭］。"[4]元忽思慧《飲膳正要》卷3《獸品》："羧貍，味甘，平，无毒。補五勞、七傷，溫中益氣。其肉稍腥。"此羧貍當即羧羺。《蒙古秘史》151節："不多時，王罕反了古兒罕，從畏兀、唐兀二種經過。時止有五箇羧羺羊擠乳，駱駝上刺血喫。"《秘史》原文"亦馬阿"旁注"羧羺每"。《老

〔1〕〔宋〕洪皓：《松漠紀聞》，張劍光、劉麗點校，收入《全宋筆記》第3編，大象出版社2008年，132頁。

〔2〕〔宋〕洪皓：《松漠紀聞》，張劍光、劉麗點校，收入《全宋筆記》第3編，141頁。

〔3〕〔唐〕孫思邈：《千金翼方》，朱邦賢、陳文國等校注，上海古籍出版社，1999，99頁。

〔4〕〔宋〕蘇頌：《本草圖經》，尚志均輯校，安徽科學技術出版社1994年，443－444頁。

乞大》：“這個羖羊、騍胡羊、羯羊、羖羺羔兒、母羖羺，都通要多少價錢？”[1]《華夷譯語·鳥獸門》：“羖羺曰亦馬安（imaqan）。羝羖羺曰兀古納（uquna）。”[2]《登壇必究》卷22載《譯語》：“羖羺曰五忽納。”[3]

8.1

霆見草地之牛純是黃牛，其大與江南水牛等[1]，最能走，既不耕犁，只是拽車，多不穿鼻。

校

〔1〕其，李本作“甚”。

9　其居

其居穹廬，即氊帳。無城壁棟宇，遷就水草無常。韃主日徙帳以從校獵[1]，凡偽官屬從行，日起營。牛、馬、橐馳以挽其車。車上室可坐、可臥，謂之帳輿[1]。輿之四角，或植以杖，或交以板，用表敬天，謂之飯食車。派而五之，如蟻陣縈紆[2]，延袤十五里，左右橫距及其直之半[2]。得水則止，謂之定營。主帳南向獨居前列，妾婦次之[3]，偽扈衛及偽官屬又次之。凡韃主獵帳所

---

〔1〕〔韓〕鄭光主編，梁伍鎮、〔韓〕鄭丞惠編：《原本老乞大》，外語教學與研究出版社2002年，圖版26右、177頁。

〔2〕賈敬顏、朱風：《蒙古譯語女真譯語匯編》，32頁。

〔3〕賈敬顏、朱風：《蒙古譯語女真譯語匯編》，138頁。

18

主【3】，皆曰"窩裏陀"【4】。其金帳，柱以金製，故名【5】。凡偽嬪妃與聚落群起，獨曰"大窩裏陀"者【4】【6】。其地卷阿負坡阜以殺風勢【5】，猶漢移蹕之所，亦無定止，或一月，或一季遷耳【6】。

校

〔1〕曰，底本、羅本、章本作"曰"，據李本、沈本、陳本改。六經堪本、王本無"曰"字。校獵，陳本作"獵校"。

〔2〕"紆"，沈本作"行"。陳本"紆"下有"行"字。

〔3〕所主，李本、陳本作"所在"。

〔4〕章本無"者"字。

〔5〕負，底本譌作"負"（即"員"），諸本皆作"負"，茲從之。

〔6〕季，李本作"年"。耳，李本、陳本作"去"，問影樓本無"耳"字。

注

【1】

〇勝案，《柏朗嘉賓蒙古行紀》第 2 章第 6 節："他們的住宅爲圓形，利用木椿和木杆而支成帳篷形。這些幕帳在頂部和中部開一個圓洞，光線可以通過此口而射入，同時也可以使煙霧從中冒出去，因爲他們始終是在幕帳中央升火的。四壁和幕頂均以氈毯覆蓋，門同樣也是以氈毯作成的。有些幕帳很寬大，有的則較小，按照人們社會地位的高低貴賤而有區別。有的幕帳可以很快地拆卸并重新組裝，用馱獸運載搬遷，有些則不能拆開的，但可以用車搬運。對於那些小幕帳，只需在車上套一頭牛就足夠了。爲了搬遷那些大幕帳，則需要三四頭或更多的牛。無論他們走到哪裏，去進行征戰還是到別的地方，他們都要隨身攜帶自己的幕帳。"〔1〕

〔1〕〔意〕柏朗嘉賓：《柏朗嘉賓蒙古行紀》，〔法〕貝凱、韓百詩譯注，耿昇譯，30 頁。

19

《魯布魯克東行紀》第 2 章《韃靼人和他們的住所》略云："他們把這些屋舍造得很大,有時寬爲三十英尺。我有次親自測量一輛車的輪距爲二十英尺,當把房舍放在車上時,它在輪的每側至少伸出五英尺。我估算一下,每輛車用廿二頭牛拉一所屋,十一頭和車并行,另十一頭走在前頭。車軸粗若船桅,并且有個人站在車上房門口,驅趕着牛羣。還有,他們把細枝編織成方形大箱,上面加上一個也用細枝編成的蓋子,整個蓋嚴,正面開一扇小門。然後他們用牛脂或羊奶塗抹過的黑氈,把這個箱子,也就是小房屋遮起來,防止漏雨,而且他們同樣用五彩圖案把它裝飾。所有的臥具和貴重物品,他們都放進這類箱子里,再給緊緊緊在駱駝拉的大車上,以致過河(不會打濕)。這種箱子他們從不取下車來。"〔1〕所謂箱子,即帳輿也。

蒙古車以牛、馬、駱駝輓之外,尚用驢、騾。車馬種類亦多。《老乞大》:"樓子車、庫車、驢騾大車、驢駕轅車、馬妳子車、坐車兒,都好生房子裏放者,休教雨雪濕了。"〔2〕《老乞大集覽》下:"庫車:達子無定居,車上施甂帳爲室,逐水草以居。今此庫車,蓋收藏物料之車,如庫藏者也。元俗猶然。《質問》云:'其形似箱櫝。'"〔3〕據此,庫車與魯布魯克所記馱有物品箱之車類似。

【2】

○勝案,《魯布魯克東行紀》第 2 章《韃靼人和他們的住所》略云:"一個富足的蒙古人的斡耳朵看來像一個大鎮子,儘管裏頭沒有多少人。一個婦女要管二十或三十輛車,因爲土地平坦。他們把牛車或駝車一輛輛連接起來,同時有一個婦女坐在頭一輛上趕着牛,其他的用同樣的步調跟在後面。倘若他們碰上壞的道路,那他們把車輛解開,一輛輛通過。所以他們行進緩慢,好像牛羊在行走。"〔4〕

---

〔1〕〔法〕魯布魯克(William of Rubruk)著、〔美〕柔克義(W. W. Rockhill)譯注、何高濟譯:《魯布魯克東行紀》,中華書局 1985 年,210 頁。

〔2〕〔韓〕鄭光主編,梁伍鎮、〔韓〕鄭丞惠編:《原本老乞大》,圖版 29 右、170 頁。

〔3〕見汪維輝編:《朝鮮時代漢語教科書叢刊》,中華書局 2005 年,第 3 冊,1107 頁。

〔4〕〔法〕魯布魯克:《魯布魯克東行紀》,〔美〕柔克義譯注,何高濟譯,210 – 211 頁。

【3】

○勝案,《魯布魯克東行紀》第 2 章《韃靼人和他們的住所》略云:"當他們安頓好他們的住所時,他們始終把門朝向南方,然後他們把裝箱的車輛,分列在住所附近一投石之遙的兩側,因此住所在兩排車輛之間,就像在兩道墻中。主婦爲自己製作了極漂亮的[行李]車,除了用圖畫外,我不知道如何向你描繪,如果我會作畫,那我要把它們畫給你看。僅一個富裕的蒙古人即韃靼人便有一百或二百輛這種帶箱的車。"[1]

【4】

○李曰:"窩裏陀"即"斡耳朵"。

○沈曰:《湛然居士集》云:"每新君立,另設一帳房,極金碧之盛,名'斡耳朵'。後君立,復自作之。"

○勝案,沈注引《湛然居士集》當作《草木子》,其卷 3 下云:"元君立,另設一帳房,極金碧之盛,名爲'斡耳朵'。及崩,即架閣起。新君立,復自作斡耳朵。"[2]"窩裏陀"通譯"斡耳朵",意爲營帳或宮殿,源於古突厥語 ordu,後借入蒙古語。[3]

【5】

○勝案,《蒙古秘史》184 節:"時王罕正立起金撒帳做筵會。"金、撒帳,《秘史》原文分別作"阿勒壇"、"帖兒篾",或解金撒帳爲撒金褐子帳,不確。[4] 撒帳,傳漢武帝與李夫人共坐帳中,宮人遥撒五色同心果,後演爲新娘抛撒金錢綵果之婚俗。[5] 後氈帳亦曰撒帳,《元史》卷100《兵志三·馬政》:"自天子以及諸王百官,各以脫羅氈置撒帳,爲取乳室。"[6]《事略》金帳猶言金撒帳。《秘史》撒帳所對原文"帖兒篾"即蒙語 terme,意爲細氈。又蒙語毛織物曰 tarma,《至元譯語·軍器門》:

〔1〕〔法〕魯布魯克:《魯布魯克東行紀》,〔美〕柔克義譯注,何高濟譯,210 頁。

〔2〕〔明〕葉子奇:《草木子》,中華書局 1959 年,63 頁。

〔3〕參觀〔法〕伯希和:《斡耳朵》,收入馮承鈞譯:《西域南海史地考證譯叢五編》,商務印書館 1962 年。

〔4〕道潤梯步譯注:《新譯簡注蒙古秘史》,內蒙古人民出版社 1979 年,169 頁。

〔5〕參觀〔宋〕孟元老:《東京夢華録》卷 5《娶婦》,見鄧之誠注:《東京夢華録注》,中華書局1982 年,145 頁;伊永文箋注:《東京夢華録箋注》,中華書局 2006 年,480 頁。

〔6〕〔明〕宋濂等:《元史》,2554 頁。

"帳子曰弎立馬。"〔1〕則此帖兒篴蓋指細毲所製帳幕。〔2〕

　　遊牧民族可汗所居營帳多稱金帳,《資治通鑑》卷 246 唐文宗開成五年(840):"回鶻既衰,阿熱始自稱可汗。回鶻遣相國將兵擊之,連兵二十餘年,數爲黠戛斯所敗,嘗回鶻曰:'汝運盡矣,我必取汝金帳。'金帳者,回鶻可汗所居帳也。"〔3〕

【6】

　　○勝案,《魯布魯克東行紀》第 2 章《韃靼人和他們的住所》略云:"拔都有二十六個妻妾,每個都有一所大住宅,尚有其他安置在大住宅後面的小住宅,它們像小房間,其中住着做針線活的婦女,足足有二百輛車跟着這些大住宅。他們安置他們的房舍時,長妻的住宅在最東,兩位妻子的禹兒惕(yurt,營帳)之間有一投石距離。"〔4〕又第 15 章《撒里答的斡耳朵》略云:"我們發現他的斡耳朵很大,因爲他有六個妻子,他身邊的長子有兩三個妻子,每人都有一所大住宅,大概有二百輛車。"〔5〕大住宅即大窩裏陀。

9.1

　　霆至草地時立金帳,想是以本朝皇帝親遣使臣來,故立之以示壯觀。前綱鄒奉使至不曾立【1】,後綱程大使、更後綱周奉使至皆不立【2】。其製即是草地中大氈帳,上下用氈爲衣,中間用柳編爲窗眼透明,用千餘條索拽住門闌與柱【1】,皆以金裹,故名。中可容數百人【2】【3】,韃主帳中所坐胡床【3】,如禪寺講座,亦飾以金【4】。后妃等第而坐【4】,如構欄然。穹廬有二樣。燕京之制【5】,用柳

〔1〕賈敬顏、朱風:《蒙古譯語女真譯語匯編》,天津古籍出版社 1990 年,5 頁。
〔2〕阿爾達札布譯注:《新譯集注蒙古秘史》,內蒙古大學出版社 2005 年,337 頁。
〔3〕〔宋〕司馬光:《資治通鑑》,中華書局 1956 年,17 冊,7947 頁。
〔4〕〔法〕魯布魯克:《魯布魯克東行紀》,〔美〕柔克義譯注,何高濟譯,210 頁。
〔5〕〔法〕魯布魯克:《魯布魯克東行紀》,〔美〕柔克義譯注,何高濟譯,230 頁。

木为骨,正如南方罜罳可以卷舒^[6]【5】,面前开門,上如傘骨,頂開一竅,謂之天窗,皆以氈爲衣,馬上可載^{【6】}。草地之制【7】,用柳木織成硬圈,徑用氈鞦定^[8]【7】,不可卷舒,車上載行^{【9】},水草盡則移,初無定日。

【注】

【1】

○李曰:案鄒伸之撰《使北日錄》一卷,事在理宗紹定六年,此書存目在《提要》卷五十二《雜史類》。

○勝案:李注此條僅見於上圖鈔本。

【2】

○王曰:《宋史·理宗紀》:紹定五年十二月“大元再遣使(來)議攻金,史嵩之以鄒伸之報謝”。端平元年“十二月己卯,大元遣王檝來。……辛卯,遣鄒伸之、李復禮、喬仕安、劉溥報謝”。二年正月“辛酉,以御前寧淮軍統制、借和州防禦使程芾爲大元通好使,從義郎王全副之"。嘉熙二年"三月己丑,命將作監周次說爲大元通好使"。此鄒奉使即鄒伸之,程大使即程芾,周奉使即周次說。徐氏隨使蓋在鄒伸之再使時,前此伸之北使,實奉江南制置大使史嵩之命,再使則奉朝命,故云"想是以本朝皇帝親遣使臣來,故立"金帳也。

【3】

○勝案,蒙古皇帝之斡耳朵規模頗大,《柏朗嘉賓蒙古行紀》第 9 章第 29 節:"他(贵由)令人带我们去拜见其皇太后,莊嚴隆重的集會就在那裏舉行。當我們到達那裏時,人們已經搭好了一個很大的紫色帆布帳篷,據我們認爲,這個帳篷大得足可以容納兩千多人。四周圍有木板柵欄,木板上繪有各種各樣的圖案。"[1]第 31 – 32 節:"在他們之中稱這個地方爲失剌斡耳朵。於是,當我們大家騎馬一起來到另一個距那裏只有三四古法里的地方,位於山中間靠近一條河流旁邊有一個風景秀麗的平原,平原上已經矗立著另一頂幕帳,當地人稱之爲金斡耳朵或'金帳'。……用來搭幕帳的支柱以金片相裹,然後用金鍵將其它支柱釘在一起。幕帳的天幕和內壁上也蒙上了一層華蓋布,而外面則是用其它織物裝飾的。"[2]

《柳貫詩文集》卷 5《觀失剌斡耳朵御宴回》:"毳幕承空挂繡楣,彩繩互地掣文霓。辰旗忽動祠光下,甲帳徐開殿影齊。芍藥名花圍簇坐,蒲萄法酒拆封泥。御前賜酺千官醉,恩覺中天雨露低。"自注:"車駕駐蹕,即賜近臣灑馬妳子御筵,設氈殿失剌斡耳朵,深廣可容數千人。上京五月芍藥始花。"[3]失剌斡耳朵即《元史》卷 3《憲宗本紀》"昔剌兀魯朶"[4]《華夷譯語·聲色門》:"黃曰石剌(šira)。"[5]失剌斡耳朵(širaordu)即黃帳殿[6] 金子亦黃色,故黃帳殿或亦代指金帳[7]

---

〔1〕〔意〕柏朗嘉賓:《柏朗嘉賓蒙古行紀》,〔法〕貝凱、韓百詩譯注,耿昇譯,96 頁。

〔2〕〔意〕柏朗嘉賓:《柏朗嘉賓蒙古行紀》,〔法〕貝凱、韓百詩譯注,耿昇譯,98 頁。

〔3〕〔元〕柳貫:《柳貫詩文集》,柳遵傑點校,浙江古籍出版社 2004 年,86 頁。

〔4〕〔明〕宋濂等:《元史》,49 頁。

〔5〕賈敬顏、朱風:《蒙古譯語女真譯語匯編》,39 頁。

〔6〕參觀〔清〕李文田:《元史地名考》,上海圖書館藏鈔本。

〔7〕參觀〔意〕柏朗嘉賓:《柏朗嘉賓蒙古行紀》,〔法〕貝凱、韓百詩譯注,耿昇譯,117 頁注 9。

【4】

○勝案,胡床又名交床,爲無靠背、可折叠之坐具。陶毅《清異录》卷3"逍遥座"條云:"胡牀施轉關以交足,穿便條以容坐,轉縮須臾,重不數斤。"《資治通鑑》唐長慶二年十二月辛卯"上見羣臣於紫宸殿御大繩牀"條胡三省注云:"程大昌演繁露:'今之交牀,制本自虜來,始名胡牀。隋以讖有胡,改名交牀。唐穆宗於紫宸殿御大繩牀見羣臣,則又名繩牀矣。'余按交牀、繩牀,今人家有之,然二物也。交牀以木交午爲足,足前後皆施橫木,平其底,使錯之地而安;足之上端,其前後亦施橫木而平其上,橫木列竅以穿繩條,使之可坐。足交午處復爲圓穿,貫之以鐵,斂之可挾,放之可坐;以其足交,故曰交牀。繩牀,以板爲之,其廣前可容膝,後有靠背,左右有托手,可以閣臂,其下四足著地。"[1]又梁武帝大通元年九月條胡三省注云:"胡牀,即今之交牀,隋惡胡字,改曰交牀,今之交椅是也。"[2]

案,交床猶今之馬扎,繩床即不可折叠之靠背椅,與可折叠之交椅(即折椅)有别。宋人多將胡床(交床)、繩床、交椅三者混爲一物,胡注以胡床與交椅混淆亦不確。[3]《金佗粹編》卷6《行實編年》卷3紹興五年條:"楊么舉鍾儀投于水,繼乃自仆。牛皋投水,擒么至先臣前,斬首,函送都督行府。僞統制陳瑫等亦劫鍾儀之舟,獲金交床、金鞍、龍鳳簞以獻,率所部降。"[4]此金交床疑即金交椅。

古代僧侣所坐胡床亦名繩床[5],此言"韃主帳中所坐胡床如寺院講座",則頗疑此處所謂胡床實非交床,而爲繩床即靠背椅。胡床飾以金,即金椅。《金史·儀衛志》下"太子常行儀衛"條云:"椅用金鍍銀圈、雙戲麒麟椅背,紅絨縧結。"[6]元人亦有金交椅,《元史》卷79《輿服

---

[1]〔宋〕司馬光:《資治通鑑》,17册,7822頁。

[2]〔宋〕司馬光:《資治通鑑》,10册,4727頁。

[3]參觀翁同文:《中國坐椅習俗》,海豚出版社2011年,63頁。

[4]王曾瑜:《鄂國金佗粹編續編校注》,中華書局1999年,324頁。參觀《金佗續編》卷19《百氏忠昭録》卷3,1440頁。

[5]參觀翁同文:《中國坐椅習俗》,12頁。

[6]〔元〕脱脱等:《金史》,中華書局1975年,958頁。

25

志》二"儀仗"條:"交椅,銀飾之,塗以黃金。杌子,四腳小床,銀飾之,塗以黃金。"[1]稱塗金杌子爲小床,則所謂塗金交椅當與此記韃主所坐飾金胡床相似,當爲靠背椅。蒙古汗廷之金椅有較寬大可坐兩人者。《魯布魯克東行紀》第19章《拔都的斡耳朵及他的接見》:"他坐在一條寬若臥榻的長椅上,長椅全部塗金,有三級階梯通往上面,他身旁坐著一個妃子。"[2]又第29章《在蒙哥宮廷的見聞》:"我們返回我們的住所時,蒙哥汗來到教堂即禮拜堂,他們給他準備一張鍍金的椅子,他和他夫人坐上去,面朝祭壇。"[3]內蒙古錫林郭勒盟正藍旗羊羣廟祭祀遺址曾出土3座漢白玉石雕人物坐像,所見交腳圈背座椅即靠背椅,為蒙古皇帝座椅。[4]

【5】

○王曰:无名氏《愛日齋叢鈔》一:"今所謂掛罳,其名傳寫多異同。平園《游山錄》記倅送步障二,俗名畫獅,蓋北人飾以氈毯,而畫獅子形,故云爾。或云名掛罳,洪景盧作話私小閣,名借春,見於詩云:'居然丈室巧剪裁,截竹爲楹不染埃。'未詳即掛罳否?趙彥衛《閒記》云:'紹興末,宿直中官,以小竹編聯,籠以衣,畫風雲鷺鷥作枕屏,一時號曰畫絲。好事者大其制,施於酒席以障風,野次便於圍坐,或以名不雅,易曰掛罳。'又曰:'出於北方(邊),目曰話私。乾道間,使者嘗求其骨,則不然矣,且以言爲話,南人方言,非北語也。'"

○勝案,《愛日齋叢鈔》作者爲南宋人葉寘(字子真,號坦齋,池州青陽人)。[5] 王箋所引《愛日齋叢鈔》此節文字下尚有餘論,可資參觀,略云:"按崔豹《古今注》:'罘罳,屏也。罘者,復也;罳者,思也。臣

〔1〕〔明〕宋濂等:《元史》,7冊,1959頁。

〔2〕〔法〕魯布魯克:《魯布魯克東行紀》,〔美〕柔克義譯注,何高濟譯,240頁。

〔3〕〔法〕魯布魯克:《魯布魯克東行紀》,〔美〕柔克義譯注,何高濟譯,271頁。

〔4〕參觀內蒙古文物考古研究所、正藍旗文物管理所:《正藍旗羊羣廟元代祭祀遺址及墓葬》,收入李逸友、魏堅主編《內蒙古文物考古文集》第一集,中國大百科全書出版社1994年。

〔5〕參觀〔法〕伯希和:《評〈王國維遺書〉》,收入馮承鈞譯:《西域南海史地考證譯叢五編》,商務印書館1962年,56頁;余嘉錫《四庫提要辨證》卷15《子部六》,中華書局1980年,889—890頁;孔凡禮《愛日齋叢鈔點校說明》,見〔宋〕葉寘:《愛日齋叢抄》,孔凡禮點校,中華書局2010年。案,余、孔二氏皆未提及伯氏考證。

朝君至屏外，復思所奏之事於其下。'顏師古《注》謂：'連闕曲閣也，以覆重刻垣墉之處，其形罘罳然，一曰屏也。'鄭《禮記注》：'屏，謂之樹，今浮思也，刻之爲雲氣、蟲獸，如今闕上之爲。'《廣雅》云：'復思，謂之屏。'王莽壞渭陵園門罘罳，曰使民無復思漢。唐蘇鶚《演義》稱：'罘罳，織絲爲之，象羅交文之狀，施宮殿簷戶之間。'又《文宗實録》：'甘露之禍，群臣奉上出殿北門，裂罘罳而去。'《酉陽雜俎》稱：'上林間多呼殿榱桷護雀網爲罘罳'，則是漢以屏爲罘罳，唐以殿間網爲罘罳。以字考之，二字從網，有網之義。漢屏疑亦有維索以爲限制，今云掛絲，第言以絲掛於竹骨之上，若用罳字，亦取罘罳之義，其實圍屏也。《開寶遺事》：'長安士女遇名花，則以裙遞相插掛爲宴幄'，茲其始也。東坡守汝陰，以帷幙爲擇勝亭，亦此義。"[1]

【6】

○勝案，《魯布魯克東行紀》第 2 章《韃靼人和他們的住所》略云："他們把宿夜的住宅安放在用棍條編織成的圓形框架上，頂端輻湊成小小的圓環，上面伸出一個筒當作煙囪，而這個［框架］他們覆以白氈。他們常常用白粉，或白粘土，或骨粉涂在氈上，使它顯得白些，有時［他們把氈子］也涂成黑色。頂端煙筒四周的氈子，他們飾以種種好看的圖案。入口處他們還懸掛有各種彩色繡花的氈子，因爲他們給氈子繡上五顏六色或者素色的藤、樹、鳥獸的圖案。他們把這些屋舍造得很大，有時寬爲三十英尺。"[2]

《馬可波羅行紀》第 1 卷第 68 章《成吉思汗後之嗣君及韃靼人之風習》："其房屋用竿結成，上覆以繩，其形圓。行時攜帶與俱，交結其竿，使其房屋輕便，易於攜帶。每次編結其屋之時，門皆向南。彼等有車，上覆黑氈甚密，雨水不透，駕以牛駝，載妻兒於其中。"注引《多桑蒙古史》："蒙古人結枝爲垣，其形圓，高與人齊。承以椽，其端以木環結之。外覆以氈，用馬尾繩繫之，門亦用氈，戶永向南。頂開天窗以通氣，

---

〔1〕〔宋〕葉寘：《愛日齋叢抄》，孔凡禮點校，中華書局 2010 年，4 – 5 頁。
〔2〕〔法〕魯布魯克：《魯布魯克東行紀》，〔美〕柔克義譯注，何高濟譯，209 – 210 頁。

· 欧 · 亚 · 历 · 史 · 文 · 化 · 文 · 库 ·

吐炊煙,竈在中央,全家皆寓此居宅之內。"〔1〕

【7】

○勝案,鞍本意爲蒙以皮革,此處指以羊毛氈覆蓋於帳架。

10　其食

其食,肉而不粒【1】。獵而得者,曰兔、曰鹿【2】、曰野彘【3】、曰黃鼠【4】、曰頑羊、其脊骨可爲杓。【5】曰黃羊、其背黃,尾如扇大〘1〙【6】。曰野馬、如驢之狀【7】。曰河源之魚。地冷可致【8】。牧而庖者,以羊爲常,牛次之,非大燕會不刑馬【9】。火燎者十九【10】,鼎烹者十二三,酋而先食,然後食人。

校

〘1〙背,羅本、六經堪本作"肩"。底本無"尾"字,據李本、陳本、章本、王本補。

注

【1】

○勝案,《心史·大義略敘》:"〔韃人〕牛馬羊鹿多,亦不賤。出獵射生,純肉食,少食飯。……彼無好米,見此白米,重之曰細米,土產惟

---

〔1〕〔法〕沙海昂注:《馬可波羅行紀》,馮承鈞譯,中華書局 2004 年,238、244 頁。

小米、粟麥。"[1]張德輝《嶺北紀行》:"食則以羶肉爲常,粒米爲珍。"[2]《世界征服者史》第1部《緒言》I《成吉思汗興起前蒙古人的情況》:"他們穿的是狗皮和鼠皮,吃的是這些動物的肉和其他死去的東西。"[3]《魯布魯克東行紀》第3章《韃靼人的食物》:"他們不加區別地吃一切死去的動物,而那麼多的羊羣牛羣,必然有很多牲口死去。"[4]《馬可波羅行紀》第1卷第68章:"彼等以肉乳獵物爲食,凡肉皆食,馬、犬、鼠、田鼠(pharaons)之肉,皆所不棄,蓋其平原窟中有鼠甚衆也。"[5]

【2】

　　○勝案,《元史》卷74《祭祀志》三:"芝麻、兔、鹿、稻米飯,孟冬用之。"[6]

【3】

　　○勝案,《元史》卷74《祭祀志》三:"薦新鮪、野彘,孟春用之。"[7]

【4】

　　○勝案,《華夷譯語·鳥獸門》:"黃鼠曰竹木蘭(jomuran)。"[8]元忽思慧《飲膳正要》卷3《獸品》:"黃鼠,味甘,平,無毒。多食發瘡。"《元史》卷74《祭祀志》三:"菱芡、栗、黃鼠,仲秋用之。"[9]

　　蒙古人鼠類頗多,冬日多掘鼠而食。明岷峨山人《譯語》:"其土產……曰貔,曰貂鼠,曰青鼠,曰土撥鼠。"[10]《蒙古秘史》89—90節:"帖木真那裏相遇著了,又去不兒罕山前,有古連勒古名字的山,那山裏有桑沽兒河,河邊有合剌只魯格名字的小山,有箇青海子,做營盤住在其

　　〔1〕〔宋〕鄭思肖:《鄭思肖集》,陳福康點校,187頁。
　　〔2〕〔元〕張德輝:《嶺北紀行》,賈敬顏疏證,收入《五代宋金元人邊疆行記十三種疏證稿》,349頁。
　　〔3〕〔波斯〕志費尼:《世界征服者史》,何高濟譯、翁獨健校訂,23頁。
　　〔4〕〔法〕魯布魯克:《魯布魯克東行紀》,〔美〕柔克義譯注,何高濟譯,213頁。
　　〔5〕〔法〕沙海昂注:《馬可波羅行紀》,238頁。
　　〔6〕〔明〕宋濂等:《元史》,1845頁。
　　〔7〕〔明〕宋濂等:《元史》,1845頁。
　　〔8〕賈敬顏、朱風:《蒙古譯語女真譯語匯編》,32頁。
　　〔9〕〔明〕宋濂等:《元史》,1845頁。
　　〔10〕〔明〕岷峨山人:《譯語》,收入薄音湖、王雄主編《明代蒙古漢籍史料匯編》第1輯,內蒙古大學出版社2006年,223頁。

間,打捕土撥鼠、野鼠喫着過活了。一日,帖木真的慘白騸馬八匹在家被賊劫將去了。又有一箇甘草黃馬,他兄弟別勒古台騎著捕土撥鼠去了,到晚馱著土撥鼠回來。"按,土撥鼠《秘史》原文作"塔兒巴合"(tar-bagha/複數 tarbaghan),野鼠作"窟出古兒"(küčügür)。塔兒巴哈,《元史》作"塔剌不花"(tarbagha)、"塔剌不歡"(tarbaghan)。《元史》卷74《祭祀志》三:"塔剌不花,其狀如獾。……狸、黃羊、塔剌不花,季冬用之。"[1]《元史》卷127《伯顏傳》:"先是,邊兵嘗乏食,伯顏令軍中採蓋怯葉兒及蓿敦之根貯之,人四斛,草粒稱是,盛冬雨雪,人馬賴以不饑。又令軍士有捕塔剌不歡之獸而食者,積其皮至萬,人莫知其意。既而遣使輦至京師,帝笑曰:'伯顏以邊地寒,軍士無衣,欲易吾繒帛耳。'遂賜以衣。"[2]《楚石北游詩·漠北懷古》十六之六:"三冬掘野鼠,萬騎上河冰。"[3]《魯布魯克東行紀》第5章:"他們也吃老鼠,這裡老鼠種類繁多。他們不吃長尾鼠,而把它拏去喂鳥。他們吃家鼠及種種短尾鼠。那裡還有很多土撥鼠,稱爲索古爾(Rockhill 注:Sogur,突厥語爲 Sour)。冬天它們羣居在洞裡,二十或三十成羣,一睡六個月,他們大量捕捉這些土撥鼠。那裡也有兔子,長著老鼠一般的長尾,尾梢有黑白的毛。他們尚有其他種種可食的小動物,他們知道怎樣很好地去區別。我沒有在那里看到鹿。我看到些野兔,很多小羚羊。我看到大量的野驢,像是騾子。我還看到另一類叫做阿卡里(蒙古野驢)的動物,它有像羊那樣的軀體,兩角彎曲如公羊角,但是雙角大到我簡直用一隻手舉不起來,他們則用這些角來製造杯子。"[4]

案,唐人稱土撥鼠爲鼧(鮀)鼢鼠,《新唐書》卷40《地理志》:"蘭州金城郡,下。以皋蘭山名州。土貢:麩金、麝香、鼧鼢鼠。"[5]《本草綱目》卷51下"土撥鼠"條:"【釋名】鼧鼢,音駝拔。答剌不花,出《正要》。時珍曰:按,《唐書》有鼧鼢,即此也。鼧鼢,言其肥也。……蒙古

〔1〕〔明〕宋濂等:《元史》,1845頁。
〔2〕〔明〕宋濂等:《元史》,3113-3114頁。
〔3〕〔元〕釋梵琦:《楚石北游詩》,吳定中、鮑翔麟校注,浙江古籍出版社2010年,87頁。
〔4〕〔法〕魯布魯克:《魯布魯克東行紀》,〔美〕柔克義譯注,何高濟譯,215頁。
〔5〕〔宋〕歐陽修,宋祁:《新唐書》,中華書局1975年,1042頁。

人名答剌不花。【集解】藏器曰：土撥鼠生西番山澤間，穴土爲窠，形如獺，夷人掘土食之。……時珍曰：皮可爲裘，甚暖，濕不能透。"[1]《飲膳正要》卷3《獸品》："塔剌不花，一名土撥鼠。味甘，無毒。主野雞瘻瘡。煮食之宜人。生山後草澤中，北人掘取以食。雖肥，煮則無油，湯無味，多食難克化，微動氣。皮作番皮，不透濕，甚暖。"蒙古土撥鼠英文爲Tabargan marmot。[2]

【5】

○王曰：頑羊當是羱羊之音訛。《秘史》八：札木合"只有五箇伴當，同做劫賊，因上儻魯山去，殺了一箇羱羊燒喫。"

【6】

○勝案，《飲膳正要》卷3《獸品》："黃羊，味甘，溫，無毒。補中益氣，治勞傷虛寒。其種類數等，成群至於千數。白〔尾〕黃羊生於野草內，黑尾黃羊生於沙漠中，能走善臥，行走不成群。其腦不可食，髓骨可食，能補益人，煮湯無味。"

【7】

○勝案，《譯語》："其土產，曰馬，曰橐駝，曰野馬，曰野騾，曰羱羊。"[3]《元史》卷74《祭祀志》三："麂、野馬，仲冬用之。鯉、黃羊、塔剌不花，季冬用之。"[4]《楚石北游詩·贈西番元帥》："黃羊野馬充庖美，金鳳銀鵝照骨鮮。"[5]

【8】

○王曰：云"河源之魚，地冷可致"者，張德輝《紀行》云：驢駒河"水

〔1〕〔明〕李時珍：《本草綱目》，王育傑整理，人民衛生出版社2010年，2305頁。參觀〔宋〕唐慎微：《證類本草》卷16《獸部》上，郭君雙、金秀梅、趙益梅校注，中國醫藥科技出版社2011年，498頁；〔唐〕陳藏器：《本草拾遺輯釋》卷5《獸禽部》，尚志均輯釋，安徽科學技術出版社2003年，197頁。

〔2〕參觀〔美〕謝弗（即薛愛華，E. H. Schafer）：《唐代的外來文明（撒馬爾罕的金桃）》，吳玉貴譯，中國社會科學出版社1995年，201、212頁。

〔3〕〔明〕岷峨山人：《譯語》，收入薄音湖、王雄主編《明代蒙古漢籍史料匯編》第1輯，223頁。

〔4〕〔明〕宋濂等：《元史》，1845頁。

〔5〕〔元〕釋梵琦：《楚石北游詩》，吳定中、鮑翔麟校注，20－21頁。

東注甚湍猛,居人云中有魚,長可三四尺,春夏及秋捕之皆不能得,至冬可鑿冰而得也。"又渾獨剌河"水之大及魚之捕法亦如之"。

○勝案,蒙古人所食魚類亦頗多。《蒙古秘史》75 節:"訶額侖菜蔬養來的兒子,都長進好了,敢與人相抗。爲奉養他母親上頭,將針做鉤兒於斡難河裏釣魚,又結網捕魚,卻將母親奉養了。"所釣之魚名,《秘史》原文作"折不格"、"合答剌"(qadara),即細鱗魚與鰺�案魚。[1]

【9】

○沈曰:元制,馬爲大牲,惟祀天及宗廟用之。《刑法志·禁令篇》:"諸宴會,雖達官,殺馬爲禮者,禁之。"

○勝案,商代殷人祭祀即重視白馬。[2] 漢與匈奴盟誓刑白馬,見《漢書》卷 94 下《匈奴傳》下:"[韓]昌、[張]猛與單于及大臣俱登匈奴諾水東山,刑白馬。單于以徑路刀、金留犂撓酒,以老上單于所破月氏王頭爲飲器者,共飲血盟。"[3]

後來蒙古及其他北方遊牧狩獵民族,祭祀多刑馬牛羊之屬,尤重白馬。《遼史》卷 34《兵衛志》上《兵制》:"凡舉兵,帝率蕃漢文武臣僚,以青牛、白馬祭告天地、日神,惟不拜月,分命近臣告太祖以下諸陵及木葉山神。"[4]《元史》卷 63《地理志·西北地附錄》:"烏斯亦因水爲名,在吉利吉思東,謙河之北。其俗每歲六月上旬,刑白馬牛羊,灑馬湩,咸就烏斯沐漣以祭河神,謂其始祖所從出故也。"[5]《元史》卷 74《祭祀志》三:"大祀,馬一,用色純者,有副。牛一,其角握,其色赤,有副。羊,其色白。豕,其色黑。鹿。"[6]《草木子》卷 3 下:"元朝人死,致祭

〔1〕參觀阿爾達札布譯注:《新譯集注蒙古秘史》,內蒙古大學出版社 2005 年,129–130 頁。

〔2〕參觀裘錫圭:《從殷墟甲骨卜辭看殷人對白馬的重視》,收入《古文字論集》,中華書局 1992 年,232–235 頁。

〔3〕〔漢〕班固:《漢書》,〔唐〕顏師古注,中華書局 1962 年,11 冊,3801 頁。參觀〔日〕江上波夫:《匈奴的祭祀》,載《日本學者研究中國史論著選譯》第 9 卷《民族交通》,北京:中華書局,1993.

〔4〕〔元〕脫脫等:《遼史》,中華書局 1974 年,397 頁。

〔5〕〔明〕宋濂等:《元史》,1574 頁。

〔6〕〔明〕宋濂等:《元史》,1845 頁。

曰燒飯,其大祭則燒馬。"[1]白馬奶亦珍貴,《元史》卷 122《昔兒吉思傳》:"初,昔兒吉思之妻爲皇子乳母,於是皇太后待以家人之禮,得同飲白馬湩。時朝廷舊典,白馬湩非宗戚貴胄不得飲也。"[2]

蒙古、契丹人盟誓亦刑白馬,《蒙古秘史》141 節:"其後雞兒年,合塔斤等十一部落,於阿勒灰不剌阿地面聚會商議,欲立札木合做君。於是衆部落共殺馬設誓訖,順額洏古涅河至於刊沐連河洲的地行,將札木合立做皇帝,欲攻成吉思與王罕。"殺馬設誓,《聖武親征録》作"腰斬白馬爲誓"[3];《元史》卷 1《太祖紀》作"斬白馬爲誓"[4]。《元史》卷 149《耶律留哥傳》:"太祖命按陳那衍、渾都古行軍至遼,遇之,問所從來,留哥對曰:'我契丹軍也,往附大國,道阻馬疲,故逗遛於此。'按陳曰:'我奉旨討女真,適與爾會,庸非天乎!然爾欲效順,何以爲信?'留哥乃率所部會按陳于金山,刑白馬、白牛,登高北望,折矢以盟。"[5]

【10】

○沈曰:明刻《增新事林廣記》,有筵會上燒肉事件,凡羊羔、黃鼠、塔剌不花等二十五件,皆泰定重刻宋《事林廣記》所無。此蒙古火燎之證。

10. 1

霆住草地一月餘,不曾見韃人殺牛以食。

〔1〕〔明〕葉子奇:《草木子》,63 頁。

〔2〕〔明〕宋濂等:《元史》,3015 頁。

〔3〕見《王國維遺書》第 8 冊,316 頁。

〔4〕〔明〕宋濂等:《元史》,7 頁。

〔5〕〔明〕宋濂等:《元史》,3511 頁。cf. Pelliot P, Hambis L, *Histoire des Campaignes de Gengis Khan*, *Cheng-Wou Ts' in-Tcheng Lou*, Leiden: Brill, 1951, p. 411.

11　其飲

　　其飲[1]，馬乳與牛羊酪【1】。凡初酌[2]，甲必自飲，然後飲乙。乙將飲，則先與甲、丙、丁呷，謂之口到[3]。甲不飲[4]，則轉以飲丙。丙飲訖，勺而酬乙[5]，乙又未飲，而飲丁，丁如丙禮。乙纔飲訖，勺而酬甲[6]，甲又序勺以飲丙、丁[7]，謂之換盞。本以防毒，後習以爲常【2】。

〔1〕李本“飲”後有“食”字。

〔2〕李本無“凡”字，問影樓本有“凡”字。

〔3〕到，沈本、羅本、六經堪本作“利”。

〔4〕底本、沈本、羅本、陳本皆無“甲”字，據李本、王本增。

〔5〕勺，李本作“酌”。酬，李本作“飲”。

〔6〕勺，李本作“酌”。

〔7〕勺，李本作“酌”。

【1】

○勝案，《心史·大義略敘》：“［韃人］攪馬乳爲酒，味腥酸，飲亦醉。羣虜會飲殺牛馬曰大茶飯，但飲酒曰把盞。雜坐喧溷，上下同食，舉杯互飲，不恥殘穢。飲酒必囚首，㲲藉地坐，以小刀刺肉食授人，人即開口接食爲相愛，卑者跪受賜。……人好飲牛馬乳酪，極肥腯，生啖蔥蒜,衣腥食,穢臭不可近。"[1]《元史》卷74《祭祀志》三:"凡大祭祀,尤貴馬湩。將有事,敕太僕寺挏馬官,奉尚飲者革囊盛送焉。其馬牲既與三牲同登于俎,而割奠之饌,復與籩豆俱設。將奠牲盤醆馬湩,則蒙古太祝升詣第一座,呼帝后神諱,以致祭年月日數、牲齊品物,致其祝語。以次詣列室,皆如之。禮畢,則以割奠之餘,撒於南櫺星門外,名曰抛撒茶飯。"[2]《馬可波羅行紀》第1卷第69章:"韃靼人飲馬乳,其色類白葡萄酒,而其味佳,其名曰忽迷思(koumiss)。"[3]

【2】

○勝案,《蒙韃備録》"燕聚舞樂"條略云:"韃人之俗,主人執盤醆以勸客。客飲若少留涓滴,則主人者更不接醆,見人飲盡乃喜。……且每飲酒,其俗鄰坐更相嘗換。若以一手執杯,是令我嘗一口,彼方敢飲。若以兩手執杯,乃彼與我換杯,我當盡飲彼酒,卻酌酒以酬之,以此易醉。凡見外客醉中喧鬨失禮,或吐或臥,則大喜曰:'客醉則與我一心無異也。'"

元至順本《事林廣記》前集卷11《禮儀類·拜見新禮》"平交把醆"條云:"主人持臺醆,左右執壺瓶、持果子,斟酒畢,主人進前跪云:'哥每到這裏,小弟沒甚麼小心。哥每根底,拿醆淡酒。'客亦還跪,答云:'哥生受做甚的?'卻推轉醆,勸主人先喫。主人又輪轉云:'小人別沒小心,只拿一醆兒淡酒,那裏敢先喫。'客云:'哥每酒是好是歹,哥識者。'主人盡飲,呈過醆,再斟滿勸客。客接醆飲,如客飲不盡,主人將盤(醆)斜把云:'千歲!千歲!'待飲盡,接醆同起。或客借醆回勸,並如前儀;或不回勸,隨意。或再把醆,或換醆,並隨意。"[4]所述主人先客盡飲,與本節所記"甲必自飲,然後飲乙"、"本以防毒,後習以爲常"相合。

---

〔1〕〔宋〕鄭思肖:《鄭思肖集》,陳福康點校,187頁。

〔2〕〔明〕宋濂等:《元史》,1841頁。

〔3〕〔法〕沙海昂注:《馬可波羅行紀》,246頁。

〔4〕〔宋〕陳元靚等編:《新編纂圖增類羣書類要事林廣記》,至順(1330—1332)建安椿莊書院刻本,收入《續修四庫全書》子部類書類第1218冊,297頁。

12　其味

其味,鹽一而已。

12.1

霆出居庸關,過野狐嶺[1],更千餘里[1],入草地曰界里濼[2],其水暮沃而夜成鹽,客人以米來易[2],歲至數千石。更深入,見韃人所食之鹽,曰斗鹽,其色白於雪,其狀大於牙,其底平於斗[3],故名斗鹽,蓋鹽之精英者[4]。愈北其地多鹻[3],其草宜馬。

校

〖1〗更千餘里,李本作“千里”。
〖2〗客人,李本作“客”。
〖3〗於,李本、陳本作“如”。
〖4〗李本無“者”字。

注

【1】
○李曰:《金史》中都路大興府:“昌平有居庸關,國名查剌合攣。”又撫州柔遠縣有查剌嶺。《元史·太祖紀》六年:“敗金將定薛於野狐嶺。”
○勝案,《蒙古秘史》247 節:“在後羊兒年,成吉思征金國,先取了

撫州,經過野狐嶺,又取了宣德府。使者別、古亦古捏克二人做頭哨,至
居庸關。"

【2】

○李曰:《金史》西京路撫州豐利縣:"明昌四年以泥濼置,有蓋里
泊。"即此略所云界里濼者也。

○沈曰:界里泊,即張參議《紀行》之蓋里泊。

○勝案,張德輝《嶺北紀行》:"北入昌州。居民僅百家,中有廨舍,
乃國王所建也。亦有倉廩,隸州之鹽司。州之東有鹽池,周廣可百里,
土人謂之狗泊。"狗泊即界里泊[1],《長春真人西遊記》則作"蓋里泊",
沈注誤記。

○王曰:《金史·地理志》撫州豐利縣有蓋里泊。《長春真人西遊
記》:"北過撫州。十五日,東北過蓋里泊,盡邱垤鹽鹵地,始見人煙二
十餘家,南有鹽池。"案,此界里泊即蓋里泊。長春以二月十一日過野
狐嶺,十五日過蓋里泊,則自野狐嶺至界里泊不得有千餘里,疑此誤也。

【3】○李曰:元張德輝《邊堠紀行》:昌州居民百家中有廨舍,亦有
倉廩,隸州之鹽司。東有鹽池,周廣可百里。昌州之北,沙陀盡鹹鹵也。

13　其爨

其爨,草炭牛馬糞。

---

[1]參觀[元]張德輝:《嶺北紀行》,賈敬顏疏證,收入《五代宋金元人邊疆行記十三種疏證
稿》,340頁。

14　其燈

其燈,草炭以爲心,羊脂以爲油。

15　其射獵

其俗射獵,凡其主打圍,必大會衆,挑土以爲坑,插木以爲表,維以氄索,繫以氈羽,猶漢兔罝之智,綿亘一二百里間。風颭羽飛[1],則獸皆驚駭,而不敢奔逸,然後蹙圍攫擊焉[2][1]。

校

〖1〗颭,李本作"颩"。

〖2〗擊,沈本、章本作"繫"。

注

【1】

　○沈曰:《雙溪醉隱集·大獵》詩:"營表交馳突騎過,射聲雲布已星羅,詔官檢點貔貅數,奏比年[前]百萬多。""網絡周阹萬里疆,幅員都是禁圍場。傳言羽獵將(爭)來到,有詔惟教靜虎狼。"注:"禁地圍場,自和林南越沙地(沱),皆浚以塹,上羅以繩,名曰'扎什',古之虎落也。比歲大獵,特詔先殄除虎狼。"

○勝案,《世界征服者史》第 1 部 II:"成吉思汗極其重視狩獵,他常說,行獵是軍隊將官的正當職司,從中得到教益和訓練是士兵和軍人應盡的義務。[他們應當學習]獵人如何追趕獵物,如何獵取它,怎樣擺開陣勢,怎樣視人數多寡進行圍捕。因爲,蒙古人想要行獵時,總是先派探子去探看有什麼野獸可獵,數量多寡。當他們不打仗時,他們老那麼熱衷於狩獵,并且鼓勵他們的軍隊從事這一活動:這不單爲的是獵取野獸,也爲的是習慣狩獵鍛煉,熟悉弓馬和吃苦耐勞。每逢汗要進行大獵(一般在冬季初舉行),他就傳下詔旨,命駐紮在他大本營四周和斡耳朵附近的軍隊作好行獵準備,按照指令從每十人中選派幾騎,把武器及其他適用於所去獵場的器用等物分發下去。軍隊的右翼、左翼和中路,排好隊形,由大異密率領。他們則攜帶后妃(khavātīn)、嬪妾、糧食、飲料等,一起出發。他們花一兩個月或三個月的時間,形成一個獵圈,緩慢地、逐步地驅趕著前面的野獸,小心翼翼,唯恐有一頭野獸逃出圈子。如果出乎意料有一頭破陣而出,那末要對出事原因作仔細的調查,千夫長、百夫長和十夫長要因此受杖,有時甚至被處極刑。如果[舉個例說]有士兵沒有按照路線(蒙古人稱之爲捏兒格 nerge)行走,或前或後錯走一步,就要給他嚴厲的懲罰,決不寬恕。在這兩三個月中,他們日夜如此驅趕著野獸,好像趕一群綿羊,然後捎信給汗,向他報告獵物的情況,其數之多寡,已趕至何處,從何地將野獸驚起,等等。最後,獵圈收縮到直徑僅兩三帕列散(parasang)時,他們把繩索連結起來,在上面覆以毛氈;軍隊圍著圈子停下來,肩並肩而立。這時候,圈子中充滿各種獸類的哀嚎和騷亂,還有形形色色猛獸的咆哮和喧囂,全都感到這是野獸麕集時的大劫。獅子跟野驢昵近,鬣狗與狐狸友好,豺狼同野兔親善。獵圈再收縮到野獸已不能跑動,汗便帶領幾騎首先馳入。當他獵厭後,他們在捏兒格中央的高地下馬,觀看諸王同樣進入獵圈。繼他們之後,按順序進入的是那顏、將官和士兵。幾天時間如此過去。最後,除了幾頭傷殘的遊蕩的野獸外,沒有別的獵物了。這時,老頭和白鬚翁卑恭地走近汗,爲他的幸福祈禱,替餘下的野獸乞食,請求讓它們到有水草的地方去。於是他們把獵獲的獸全集中在一起,如果

·欧·亚·历·史·文·化·文·库·

清點各種動物實際不可能,他們只點點猛獸和野驢便作罷。"[1]

《譯語》:"虜善獵,覘獸所在,則集衆合圍,多至萬人,或數千人,或數百人。自疏而密,任其馳騖。所謂百禽凌遽,駃瞿奔觸,不較也。惟無使突圍而出爾。度其困乏,乃縱橫射擊之,矢不虛舍,鋋不苟躍,僵禽斃獸,爛若磧礫。"[2]明蕭大亨《北虜風俗》"耕獵"條:"若夫射獵,雖夷人之常業哉,然亦頗知愛惜生長之道。故春不合圍,夏不群蒐,惟三五爲朋,十數爲黨,小小襲取,以充饑虛而已。及至秋風初起,塞草盡枯,弓勁馬强,獸肥隼擊。虜酋下令,大會蹄林,千騎雷動,萬馬雲翔,較獵陰山,十旬不返。積獸若丘陵,數衆以均分,此不易之定規也。然亦有首從之别,如一獸之獲,其皮毛蹄角,以頒首射,旌其能也。肉則瓜分,同其利也。其亡矢遺箙,無人竊匿,恐罹重罰。其控弦鳴鏑,悮傷本夷,以致於死者,惟償以一奴,或償一駝,不然則償馬二匹而已。即陣中亦依此例,俱不入故殺之科也。"[3]

15.1

霆見其行下韃戶[1]【1】,取毛索及氈,亦頗以爲苦。霆沿路所乘鋪馬,大半剪去其騣扣之,則日以之爲索,納之窩裏陀[2],爲打獵用。圍場自九月起,至二月止。凡打獵時,常食所獵之物,則少殺羊。

校

〔1〕李本無"其"字。

〔2〕"以之爲索納之",李本作"以爲索綱之用"。○沈曰:用,李本

---

〔1〕〔波斯〕志費尼:《世界征服者史》,何高濟譯、翁獨健校訂,29–31頁。

〔2〕〔明〕岷峨山人:《譯語》,收入薄音湖、王雄主編《明代蒙古漢籍史料匯編》第1輯,228頁。

〔3〕〔明〕蕭大亨:《北虜風俗》,收入《四庫全書存目叢書》史部地理類第255冊,齊魯書社1997年,330–331頁。

原校增。按"納"字不誤,"用"字不必增。

注
【1】

〇勝案,行下,行文下達。《龍川略志》卷5"議定吏額"條:"凡奏上行下,皆[呂]微仲專之,不復經由三省。"[1]《鶴林玉露》乙編卷6"擒虎尋龍"條:"嘉定中,察院羅相上言,越州多虎,乞行下措置,多方捕殺。"[2]

16　其冠

其冠,被髮而椎髻【1】,冬帽而夏笠【2】,婦人頂故姑[1]【3】。

校

〚1〛李本無"人"字。

注

【1】

〇勝案,被髮,當作剃髮、祝髮或披髣。[3]《北虜風俗》"帽衣"條:"夫被髮左衽,夷俗也。今觀諸夷,皆祝髮而右衽矣。其人自幼至老,髮皆削去,獨存腦後討(寸)許,爲一小辮,餘髮稍長即剪之,惟冬月不

---

〔1〕〔宋〕蘇轍:《龍川略志》,俞宗憲點校,中華書局1982年,26頁。
〔2〕〔宋〕羅大經:《鶴林玉露》,王瑞來點校,中華書局1983年,229頁。
〔3〕參觀31.1節注【7】引沈曾植《蒙韃備録箋注》。

剪,貴其煖也。莊生所稱'窮髮之北',非此類耶?若婦女,自初生時業已留髮,長則為小辮十數,披於前後左右,必待嫁時見公姑,方分為二辮,末則結為二椎,垂於兩耳。"[1]

【2】

○勝案,《北虜風俗》"帽衣"條:"其帽如我大帽,而製特小,僅可以覆額。又其小者,止可以覆頂,俱以索繫之項下。其帽之簷甚窄,帽之頂贅以朱英,帽之前贅以銀佛。製以氈,或以皮,或以麥草為辮,遠而成之,如南方農人之麥笠然。此男女所同冠者。"[2]

《老乞大》:"頭上戴的帽子,好水獺毛氈兒、貂鼠皮簷兒、琥珀珠兒、西番蓮金頂子。這般一箇帽子,結裹二十錠鈔。又有單桃牛尾笠子,玉珠兒,羊脂玉頂子,這般笠子,結裹三十錠鈔有。又有裁帛暗花紵絲帽兒,雲南氈海青帽兒,青氈鉢笠兒。又有貂鼠簷兒皮帽,上頭都有金頂子,又有紅瑪瑙珠兒。"[3]

【3】

○李曰:故姑,蒙古冠名也。《蒙韃備錄》作"顧姑",元丘處機《西遊記》作"故故",明葉子奇《草木子》作"姑姑",皆此物也。又《輟耕錄》二十二卷云:"承旨阿目茄巴刺死,……帶罟罟娘子十有五人。"

○沈曰:《至元譯語》:"故故曰播庫脫。"然則"故故"非蒙語也。《事林廣記》:"固姑,韃人、回回婦女戴之,以皮或糊紙爲之,朱漆剔金爲飾。"

○勝案,蒙古婦人所戴冠飾曰故姑,亦作故故、姑姑、顧姑、固姑、罟姑、罟罟、罟罘、罘罟。蔡美彪以爲罟罟爲雞鳴鳥語之象聲詞,罟罟冠即雉冠或野雞冠,以冠上皆插羽毛故也。[4] 罟罟冠在蒙古語中稱爲"孛黑塔"(boghtaq),即《魯布魯克東行紀》之"波克(bocca)",源於波斯語

---

〔1〕《四庫全書存目叢書》255 冊,331 頁。
〔2〕《四庫全書存目叢書》255 冊,331－332 頁。
〔3〕〔韓〕鄭光主編,梁伍鎮、〔韓〕鄭丞惠編:《原本老乞大》,圖版33 左、34 右,161－162 頁。
〔4〕參觀蔡美彪:《罟罟冠一解》,載《中華文史論叢》2010 年第2 期。

baghtāq。[1] 眾罟,見李昌祺《剪燈餘話》卷4《至正妓人行》:"記得先朝至正初,奴家才學上頭顱。銀環約臂聯條脫,彩線捼絨綴眾罟。"[2]

16.1

霆見故姑之制【1】,用畫木爲骨【1】,包以紅銷金帛【2】【2】,頂之上用四五尺長柳杖【3】,或鐵打成杖【4】,包以青氊。其向上人則用我朝翠花或五采帛飾之【3】,令其飛動,以下人則用野雞毛【4】。婦女真色【5】,用狼糞塗面【6】【5】。

校

〖1〗制,諸本作"製",皆通。

〖2〗銷,諸本作"絹",不確。參觀本節注【2】。

〖3〗五,沈本、羅本、六經堪本作"直"。杖,李本、六經堪本、王本作"枝"。

〖4〗鐵,問影樓本作"銀"。杖,李本、六經堪本、王本作"枝"。

〖5〗真,李本、陳本作"美"。

〖6〗用,章本作"以"。

注

【1】

畫木,沈從文[3]讀作樺木,可從。《長春真人西遊記》:"婦人冠以

<hr>

〔1〕參觀方齡貴:《元明戲曲中的蒙古語》,296-327頁;《古典戲曲外來語考釋詞典》,漢語大詞典出版社、雲南大學出版社,2001年,309-327頁。

〔2〕〔明〕李昌祺:《剪燈餘話》,周楞伽校注,收入《剪燈新話》(外二種),上海古籍出版社1981年,257頁。此條方書未引。

〔3〕沈從文:《中國古代服飾研究》,上海書店出版社2002年,545頁。

樺皮。"内蒙古四子王旗烏蘭花鎮西南王墓梁元汪古部貴族墓出土顧姑冠,多以樺樹皮圍成長筒狀,外以精美花綢包裹,上綴各式串珠。日本江上波夫較早即認爲顧姑冠原係在樺樹皮所製圓筒頂上飾以羽毛。[1] 另外亦有以丫形樺木棍爲骨架者。[2] 東北狩獵民族自古有以樺樹皮爲原料製作器物之傳統。赫哲族人以樺樹皮製帽,尖頂大檐,形如斗笠,赫哲語名"搏如"[3],或與蒙古語"孛黑塔"有關係。

【2】

○勝案,《心史·大義略敘》:"受虜爵之婦戴固姑冠,圓高二尺餘,竹篾爲骨,銷金紅羅飾於外。若在北行,婦人帶回回帽,加皂羅爲面簾,仍以帕子冪口障沙塵。"[4]

銷金者,以金線或金箔鑲嵌也。"紅銷金帛"即《心史》之"銷金紅羅",乃紅色絲帛嵌以金線者,爲繡金錦緞之一種。孟元老《東京夢華錄》卷4"公主出降"條:"又有宮嬪數十,皆真珠釵插、吊朵、玲瓏簇羅頭面,紅羅銷金袍帔。"[5]《秘書監志》卷5秘書庫:"匣子一箇,大紅銷金袱兒一箇,盛《青宮要略》一冊。"《老乞大》:"銷金段子,披氈,氈衫,油單,罟罟……"[6]

蒙元時期之金錦又名納石失(波斯語nasich之音譯),只孫宴服多用之,稱爲納石失衣。[7]

【3】

○勝案,向上人,與下文"以下人"相對,指地位較高之貴族。

【4】

○勝案,《長春真人西遊記》:"男子結髮垂兩耳,婦人冠以樺皮,高

〔1〕參觀方齡貴:《元明戲曲中的蒙古語》,303－304、310頁。

〔2〕參觀安泳鍀主編:《天驕遺寶——蒙元精品文物》,文物出版社2011年,201－205頁。

〔3〕參觀吳雅芝:《淺談東北樺樹皮文化》,中央民族大學出版社1998年,109頁。

〔4〕〔宋〕鄭思肖:《鄭思肖集》,陳福康點校,182頁。

〔5〕〔宋〕孟元老:《東京夢華錄》,見鄧之誠注《東京夢華錄注》,123頁;伊永文箋注《東京夢華錄箋注》,400頁。

〔6〕〔韓〕鄭光主編,梁伍鎮、〔韓〕鄭丞惠編:《原本老乞大》,圖版26左,176頁。

〔7〕參觀韓儒林:《元代詐馬宴新探》,收入《穹廬集——元史及西北民族史研究》,上海人民出版社1982年,247－254頁。又見《韓儒林文集》,294－301頁。

二尺許,往往以皂褐籠之。富者以紅綃其末,如鵝鴨,名曰"故故"。大忌人觸,出入廬帳須低回。"王國維《校注》云:"《蒙韃備録》:'凡諸酋之妻,則有顧姑冠,用鐵絲結成,形如竹夫人,長三尺許,用紅青錦繡或珠金飾之。其上又有杖一枝,以紅青絨飾。'《黑韃事略》……楊允孚《灤京雜詠》:'香車七寶固姑袍,旋摘修翎付女曹。'自注:'車中戴固姑,其上羽毛又尺許,撥付女侍手持,對坐車中,雖后妃馭象亦然。'是元時雖后妃亦用雉尾,與《黑韃事略》所記元初之制異矣。"[1]

又王國維《蒙韃備録箋證》:"胡敬《南薰殿圖像考》下:'《永樂大典》服字韻載蒙古冠服引《析津志》云:"罟罟以大紅羅幔之,胎以竹,涼胎者輕。上等大,次中,次小。用大珠穿結龍鳳樓臺之屬,飾於其前[後]。復以珠綴長條,褑(襟)飾方絃,掩絡其縫。又以小小花朵插帶,又以金鑿事件裝嵌,極貴,寶石塔形,在其上。頂有十字,用安翎筒以帶雞冠尾,出五臺山,今真定人家養此雞,以取其尾,甚貴。罟罟後上插朵朵翎兒,染以五色,如飛扇樣。"'"[2]

《柏朗嘉賓蒙古行紀》第 2 章第 5 節:"那些已婚的有夫之婦都有一身很肥大的長衣,一直拖到地上。她們頭上戴有一圓形的樹枝編織物或樹皮製品,長達一古尺(aune,合 1.18 或 1.20 米),末端呈方形,由下向上逐漸放寬,頂端是一根金質、銀質或木質的長而細的小棒,或者是一枝羽毛,這種頭飾縫在一直拖到肩部的頭巾上。頭巾以及我們剛才描述過的首飾又都配飾以硬挺織物、大紅衣料或華蓋布服裝,已婚女子不穿戴這類衣物是絕對不能拋頭露面的,因為這是她們區別於其他女子的標誌。"[3]

《魯布魯克東行紀》第 6 章:"他們有一種他們稱之爲'波克'的頭飾,用樹皮或他們能找到的這類輕物質製成,而它大如兩手合捪,高有一腕尺多,闊如柱頭。這個波克,他們用貴重的絲絹包起來,它裏面是

〔1〕王國維:《長春真人西遊記校注》,《王國維遺書》第 8 冊,上海書店出版社 1983 年,484 頁。

〔2〕王國維:《蒙韃備録箋證》,收入《王國維遺書》第 8 冊,上海書店出版社 1983 年,186 – 187 頁。

〔3〕〔意〕柏朗嘉賓:《柏朗嘉賓蒙古行紀》,〔法〕貝凱、韓百詩譯注,耿昇譯,29 – 30 頁。

空的。在柱頭頂,即在它的頂面,他們插上也有一腕尺多長的一簇羽莖或細枝。這個羽莖,他們在頂端飾以孔雀羽毛,圍著[頂的]邊上有野鴨尾製成的羽毛,尚有寶石。貴婦們在她們的頭上戴上這種頭飾,用一條巾把它向下拉緊,爲此在頂端替它開一個孔,并且她們把頭髮塞進去,將頭髮在她們的腦後打成一個髻,把它放進波克中,然後她們把波克緊拉在頸下。因此當幾個婦女一起騎馬時,打老遠看她們,她們就像士兵,頭戴盔,豎執矛。因爲這個波克象一頂頭盔,它上面的羽莖象一支矛。"[1]

《鄂多立克東遊録》第 31 節:"已婚婦女都在頭上戴一個大角筒,表示已婚。"[2]第 38 節:"在大汗登上寶座時,皇后坐在他的左手;矮一級坐著他的另兩個妃子;而在階級的最底層,立著他宮室中的所有其他婦女。已婚者頭上戴著狀似人腿的東西,高爲一腕尺半,在那腿頂有些鶴羽,整個腿綴有大珠;因此若全世界有精美大珠,那准能在那些婦女的頭飾上找到。"[3]

故姑冠圖像資料,除方齡貴[4]所舉數事外,尚有故宮博物院藏傳爲五代胡瓌所繪《番騎圖》中兩婦女所戴者[5]。此種形制故姑冠狀似人腿,與《鄂多立克東遊録》所記相合。石窟寺及元墓壁畫亦見故姑冠,如《中國石窟·安西榆林窟》第 6 窟壁畫元代女供養人[6]。1998年發現陝西蒲城縣洞耳村元至元六年(1269)壁畫墓,其北壁女墓主人像頭戴橘紅色故姑冠[7]。

〔1〕〔法〕魯布魯克:《魯布魯克東行紀》,〔美〕柔克義譯注,何高濟譯,217 頁。

〔2〕〔意〕鄂多立克(Friar Odoric):《鄂多立克東遊録》,(英)亨利·玉兒(Henri Yule)、何高濟譯,中華書局 2002 年,72 頁。

〔3〕〔意〕鄂多立克:《鄂多立克東遊録》,(英)亨利·玉兒〔Henri Yule〕、何高濟譯,81 – 82頁。

〔4〕方齡貴:《元明戲曲中的蒙古語》,302 – 304 頁。

〔5〕此畫當爲元畫,參觀余輝:《晉唐兩宋繪畫·人物風俗卷》,收入故宮博物院藏文物珍品大系,上海科學技術出版社 2005 年,262 – 263 頁。

〔6〕敦煌研究院:《中國石窟·安西榆林窟》,文物出版社 1997 年,圖 180,247 頁說明。

〔7〕參觀《考古與文物》2000 年第 1 期;又見陝西省考古研究院編:《壁上丹青——陝西出土壁畫集》下,科學出版社 2009 年,401、403 頁。

【5】

〇王曰：案此云故姑之製，乃蒙古舊俗。至元末則上下通插雉尾，見楊允孚《灤京雜詠詩》。"狼糞塗面"，疑有誤字。《蒙韃備録》云："婦女往往以黃粉塗額，亦漢舊妝。"蓋謂如唐人額黃也。

〇勝案，《魯布魯克東行紀》第 6 章："那里的婦女胖得出奇，鼻子最小的女人被認爲最美麗。她們把臉塗得十分難看。"[1]

17　其服

其服，右衽而方領[1]，舊以氊毳革，新以紵絲金線，色以紅紫紺綠[1]，紋以日月龍鳳，無貴賤等差[2]。

校

〔1〕以，問影樓本作"用"。

注

【1】

〇勝案，《草木子》卷 3 下："今用蟬冠朱衣，方心曲領，玉佩朱履。……此則公裳也。"[2]《魯布魯克東行紀》第 6 章："女人的服裝和男人的沒有什麼不同，只是要長些。但是在結婚後，婦女就剃掉頭的前半部，并且穿上寬如尼姑道袍一般的外衣，但處處都更大更長，前面敞開，繫在右側。在這點上韃靼人和突厥人不同。突厥人把衣袍繫在左邊，韃靼人卻總是繫在右邊。"[3]柏朗嘉賓所記有所不同，《柏朗嘉賓蒙古

---

〔1〕〔法〕魯布魯克：《魯布魯克東行紀》，〔美〕柔克義譯注，何高濟譯，217 頁。

〔2〕〔明〕葉子奇：《草木子》，60－61 頁。

〔3〕〔法〕魯布魯克：《魯布魯克東行紀》，〔美〕柔克義譯注，何高濟譯，217 頁。

·欧·亚·历·史·文·化·文·库·

行紀》第 2 章第 4 節："無論是男是女,他們的服裝都根據同一式樣而裁縫。他們不使用風帽和披肩,也不穿長皮襖,而是穿有硬挺織物(bougran)、大紅色衣料(pourpre)或華蓋布(baldakin)作成的制服。其製作方法如下:這種服裝由上而下開口,在胸部以衣裡加固。這種制服僅僅在左部由唯一的一顆紐扣固定,右側有三顆扣子;衣服在左側開口,一直開到袖子。各種毛皮大衣也都是根據同一樣式裁製的,外套短皮襖的毛皮露在外面,同時也在身後開口,另外還有一條下擺從背部一直拖到膝蓋。"[1]

《北虜風俗》"帽衣"條："夫被髮左衽,夷俗也。今觀諸夷,皆祝髮而右衽矣。……凡衣,無論貴賤,皆窄其袖,袖束於手,不能容一指。其拳恒在外,甚寒則縮其手而伸其袖。袖之製促爲細摺,摺皆成對而不亂。膝以下可尺許,則爲小緶積,以虎豹、水獺、貂鼠、海獺諸皮爲緣。緣以虎豹,不拈草也。緣以水獺,不漸露也。緣以貂鼠、海獺,爲美觀也。衣以皮爲之。近奉貢惟謹,我恒賜之金段、文綺。故其部夷亦或有衣錦服繡者,其酉首愈以爲榮也。又別有一製圍於肩背,名曰賈哈。銳其兩隅,其式如箕,左右垂於兩肩,必以錦貂爲之。其衷衣甚窄,以繩准其腰而服之,不以帶束也。女不爲弓鞋,與男俱靴,靴之底甚薄,便於騎乘也。雖甚富,不以二衣更代。自新製時,輒服之至於弊,弊亦不補也。雖極佳麗,不一二日則垢,垢亦不浣也。"[2]

案,蒙古男子公服皆右衽,《元史》卷78《輿服志一・冕服》"百官公服"條："公服,制以羅,大袖,盤領,俱右衽。"[3]從考古出土磚雕、壁畫、陶俑、石人、版畫及傳世繪畫、古籍插圖等資料中所見蒙古服飾看,男子袍服一般爲右衽,如甘肅漳縣元汪世顯家族墓 M11 磚雕人物像[4]、山西洪洞縣廣勝寺元泰定元年(1324)壁畫大行散樂都忠秀在此作場圖中人物,等等不勝枚舉。然亦有左衽者,如陝西蒲城洞耳村元代

〔1〕〔意〕柏朗嘉賓:《柏朗嘉賓蒙古行紀》,〔法〕貝凱、韓百詩譯注,耿昇譯,29 頁。

〔2〕《四庫全書存目叢書》255 冊,331 – 332 頁。

〔3〕〔明〕宋濂等:《元史》,1939 頁。

〔4〕載《文物》1982 年第 2 期,4 頁圖七武士,8 頁圖十二獵戶、圖十三坐像。

壁畫墓人物[1]。

而女子袍服則多爲左衽，如內蒙赤峰三眼井元墓壁畫婦女像[2]、內蒙古赤峰元寶山元墓壁畫女主人像[3]、遼寧凌源富家屯元墓 M1 壁畫探病圖、啟關圖女子像[4]、西安潘家莊元墓女陶俑[5]等；亦不乏右衽者，如清宮舊藏元世祖后徹伯爾像、敦煌壁畫元代戴罟罟冠供養人、安西榆林窟壁畫帶罟罟冠蒙古貴族婦女[6]、元汪世顯家族墓 M13 出土木屋中門侍女[7]、山西興縣紅峪村元至大二年（1309）壁畫墓第 4 幅端盤女子[8]等。

【2】

○勝案，《草木子》卷 3 下："衣服貴者用渾金線爲納失失，或腰線繡通神襴。然上下皆可服，等威不甚辨也。"[9]

17.1

霆嘗考之，正如古深衣之製。本只是下領，一如我朝道服領，所以謂之方領。若四方上領，則亦是漢人爲之，韃主及中書向上等人不曾著[1]。腰間密密打作細摺，不計其數。若深衣，止十二幅，韃人摺多爾[1][2]。又用紅紫帛撚成線，橫在腰上[2]，謂之腰線[3]。蓋欲馬上腰

---

〔1〕載《考古與文物》2000 年第 1 期封面、封底；又見陝西省考古研究院編：《壁上丹青——陝西出土壁畫集》下，400–406 頁。參觀黨寶海、楊玲：《腰線袍與辮線襖》，收入《西域歷史語言研究集刊》，科學出版社 2009 年，34–38 頁。

〔2〕載《文物》1982 年第 1 期，圖版陸宴飲圖 1、2。

〔3〕載《文物》1983 年第 4 期彩色插頁。

〔4〕載《文物》1985 年第 6 期彩色插頁、61 頁圖十六。

〔5〕載《文物》2010 年第 9 期，47 頁圖五 2、50 頁圖 3、4。

〔6〕沈從文：《中國古代服飾研究》，542、545、551 頁。敦煌研究院：《中國石窟·安西榆林窟》第 6 窟供養人，圖 180。

〔7〕載《文物》1982 年第 2 期，12 頁圖三十四、三十五。

〔8〕載《文物》2011 年第 2 期，42 頁圖五。

〔9〕〔明〕葉子奇：《草木子》，61 頁。

圍緊束突出[3]，采艷好看。

校

〔1〕爾，李本作"耳"。

〔2〕李本無"上"字。

〔3〕李本無"欲"字。底本原無"束"字，李本、陳本、王本皆作"緊束"，據補。"緊束"，沈本、羅本作"繫乘"，蓋形誤也。

注

【1】

○勝案，向上，以上。中書向上等人，謂中書以上級別者。

【2】

○勝案，此即所謂辮線襖，爲蒙古男子所著袍衣。其主要特徵爲腰部以絲線紐結成辮，呈細密褶皺狀。《元史》卷78《輿服志》一"冕服"條："辮線襖，制如窄袖衫，腰作辮線細摺。……樂工襖，制以緋錦，明珠琵琶窄袖，辮線細摺。"[1] 羽林宿衛服紫袖細摺辮線襖，供奉宿衛步士隊服紫細摺辮線襖。[2] 宮內導從佩寶刀十人，則服紫羅辮線襖。[3]

【3】

○勝案，《草木子》卷3下《雜制篇》："北人華靡之服，帽則金其頂，襖則線其腰，靴則鵝其頂。"腰線爲袍服腰部多道絲線裝飾物，具腰線之服裝稱爲"腰線袍"或"腰線襖"，爲蒙古男子特有服飾。而前注所述辮線襖則爲腰線袍中之代表性樣式。《老乞大》："裁帛腰線，……紫紵絲紅腰線襖子。……穿衣服呵，按四季穿衣服，每日出套換套有。春間

---

〔1〕〔明〕宋濂等：《元史》，1941頁。

〔2〕〔明〕宋濂等：《元史》卷79《輿服志》二"崇天鹵簿"條、"外仗"條，1983、1991頁。

〔3〕〔明〕宋濂等：《元史》卷80《輿服志》三"儀衛"條，2006頁。辮線襖實物及圖像資料可參觀楊玲：《元代的辮線襖》，載《元史論叢》第10輯，中國廣播電視出版社2005年；黨寶海、楊玲：《腰線袍與辮線襖》。

好紫羅繡搭胡、白羅紅腰線襖子、梅花羅搭搭五兒、白羅衫兒。"[1] 參觀
17 節注【2】引《草木子》。腰線袍圖像,如陝西蒲城縣洞耳村元至元六
年(1269)壁畫墓墓室北壁男主人所著左衽窄袖袍,腰間有多道紅色
腰綫。[2]

18　其言語

　　其言語,有音而無字,多從假借而聲稱〖1〗,譯而通
之,謂之通事【1】。

校

〖1〗"假借而聲稱",李本作"借聲"字;陳本作"借音"。

注

【1】
○勝案,通事,蒙古語作 kälämäči,漢字音譯爲"怯里馬赤"。[3]

19　其稱謂

　　其稱謂,有小名而無姓字,心有所疑則改之。

---

〔1〕〔韓〕鄭光主編,梁伍鎮、〔韓〕鄭丞惠編:《原本老乞大》,圖版 26 左、33 右,176、163 頁。
〔2〕參觀黨寶海、楊玲:《腰線袍與辮線襖》。
〔3〕參觀〔法〕伯希和:《高麗史中之蒙古語》,載馮承鈞譯:《西域南海史地考證譯叢二編》,
商務印書館 1962 年,62 頁。

·歐·亞·歷·史·文·化·文·庫·

19.1

霆見其自上至下只稱小名[1]，既不曾有姓[2]，亦無官稱。如管文書則曰"必徹徹"[3][1]，管民則曰"達魯花赤"[2]，環衛則曰"火魯赤"[3]。若宰相，即是楚材輩，自稱爲"中書相公"；若王檝，則自稱為"銀青榮祿大夫"[4]、"御史大夫"、"宣撫使"、"入國使"爾，初非韃主除授也[4]。

〖1〗只，李本作"則"。

〖2〗既，底本及諸本作"即"，據章本改。

〖3〗徹徹，李本"澈澈"。

〖4〗為，李本無，沈本、羅本、陳本、六經堪本、王本作"曰"。銀青榮祿大夫，底本、羅本作"榮青光祿大夫"，李本、沈本、陳本、六經堪本、王本作"銀青光祿大夫"。《元史》卷153《王檝傳》作"銀青榮祿大夫"，據改。銀青榮祿大夫為文散官，正一品。

注

【1】

○李曰：《元史·兵志》："典文史者必闍赤。"

○勝案，李注此條僅見於上圖鈔本，問影樓本無。必闍赤，參觀4.1節注【4】。

【2】

○勝案,達魯花赤,蒙古語 darughači 之譯音詞,意爲鎮守者。[1]

【3】

○勝案,《元史》卷80《輿服志三・儀衞》“宮內導從”條:“佩弓矢十人”下注:“國語曰火兒赤。”[2] 卷99《兵志》二:“主弓矢、鷹隼之事者,曰火兒赤、昔寶赤、怯憐赤。”[3] 卷119《博爾忽傳》坿《塔察兒傳》:“伯祖父博爾忽,從太祖起朔方,直宿衞爲火兒赤。火兒赤者,佩囊鞬侍左右者也。”[4] 鄭麟趾《高麗史》之“火里赤”,又譯爲“忽赤”、“忽只”,伯希和以爲即蒙古語之 qorči,意爲佩弓矢環衞者。[5] 此“火魯赤”即《高麗史》之“火里赤”、《元史》之“火兒赤”。蒙語 qor(火魯、火里、火兒),本意爲箭筒,即櫜也。[6]

【4】

○勝案,《元史》卷153《王檝傳》略云:“甲戌(1214年),授宣撫使,兼行尚書六部事。……從三合拔都、太傅猛安率兵南征。……乙亥(1215年),中都降。……遂從猛安入覲,授銀青榮祿大夫,仍前職,兼御史大夫,世襲千戶。……癸巳(1233年),奉命持國書使宋,以兀魯剌副之。至宋,宋人甚禮重之,即遣使以金幣入貢。前後凡五往,以和議未決,隱憂致疾,卒于南。宋人重賵之,仍遣使歸其柩,葬于燕。”[7] 據本傳,王檝所歷官皆由元太祖、太宗除授,徐氏所言非是。

〔1〕參觀〔法〕伯希和:《高麗史中之蒙古語》,載馮承鈞譯:《西域南海史地考證譯叢二編》,62頁。

〔2〕〔明〕宋濂等:《元史》,2006頁。

〔3〕〔明〕宋濂等:《元史》,2524頁。

〔4〕〔明〕宋濂等:《元史》,2952頁。

〔5〕參觀〔法〕伯希和:《高麗史中之蒙古語》,載馮承鈞譯:《西域南海史地考證譯叢二編》,65頁。

〔6〕參觀方齡貴:《元明戲曲中的蒙古語》,90－93頁“火里赤”條。

〔7〕〔明〕宋濂等:《元史》,3611－3613頁。

20　其禮

其禮,交抱以揖,左跪以爲拜[1]。

注

【1】

○勝案,《心史·大義略敘》:"韃法,人凡相見,來不揖,去不辭,卑求尊,跪而語。韃禮止於一跪而已,雙足跪爲重,單足跪次之。……行坐尚右爲尊。久不相見,彼此兩手相抱,肩背交頸,搖首齧肉,跪膝摩膁,爲極(極爲)慇懃。"〔1〕

使節在蒙古汗庭須行跪拜禮。《魯布魯克東行紀》第 19 章《拔都的斡耳朵及他的接見》:"接著我們被帶到帳殿中央,他們沒有要求我們像一般使節一樣行跪拜禮。……我們的嚮導叫我們跪著發言。我整個就跪一條腿,但他表示要我雙膝下跪,我這樣做了,不想爭辯。這時他要我說話,而我認爲我要祈禱上帝,便雙膝跪著,開始說道……"〔2〕

元至順本《事林廣記》前集卷 11《禮儀類·拜見新禮》"相跪之儀"條云:"凡初相識及久不相見,若相見必須依禮拜跪。凡見長者,則須先跪而後拜,拜畢再跪,而後問訊,或以意上覆。見敵者,則但跪而不拜,所見者還跪,跪畢而後敘別問訊。見少者,若少者下拜,則辭之。若辭之不從,則令其少拜,亦須微跪答之。若少者但跪不拜,則亦微跪答之。"〔3〕又相跪之式條云:"凡相跪,其式用兩手相疊接于右膝,左足先

---

〔1〕〔宋〕鄭思肖:《鄭思肖集》,陳福康點校,180 – 181 頁。

〔2〕〔法〕魯布魯克:《魯布魯克東行紀》,〔美〕柔克義譯注,何高濟譯,239 – 240 頁。

〔3〕〔宋〕陳元靚等編:《新編纂圖增類羣書類要事林廣記》,收入《續修四庫全書》子部類書類第 1218 冊,295 頁。

跪,次以右足從之,復叉手架於頸下。禮畢,仍舊以兩手相疊,齊按右膝而起。凡參見官員及尊長或平交相敬者用此禮。"〔1〕又有《習跪圖》,一人雙膝皆跪地,雙手相握作揖;一人則屈膝,右手疊左手按於前申之右膝上。其注云:"凡習跪之法,以右手加左手上,齊按右膝,先屈左足,次屈右足,然後叉手至胷如相揖。儀畢,先起右足,又以右手疊左手,齊按右膝而起。此禮從古有之,第南方行之者少,今此禮通行,宜習熟之,毋致禮儀乖疏。"〔2〕

20.1

霆見其交抱,即是厮摟。

21　其位置

其位置以中爲尊,右次之[1],左爲下。

注

【1】○勝案,《心史·大義略敘》:"[韃人]行坐尚右爲尊。"〔3〕

〔1〕〔宋〕陳元靚等編:《新編纂圖增類羣書類要事林廣記》,收入《續修四庫全書》子部類書類第1218冊,295頁。

〔2〕〔宋〕陳元靚等編:《新編纂圖增類羣書類要事林廣記》,收入《續修四庫全書》子部類書類第1218冊,296頁。

〔3〕〔宋〕鄭思肖:《鄭思肖集》,陳福康點校,181頁。

22　其正朔

　　其正朔，昔用十二支辰之象，_{如子曰鼠兒年之類}。今用六甲輪流，_{如曰甲子年正月一日或三十日}〔1〕【1】。皆漢人、契丹、女真教之。若韃之本俗，初不理會得，但是草青則爲一年〔2〕，新月初生則爲一月。人問其庚甲若干，則倒指而數幾青草【2】。

校

〔1〕如，沈本、羅本、六經堪本作“大”。

〔2〕但，李本作“只”。

注

【1】

○勝案，蒙古人用十二生肖紀年源於突厥、回鶻，其用干支紀年僅限於漢文文書，蒙文文書及譯自蒙語之漢文文書皆用生肖紀年。[1]

【2】

○勝案，《蒙韃備録》“韃主始起”條：“今成吉思皇帝者，甲戌生。彼俗初無庚甲，今考據其言而書之，易於見彼齒歲也。其俗每以草青爲一歲，人有問其歲，則曰幾草矣。亦嘗問彼生月日，笑而答曰：初不知之，亦不能記其春秋也。每見月圓而爲一月，見草青遲遲，方知是年有閏月也。”曹元忠《蒙韃備録校注》云：“《北盟會編》稱女真云：‘其人不

---

〔1〕參觀蔡美彪：《明代蒙古與大元國號》，收入《遼金元史十五講》，中華書局 2011 年，179－180 頁。

知紀年,問之,則曰吾見青草幾度,以草青爲一歲。'據知金元初開國風俗相同。"王國維《蒙韃備錄箋證》云:"《三朝北盟會編》三:'女真人不知紀年,問之,則曰吾(我)見青草幾度,以草一青爲一歲。'《建炎以來朝野雜記》:'韃靼不知歲月,以草青[一度]爲一歲。'"[1]

《松漠紀聞》:"女真舊絕小,正朔所不及。其民皆不知紀年,問之,則曰我見草青幾度矣,蓋以草一青爲一歲也。"[2]《心史·大義略敘》:"不識四時節候,以見草青爲一年,人問歲數,但以幾度草青爲答。"[3]

庚甲,年歲也。洪邁《容齋四筆》卷3"實年官年"條:"至公卿任子,欲其早列仕籍,或正在童孺,故率增擡庚甲有至數歲者。"[4]宋俞德鄰《佩韋齋文集》卷6《贈良常山人》:"忽逢野老談庚甲,笑指松喬不記年。"

22.1

霆在燕京宣德州,見有曆書,亦印成冊。問之,乃是移剌楚材自算、自印造、自頒行[1],韃主亦不知之也。楚材能天文,能詩,能琴[1],能參禪,頗多能[2]。其髭鬚極黑,垂至膝,常綰作角子[3],人物極魁梧[4]。

〖1〗琴,李本作"文"。

---

〔1〕王國維:《蒙韃備錄箋證》,收入《王國維遺書》第8冊,157頁。
〔2〕〔宋〕洪皓:《松漠紀聞》,張劍光、劉麗點校,收入《全宋筆記》第3編,125頁。
〔3〕〔宋〕鄭思肖:《鄭思肖集》,陳福康點校,179頁。
〔4〕〔宋〕洪邁:《容齋隨筆》,孔凡禮點校,中華書局2005年,662頁。

·欧·亚·历·史·文·化·文·库·

注

【1】

○李曰：按耶律楚材，《湛然居士集》自稱移剌楚材。集中有進庚午元歷（曆）表，此在太祖伐西域時，未可謂其自算自印也。《輟耕錄》："耶律文正嘗言，西域歷（曆）五星密於中國。乃作《麻答把歷（曆）》，蓋回鶻歷（曆）名也。"

○勝案，問影樓本"麻答把曆"誤作"麻答曆"，"回鶻曆名"誤作"鶻名"。

○王曰：《元史·太宗紀》七年乙未："中書省［臣］請契勘《大明歷（曆）》，從之。"徐氏至宣德在丙申春夏間，則其所見歷（曆）書當係中書省契勘頒行之本。

【2】

○勝案，《元史》卷146《耶律楚材傳》略云："楚材生三歲而孤，母楊氏教之學。及長，博極羣書，旁通天文、地理、律曆、術數及釋老、醫卜之說，下筆爲文，若宿搆者。……己卯夏六月，帝西討回回國。禡旗之日，雨雪三尺，帝疑之，楚材曰：'玄冥之氣，見於盛夏，克敵之征也。'庚辰冬，大雷，復問之，對曰：'回回國主當死於野。'後皆驗。……西域曆人奏五月望夜月當蝕，楚材曰否，卒不蝕。明年十月，楚材言月當蝕，西域人曰不蝕，至期果蝕八分。壬午八月，長星見西方，楚材曰：'女直將易主矣。'明年，金宣宗果死。帝每征討，必命楚材卜，帝亦自灼羊胛，以相符應。指楚材謂太宗曰：'此人天賜我家。爾後軍國庶政，當悉委之。'甲申，帝至東印度，駐鐵門關，有一角獸，形如鹿而馬尾，其色綠，作人言，謂侍衛者曰：'汝主宜早還。'帝以問楚材，對曰：'此瑞獸也，其名角端，能言四方語，好生惡殺，此天降符以告陛下。陛下天之元子，天下之人，皆陛下之子，願承天心，以全民命。'帝即日班師。"[1]《輟耕錄》卷9"麻答把曆"條云："耶律文正於星曆、醫卜、雜算、內算、音律、

---

〔1〕〔明〕宋濂等：《元史》，3455－3456頁。參觀〔元〕蘇天爵編：《國朝文類》（收入《文淵閣四庫全書》集部總集類第1367冊）卷57宋子貞《中書令耶律公神道碑》、《國朝名臣事略》卷5《中書耶律文正王》。

儒釋、異國之書,無不通究。"[1]

案,楚材能琴、能参禪,《湛然居士集》多有記載,卷11《冬夜彈琴頗有所得亂道拙語三十韻以遺猶子蘭序》:"余幼年刻意於琴,初受指於彌大用,其閑雅平淡,自成一家。余愛棲巖如蜀聲之峻急,快人耳目,每恨不得對指傳聲。間關二十年,予奏之,索於汴梁得焉。中道而卒,其子蘭之琴事深得棲巖之遺意。甲午之冬,余扈從羽獵,以足疾得告,凡六十日,對彈操弄五十餘曲,棲巖妙旨,於是盡得之。"同卷《彈廣陵散終日而成因賦詩五十韻》略云:"湛然數從軍,十稔苦行役。而今近衰老,足疾困卑濕。歲暮懶出門,不欲爲無益。穹廬何所有,祇有琴三尺。時復一絃歌,不猶賢博奕。"卷12《琴道喻五十韻以勉忘憂進道序》:"予幼而喜佛,蓋天性也。壯而涉獵佛書,稍有所得,頗自矜大。又癖於琴,因檢閱舊譜,自彈數十曲,似是而非也。後見琴士彌大用,悉棄舊學,再變新意,方悟佛書之理未盡。遂謁萬松老人,旦夕不輟,叩參者且三年,始蒙見許。始知聖諦第一義諦不在言傳,明矣。邇因忘憂學鼓琴,未期月,稍成節奏,又知學道之方,在君子之自強耳。"

【3】

○勝案,角子,亦名角兒、髻角兒,髮髻也。李賀《大堤曲》:"青雲教綰頭上髻。"[2]金董解元《西廂記》卷3《大石調·紅羅襖》:"低語使紅娘,叫'取我兒來'。須臾至,髻角兒如鴉頭緒兒白。"[3]此處謂將髯鬚繫成結,如髻角狀。

【4】

○王曰:《湛然居士文集》八《自贊》:"鬚髯垂到腰間。"此云"垂至膝",則形容失實矣。

○勝案,"鬚髯",《四部叢刊》本作"髭髯"。《元史》卷146《耶律楚材傳》略云:"楚材身長八尺,美髯宏聲。帝偉之……帝重其言,處之左

〔1〕〔元〕陶宗儀:《南村輟耕錄》,中華書局1959年,108頁。
〔2〕〔清〕王琦、姚文燮、方扶南評注:《三家評注李長吉歌詩》,上海古籍出版社1998年,45頁。
〔3〕〔金〕董解元:《董解元西廂記》,凌景埏校注,人民文學出版社1962年,67頁。

右,遂呼楚材曰吾圖撒合里而不名,吾圖撒合里,蓋國語長髯人也。"[1]

23　其擇日行事

其擇日行事,則視月盈虧以爲進止,朏之前、下弦之後,皆其所忌。見新月必拜。

24　其書

其事書之以木杖[1]【1】,驚蛇屈蚓,如天書符篆,如曲譜五凡工尺[2]【2】,回回字殆兄弟也[3]。

校

〔1〕杖,李本、陳本作"板"。
〔2〕六經堪本無"五凡"二字。

注

【1】
〇沈曰:李本原校改"板"。《中堂事紀(記)》:"回回譯史麥尤丁,其所譯簿籍,搗治方厚,尺紙爲葉,以木筆挑書普速蠻字。"然則回回書以木筆書於紙上,作"杖"是也。

---

〔1〕〔明〕宋濂等:《元史》,3455－3456 頁。

【2】

○勝案,五、凡、工、尺皆爲樂譜記音符號。

【3】

○王曰:《建炎以來朝野雜記》乙集十九:"韃靼亦無文字,每調發兵馬,即結草爲約,使人傳達,急於星火。或破木爲契,上刻數畫,各收其半,遇發軍以木契,合同爲驗。"《長春真人西遊記》:"蒙古俗無文籍,或約之以言,或刻木爲契。""木杖",李侍郎改"木板"。沈乙庵先生曰:"《中堂事紀(記)》:'回回譯史麥朮丁,其所譯簿籍,搗治方厚,尺紙爲葉,以木筆挑書普速蠻字。'然則回回書以木筆書於紙上,作'杖'是也。"

○勝案,彭大雅所記"回回字"指波斯文,下文徐霆疏所記"回回字"指畏兀兒文,兩者實不相同,不可混爲一談,參觀下節案語。《中堂事記》"普速蠻"即波斯文 musalmān,意爲穆斯林,明人《回回館雜字》地理門此字波斯文旁譯爲"回回",故所謂"普速蠻字"即"回回字"。[1]

24.1

霆嘗考之,韃人本無字書,然今之所用,則有三種。行於韃人本國者,則只用小木,長三四寸,刻之四角,且如差十馬,則刻十刻,大率只刻其數也[1]。其俗淳而心專,故言語不差。其法說謊者死[2],故莫詐僞[1]。雖無字書,自可立國。此小木即古木契也。行於回回者,則用回回字,鎮海主之。回回字只有二十一箇字母[3][2],其餘只就偏傍上揍成[4][3]。行於漢人、契丹、女真諸亡國者[4],只用漢字,移剌楚材主之;却又於後面年月之

---

〔1〕參觀劉迎勝:《有關元代回回人語言問題》,收入《元史論叢》第 10 輯,中國廣播電視出版社 2005 年,24、35 頁;劉迎勝:《回回館雜字與回回館譯語研究》,中國人民大學出版社 2008 年,62–63 頁。

前鎮海親寫回回字,云付與某人【5】,此蓋專防楚材,故必以回回字爲驗,無此則不成文書,殆欲使之經由鎮海,亦可互相檢柅也【5】。燕京市學,多教回回字及韃人譯語【6】,纔會譯語,便做通事【6】【7】,便隨韃人行打【8】,恣作威福,討得撒花【9】,討得物事喫【7】。契丹、女真元自有字,皆不用。

〔1〕只刻,李本、陳本作"則"。
〔2〕謊,底本作"恍",據諸本改。
〔3〕只有,李本作"則有"。
〔4〕揍,諸本皆作"湊"。
〔5〕李本無"云"字。
〔6〕做,沈本、羅本、六經堪本作"傲"。
〔7〕李本、陳本無"喫"字。

注

【1】
○勝案,《老乞大》:"休做賊說謊,休奸猾懶惰。"〔1〕
【2】
○勝案,元代文獻所記回回字通常指波斯文。陶宗儀《書史會要》卷8《外域》:"回回字,其母凡二十有九。"〔2〕今波斯文則有 32 個字母,此處徐霆疏記回回字有二十一箇字母,兩者不符,而前節彭大雅記所見蒙古字與"回回字殆兄弟也",則明言與波斯文形同實異。《書史會

---

〔1〕〔韓〕鄭光主編,梁伍鎮、〔韓〕鄭丞惠編:《原本老乞大》,圖版 26 左、33 右,176、163 頁;圖版 31 右、31 左,167、166 頁。
〔2〕〔元〕陶宗儀:《陶宗儀集》,徐永明、楊光輝整理,浙江人民出版社 2005 年,610 頁。

要》卷 8 又記:"畏兀兒字,雖有二十餘字,除重名外止有一十五音,因此應聲代用者多矣。……其揍字之法則與篆古字同也。"[1]其中"篆古字"當爲"蒙古字"之訛誤無疑("篆"字俗書作"蒙",與"蒙"字形極近)。故徐霆所記回回字實即畏兀蒙古字。

畏兀蒙古字爲塔塔統阿所創製,乃以回鶻文字母拼寫蒙古語,爲現代蒙文之前身。《元史》卷 124《塔塔統阿傳》:"塔塔統阿,畏兀人也。性聰慧,善言論,深通本國文字。乃蠻大敭可汗尊之爲傅,掌其金印及錢穀。太祖西征,乃蠻國亡,塔塔統阿懷印逃去,俄就擒。帝詰之曰:'大敭人民疆土,悉歸於我矣,汝負印何之?'對曰:'臣職也,將以死守,欲求故主授之耳。安敢有他!'帝曰:'忠孝人也!'問是印何用,對曰:'出納錢穀,委任人材,一切事皆用之,以爲信驗耳。'帝善之,命居左右。是後凡有制旨,始用印章,仍命掌之。帝曰:'汝深知本國文字乎?'塔塔統阿悉以所蘊對,稱旨,遂命教太子諸王以畏兀字書國言。"[2]

《世界征服者史》第 1 部 I《成吉思汗制定的律令和他興起後頒佈的札撒》:"因爲韃靼人沒有自己的文字,他便下令蒙古兒童寫畏吾文,並把有關的札撒和律令記在卷秩上。"[3]《魯布魯克東行紀》第 25 章:"韃靼人採用了他們(畏吾兒)的文字。他們書寫時是從上往下,也這樣閱讀,而且每行的順序是從左到右。"[4] 又 26 章:"畏吾兒則住在南面的山裏,因此蒙古人恰好採用了他們的文字,他們卻成爲蒙古人最好的書記,幾乎所有的聶思脫里教徒都懂得他們的文字。"[5]

---

〔1〕〔元〕陶宗儀:《陶宗儀集》,609－610 頁。

〔2〕〔明〕宋濂等:《元史》,3048 頁。

〔3〕〔波斯〕志費尼:《世界征服者史》,何高濟譯、翁獨健校訂,28 頁。

〔4〕〔法〕魯布魯克:《魯布魯克東行紀》,〔美〕柔克義譯注,何高濟譯,251 頁。

〔5〕〔法〕魯布魯克:《魯布魯克東行紀》,〔美〕柔克義譯注,何高濟譯,252－253 頁。關於畏兀(回鶻)蒙古字及其文獻史料,可參觀〔匈〕卡拉(Kara Gyorgy):《蒙古人的文字與書籍》,范麗君譯,內蒙古人民出版社 2004 年,9－13、33－63；D. Tumertogoo & G. Cecegdari, *Mongolian Monuments in Uighur-Mongolian Script*(*XIII－XVI Centuries*),Taipei：Institute of Linguistics,Academia Sinica,2006.

·歐·亞·歷·史·文·化·文·庫·

【3】

○勝案,前引《書史會要》卷8"畏兀兒字"條"其捜字之法則與篆(蒙)古字同也","捜"字用法與此正同,當指在輔音字母上加注元音符號。

宋人"捜"多通"湊",捜成即湊成,捜作、捜數即湊作、湊數。《西湖老人繁勝録》"端午節"條:"端午日,仍前供養角黍天下有,惟是都城將粽捜成樓閣、亭子、車兒諸般巧樣,開鋪貨賣,多作勸酒,各爲巧粽。"《宋會要輯稿·方域四》:"慶元元年四月二十一日詔:今後御厨支散折食錢,令戶部行下所屬,每月添支錢五十貫文,捜作一千五十貫文支散。"趙善括《應齋雜著》卷1《上尚書省劄子》:"本州每年認發上供米九千二百一十六石,除管催秋苗米七千七百餘石外,自餘米一千五百餘石,並係收糴捜數起發。"

【4】

○李曰:按契丹亡於宋徽宗宣和七年,女真亡於南宋理宗端平元年,此《黑韃事略》作於嘉熙元年,距金亡前後四年耳。

【5】

○李曰:"柅"字似"攝"字之誤。蓋傳鈔多省筆,作手旁耳字,展轉成此。或是"括"字之誤,亦未可定,要總非"柅"字。

○胡校云:"柅即防止之義,見《周易》。眉批謂是'攝'字或'括'字之誤,非也。"

○勝案,《周易》姤卦初六:"繫於金柅。"孔穎達《正義》引馬融曰:"柅者,在車之下,所以止輪,令不動者也。"

【6】

○勝案,韃人譯語,當指漢語與蒙古語詞彙對照手冊之類讀物,詞彙按類編排,分爲若干門。現存最早譯語爲元順帝至元六年(1340)刊本《蒙古譯語》,收入《事林廣記》續集卷8,共分22門,收詞500餘條,又稱《至元譯語》。

【7】

○勝案,通事,又稱譯史。當時通畏兀蒙古字者頗受重視。《世界征服者史》第 1 部《緒言》："他們視撒謊和欺騙爲金玉良言,視種種淫行和誹謗爲武勇和力量。……他們把畏吾兒(Uighur)語言和文書當作知識及學問的高峰。"[1] 又第 2 部 XXXI 章："火者法合魯丁·比希昔惕死於斡耳朵。他的职位授與他的兒子忽撒馬丁·阿米爾·忽辛(Husam-ad-Din Amir Husain),儘管他在他的兒子中年齡最小,可他能書寫畏吾兒字的蒙古語(直譯是:'他把蒙語的藝術和畏吾兒文[的藝術]結合起來。'),而在今天,這是博學多識的根本。"[2]

【8】

○勝案,行打,打架、毆打。胡寅《斐然集》卷 15《繳岑朝殺妹該赦》:"其叔母恐爲所奪,用擔竿趕逐,初未嘗行打,而朝以鎗刃傷之見血。"

【9】

○勝案,《心史·大義略敘》:"韃凡得叛去州縣鄉村,排門數次,脅索金銀曰'撒花'。"[3]《觀堂集林》卷 16《蒙古札記》"掃花"條略云:"《秘史》蒙文卷三有'掃花'一語,旁譯與文譯并云'人事'。案,'掃花'元人亦云'撒花',亦云'撒和'。'人事'猶云'人情'也。汪水雲詩'官軍要討撒花銀',所謂人事銀也。《山居新語》云:'都城豪民,每遇假日,必以酒食招致省憲僚吏魁傑出羣者款之,名曰'撒和'。凡人有遠行者,至巳午時,以草料飼驢馬,謂之'撒和',欲其致遠不乏也。'撒和亦與人事亦近,此自與者方面言之也。至自取者受者言之,亦可云撒花。《元典章》載《中統紀元頒新政詔》云:'凡事撒花等物,無非取給於民。'"[4]

撒花、撒和、掃花,蒙古語原意爲禮物,人事、人情即禮物。蒙古南侵到處勒索,撒花一詞轉義爲強索及所得之錢財,兼有"外快"之意。

---

　　[1]〔波斯〕志費尼:《世界征服者史》,何高濟譯、翁獨健校訂,6 頁。
　　[2]〔波斯〕志費尼:《世界征服者史》,何高濟譯、翁獨健校訂,620 – 621、624 頁。參觀〔美〕丹尼斯·塞諾(Denis Sinor):《中古内亞的翻譯人》,收入《丹尼斯·塞諾内亞研究文選》,北京大學歷史系民族史教研室譯,中華書局 2006 年,206 – 211 頁。
　　[3]〔宋〕鄭思肖:《鄭思肖集》,陳福康點校,176 頁。
　　[4]王國維:《觀堂集林》,中華書局 1959,3 冊,813 – 814 頁。

自給與者而言,則有應酬、打點之意,至《山居新語》"以草料飼養驢馬謂之撒和",蓋由此義引申而來。[1]

25 其印

其印曰"宣命之寶"[1],字文疊篆而方徑三寸有奇[2],鎮海掌之[1],無封押以爲之防。事無巨細,須偽酋自決。楚材、重山、鎮海同握韃柄[2][3]。凡四方之事,或未有韃主之命,而生殺予奪之權已移於弄印者之手。

校

〖1〗掌,李本作"主"。

〖2〗李本、陳本"同"上有"得"字。

注

【1】

○沈曰:《中堂事記》:"古者天子有八寶,今朝廷所用止一印而已。"蓋即謂"宣命之寶"。

○王曰:案印文云"宣命之寶",實用金人舊制。《金史‧世宗紀》大定二十二年三月丙子:"初製'宣命之寶'金玉各一。"又《衛紹王紀》:"胡沙[虎]卒取'宣命之寶',偽除其黨,醜奴爲德州防御使。"

○勝案,《草木子》卷3下《雜制篇》云:"元朝一品衙門用三臺金印,二品、三品用兩臺銀印,其餘大小衙門印,雖大小不同,皆用銅。其印文皆用八思麻帝師所製蒙古字書。惟'宣命之寶'用玉,以玉筯篆

〔1〕參觀方齡貴:《元明戲曲中的蒙古語》,29–35頁"撒和"條。

文,此其異也。"[1]

【2】

○勝案,《金史》卷31《禮志四》:"[大定]二十三年,又鑄'宣命之寶',其徑四寸二厘,厚一寸四分,紐高一寸九分,字深二分。"[2]金人用印較此所記爲大。

【3】

○李曰:《元史·太宗本紀》二(三)年:"秋八月,幸雲中,始立中書省,改侍從官名。以耶律楚材爲中書令,粘合重山爲左丞相,鎮海爲右丞相。"

25.1

霆嘗考之,只是見之文書者,則楚材、鎮海得以行其私意,蓋韃主不識字也。若行軍用師等大事[1],只韃主自斷,又却與其親骨肉謀之[2],漢兒及他人不與也[3]【1】。每呼韃人爲自家骨頭[2],雖至細交訟事,亦用撒花[3],直造韃主之前,然終無予決而去[4]【4】。

【校】

〔1〕行軍用師,李本作"行師用軍"。

〔2〕李本無"其"字,問影樓本則無"其親"二字。

〔3〕不與,章本作"不能與"。

〔4〕終無,底本作"無終",據諸本改。

---

〔1〕〔明〕葉子奇:《草木子》,62頁。

〔2〕〔元〕脫脫等:《金史》,765頁。

·欧·亚·历·史·文·化·文·库·

注

【1】

　　勝案,《草木子》卷 3 上《克謹篇》:"元朝自混一以來,大抵皆内北國而外中國,内北人而外南人。以致深閉固拒,曲爲防護。"卷 4 下《雜俎篇》:"元朝天下長官,皆其國人是用。至於風紀之司,又杜絕不用漢人、南人。宥密之機,又絕不預聞矣。其海宇雖在混一之天,而肝膽實有胡越之間。"

【2】

　　○勝案,自家骨頭與上文"親骨肉"類似,意即自家人。《元典章·戶部》卷 4《樂人婚》"樂人嫁女體例"條:"奉聖旨:'是承應樂人呵,一般骨頭休成親,樂人内匹聘者。其餘官人富戶休強娶,要禁約者。'"[1]一般骨頭猶言一般人。

【3】

　　○勝案,此處"用撒花"指用錢財打點,參觀 24.1 節注【9】。

【4】

　　○勝案,予決,給予裁決。《元典章·戶部》卷 11《影避》"投下影占戶計當差"條:"於内若有疑惑不能予決者,具由諮中書省定奪,卻不得因而動搖[違錯]。"[2]

26　其占筮

　　其占筮,則灼羊之枚子骨[1][1],驗其文理之逆順,而辨其吉凶。天棄天予[2],一決于此,信之甚篤,謂之"燒

---

〔1〕〔元〕佚名:《元典章》,陳高華、張帆、劉曉、黨寶海點校,2 冊,天津古籍出版社 2011 年,666 頁。

〔2〕〔元〕佚名:《元典章》,陳高華、張帆、劉曉、黨寶海點校,2 冊,964 頁。

琵琶"【2】。事無纖粟不占,占必再四不已〔3〕。

校

〔1〕諸本作"枚"。勝案,沈曰:"李本作'杴'。"今上圖鈔本及問影樓本皆作枚,與沈氏所見李本不同。

〔2〕天棄天予,李本作"天棄人予"。予,章本作"與"。

〔3〕"必",沈本、羅本作"不"。

注

【1】

○勝案,杴子骨當即羊髀骨或胛骨。〔1〕 杴爲農具,用於揚穀、撒肥等,有柄,鏟部較寬闊,與髀骨或胛骨有形似處。作"枚子骨"不確,蓋涉枚卜而誤。

【2】

○勝案,蒙古人決大事皆灼羊骨以卜。《蒙韃備録》"祭祀"條云:"凡占卜吉凶,進退殺伐,每用羊骨扇,以鐵椎火椎之,看其兆坼,以決大事,類龜卜也。"王國維《箋證》引宋子貞《中書令耶律公神道碑》:"每將出征,必令公預卜吉凶,上亦燒羊髀骨以符之。"〔2〕《元史》卷146《耶律楚材傳》云:"帝每征討,必命楚材卜,帝亦自灼羊胛,以相符應。"〔3〕又卷149《郭德海傳》:"辛卯(1231年)春正月,睿宗軍由洛陽來會于三峯山,金人溝地立軍圍之。睿宗令軍中祈雪,又燒羊胛骨,卜得吉兆。夜大雪,深三尺,溝中軍僵立,刀槊凍不能舉。我軍衝圍而出,金人死者三十餘萬。"〔4〕《北虜風俗》"禁忌"條云:"俗有卜筮,不與我同。有持羊髀骨,火灼之以驗吉凶者。"〔5〕《譯語》:"胡俗畏鬼神,信占

---

〔1〕參觀本節注【2】、26.1 節注【2】。

〔2〕王國維:《蒙韃備録箋證》,見《王國維遺書》8 冊,185 頁。

〔3〕〔明〕宋濂等:《元史》,3456 頁。

〔4〕〔明〕宋濂等:《元史》,3522－3523 頁。

〔5〕《四庫全書存目叢書》255 冊,333 頁。

卜。……占卜休咎，必請巫或男或女至其家。或降神，或灼羊骨，或以口琴即中國小兒嬉戲者取聲清濁，或置弓於兩手上視其動止，皆驗。蓋陰陽盛故也。"[1]

以羊髀骨占卜古代遊牧民族多用之，《夢溪筆談》卷18《技藝》云："西戎用羊卜，謂之'跋焦'，卜師謂之'廝乱'必定反。以艾灼羊髀骨，視其兆，謂之'死跋焦'。其法，兆之上爲神明，近脊處爲坐位。坐位者，主位也，近傍處爲客位。蓋西戎之俗，所居正寢，常留中一間以奉鬼神，不敢居之，謂之神明。主人乃坐其傍，以此占主客勝負。又有先咒粟以食羊，羊食其粟則自搖其首，乃殺羊視其五臟，謂之'生跋焦'。其言極有驗，委細之事皆能言之，生跋焦土人尤神之。"[2]案，《遼史》卷115《西夏傳》云："西夏，本魏拓跋氏後。……凡出兵先卜，有四：一炙勃焦，以艾灼羊胛骨。……三咒羊，其夜牽羊，焚香禱之，又焚穀火于野，次晨屠羊，腸胃通則吉，羊心有血則敗。……病者不用醫，召巫者送鬼，西夏語以巫爲'廝'也。"[3]《夢溪筆談》所謂"跋焦"、"廝乱"[4]當即此"勃焦"、"廝"。

契丹人亦用羊骨占卜。《契丹國志》卷27《行軍》："契丹行軍不擇日，用艾和馬糞，於白羊琵琶骨上炙，炙破便出行，不破即不出。"[5]此"琵琶骨"當即髀骨，蓋以髀骨形似琵琶而得名，然則所謂"燒琵琶"爲燒琵琶骨之省語，即燒羊髀骨也。《至元譯語·身體門》："琵琶骨曰答婁。"[6]

《多桑蒙古史》第2卷附録1《刺失德書所記拖雷攻金之役》記骨卜事頗詳："Pallas曾將關於蒙古民族之無數有關係之記載留存於後。其

〔1〕〔明〕岷峨山人：《譯語》，收入薄音湖、王雄主編《明代蒙古漢籍史料匯編》第1輯，226頁。

〔2〕胡道靜：《夢溪筆談校注》，中華書局1959年，612-613頁；〔宋〕沈括：《夢溪筆談》，上海書店2009年，154頁。又見〔宋〕江少虞：《宋朝事實類苑》卷49"羊卜"條，上海古籍出版社1981年，647頁。

〔3〕〔元〕脱脱等：《遼史》，中華書局1974年，1523頁。參觀〔元〕脱脱等：《宋史》卷486《夏國傳》下，中華書局1977年，14029頁。

〔4〕《宋朝事實類苑》作"廝乾"。

〔5〕〔宋〕葉隆禮：《契丹國志》，賈敬顏、林榮貴點校，上海古籍出版社1985年，255頁。

〔6〕賈敬顏、朱風：《蒙古譯語女真譯語匯編》，7頁。

間志有一種迷信之事,13 世紀時頗盛行,是爲炙胛骨觀其裂痕以卜吉凶。史載成吉思汗系之諸君主曾用此術。傳教師魯不魯乞當時曾在皇帝蒙哥廷者,亦曾說明其問卜之法。其說與 Pallas 之說相合。茲錄 Pallas 之文(Samlungenhistorisches Nachrichten über die Mongolischen Völkerschaften, th. II, s. 350)如下:‘蒙古種中具有迷信之民族,在古時所用之占卜方法,而在亞洲之諸民族中幾盡適用,故尚迷信珊蠻(引按今譯薩滿)。諸法中猶應注意者,燒胛骨觀其裂痕以卜一日或數日後吉凶之法。其術有定例,用之甚頻。此種預言之法,在喀耳木(今譯卡爾梅克)民族中名曰 Dallatullike。其術人名曰 dalladschi。然在乞兒吉思(今譯吉爾吉斯)民族中則名 Jaurutchis。其人非教師,亦非執巫師之業者,惟以長久之歷練,故善此術。蒙古人有書名曰 Dalla,以此法授人,示人解釋火焚胛骨種種橫直裂痕之法。胛骨中之最良者,爲綿羊、羚羊(Saïga)、麋鹿(daim)、馴鹿之胛骨。所用之骨,先以沸水煮熟,然後以刀剝其餘肉,以骨置火薪上。迄於 dalladschi 斷定裂痕充分之時,乃出而觀其方法,其大小,其連屬,預卜事之吉凶,人之生死。所可異者,預言之事常驗。所以亞洲之粗野民族多信仰此術。有若干裂痕重於其他裂痕,此種裂痕各有其名稱,各有其意義。’ ”[1]

古又有用羊角辟邪者,唐孫思邈《千金翼方》卷 3《人獸部》“羚羊角”條:“辟蠱毒、惡鬼、不祥,安心氣,常不魘寐。”[2]又殺羊角條略云:“主青盲,明目。殺疥蟲,止寒泄,辟惡鬼、虎狼,止驚悸。……燒之,殺鬼魅,辟虎狼。”[3]

26.1

霆隨一行使命至草地[1],韃主數次燒琵琶,以卜使命去留[2]。想是琵琶中當歸,故得遣歸。燒琵琶即鑽

〔1〕[瑞典]多桑:《多桑蒙古史》,馮承鈞譯,312 – 313 頁。
〔2〕朱邦賢、陳文國等:《千金翼方校注》,上海古籍出版社 1999 年,99 頁。
〔3〕朱邦賢、陳文國等:《千金翼方校注》,上海古籍出版社 1999 年,99 頁。

龜也。

注

【1】

○王曰：案此時宋與蒙古雖信使時通，然宋人前殺蒙古使搠不罕及全子才，汴洛之役，蒙人頗有違言，疆場（場）之事，無歲無之。徐氏隨使在甲午、乙未間，至丙申夏，始得至草地見窩闊台汗，故不無拘留之懼，嗣後兩國使臣往往被留。《宋史·理宗紀》："寶祐二年三月壬午王善使大元，留七年乃歸。"^{其出使當在淳祐七八年。}又"六月戊戌，大元使離揚州北歸。"蓋因蒙古歸王善，故宋人亦歸其使也。亦有終不得歸者。耶律鑄《雙溪醉隱集》卷二《述實錄》詩自注云："戊戌年七月，月哩密什等百人使宋，竟拘留不遣。"案戊戌為蒙古太宗九年，即宋理宗嘉熙二年，距是書之成僅後一年，而《元史·月呂（里）麻思傳》："歲辛丑，使宋議和，從行者七十餘人……馳抵淮上，宋將以兵劫（脅）之，曰：'爾命在我，生死頃刻間耳，若能降，官爵可立致，不然必不汝貸。'月呂（里）麻思曰：'吾持節南來，以通國好，反誘我以不義，有死而已。'言辭慷慨不少屈，宋將知其不可逼，乃囚之長沙飛虎寨三十六年而死。"月呂（里）麻思亦作月呂蔑思。《後村先生大全集》一百四十二《資政趙公^{以夫}神道碑》："一日，經筵問月呂蔑思所議何如，公言韃不通華言，使至但謂來投拜，不謂來議和也。主此議者，幾何不賣國與人？臣嘗問月呂蔑思來意，其人致酉語極不遜，奈何復遣之。"戴表元《剡源文集》十八《題趙考成遺事後》云："益都趙昌甫諱成，以國信使屬官隨其父南使，事在淳祐辛丑。是時當蔡破蜀潰之後，淮漢創殘甫息，南事亦甚岌岌。行人玉帛好問，往來無虛歲。不知趙君何以拘繫如此之久也。史子申雖非良相，然熟於料敵，能得人死力，又善置耳目偵候，非後來當國者比。當由境外結約，先有私許通變事宜，及使至而國論異同，不得如請。展轉遷延，伺報不決，他相繼至，幸謀不已（己）出，置之不以為意，以故留滯至於三十六年乎？正使月呂蔑思偶以中毒死，其餘十四人散處不知存在，而趙君徙寶慶,得[及]兵至城下生還"云云。案,月呂(里)麻思、月呂蔑思,即《雙溪醉隱集》之月哩密什,而《元史》與戴氏皆以爲事在淳祐辛丑,較耶律成仲所紀又差後三年,然實爲一事。耶律氏所紀出於蒙古《太宗實錄》,剡源說出於親被拘留之人,不知何以互異。設宋不以丁亥(丑)亡,則月呂蔑思一行殆無生還者矣,而世祖奉辭伐宋,僅以拘繫郝經爲言,蓋太宗朝之事,當時已鮮知之者矣。

○勝案,明邵經邦《弘簡錄》卷 97:"[淳祐元年辛丑]十二月丁卯,蒙古遣使月里麻思等來至淮上,守將囚之。"[1]亦在辛丑(1241 年),且記月日。

【2】

○勝案,蒙古宫廷恒以羊胛骨占卜,《魯布魯克東行紀》第 29 章《在蒙哥宫廷的見聞》屢記之:"僧侶教導蒙哥每周要齋戒,我聽說他這樣做了。因此在七旬節禮拜日(1254 年 2 月 8 日),那算是亞美尼亞人的復活節,我們列隊前往蒙古的宫室,那個僧侶和我們兩人,經過搜查沒有帶刀後,隨教士們一同進見他。當我們進入時,一個僕人捧著羊肩胛骨到外面去燒,直到骨頭變得跟炭一樣黑。我十分驚異這是幹什麼用的。後來我打聽此事,我才知道汗若不先向這些骨頭請教,他就不幹世上的任何事。他甚至不許人進入他的宫室,如果不先跟骨頭商量的話。這類占卜術的作法如下:當他想幹什麼事時,他要來三塊原來沒有燒焦的這種骨頭,拿著一塊,問他是否該幹他想幹的事,然後他把它交給僕人拿去燒。他居住的宫室旁有兩所小房屋,僕人就在裏面燒這些骨頭,而每天都要盡力在整個營地尋找它們。骨頭被燒成黑色,送回給他。他觀察骨頭是否被火徹底燒裂。如果是這樣,那他想幹的事是可行的。不過,如果骨頭裂成橫斜紋,或者上面露出小圓點,那他不可行動。因爲這種骨頭總是在火裏裂開,或者上面散佈裂紋。只要三塊骨頭中他發現有一塊滿意,那他就行動。……在六旬節禮拜日(2 月 15日),害病的闊台妃子病得快死了。……第二天(2 月 16 日),我們去看

---

〔1〕《續修四庫全書》,上海古籍出版社,2002 年,305 冊,632 頁。

這個妃子。……第三天(2月17日)我們再回去看她,蒙哥汗聽說我們到那邊去,就召我們去見他,因爲他得知妃子病情好轉。……他面前擺著燒灼的羊肩胛骨。……四旬齋節的禮拜日(3月1日),我們應召赴宮廷。那個僧侶受辱地遭到搜查,看看是否帶刀,以致他不得不脫掉鞋。我們來到汗的面前,他手拿一塊燒灼過的羊胛骨,正在觀察,好像在讀它。"[1]

27   其常談

其常談,必曰"托著長生天底氣力、皇帝底福蔭"[1]。彼所欲爲之事[1],則曰"天教恁地"[2]。人所已爲之事,則曰"天識著",無一事不歸之天[2],自韃主至其民無不然[3]。

校

〔1〕李本無"欲"字。

〔2〕恁,李本作"凭",不确。

〔3〕其,李本、陳本作"於"。

注

【1】

○沈曰:《野獲編》云,太祖"奉天"二字,千古獨見,鏤之大圭,以至臣下誥敕,必首曰"奉天承運皇帝"。按明之"奉天承運",即襲元詔令之首必稱"長生天"也。用夷變夏,而詡爲千古所無,不考古之蔽如此。

---

[1]〔法〕魯布魯克:《魯布魯克東行紀》,〔美〕柔克義譯注,何高濟譯,273、277、281頁。

○勝案,沈注所引節録《萬曆野獲編》卷 2"更正殿名"條:"按太祖'奉天'二字,實千古獨見,萬世不可易。以故祖訓中云:皇帝所執大圭,上鏤'奉天法祖'四字,遇親王尊行者,必手秉此圭,始受其拜。以至臣下誥敕中,必首云'奉天承運皇帝',太宗繼之。一切封拜諸功臣,必曰'奉天靖難',其次曰'奉天翊衛'、'奉天翊運'。至列聖所封者,無論爲功勳、爲恩澤、爲文武,亦必奉天爲號,至今不改。"[1]

【2】

○勝案,蒙古人"無一事不歸之天"。《蒙韃備録》"祭祀"條云:"其俗最敬天地,每事必稱天。聞雷聲則恐懼不敢行,曰天叫也。"《蒙古秘史》第 197 節記女子忽闌對成吉思解釋官人納牙留其 3 日之由後,則云:"且不必問他,若皇帝恩賜呵,天命父母生得皮膚全有,問我皮膚便了。"可參觀。

又案,託庇於天固古代北方民族之常談。《史記》卷 110《匈奴列傳》:"單于遺漢書曰:'天所立匈奴大單于敬問皇帝無恙。……今以小吏之敗約故,罰右賢王,使之西求月氏擊之。以天之福,吏卒良,馬彊力,以夷滅月氏,盡斬殺降下之。……'"[2]觀乎所謂"天所立"、"天之福",知匈奴人亦"無一事不歸之天"也。

28　其賦斂

其賦斂謂之差發[1],類馬而乳[2],犀羊而食[3],皆視民户畜牧之多寡而征之,猶漢法之上供也。置蘸之法[1],則聽諸酋頭項自定差使之久近[2]。漢民除工匠

---

〔1〕〔明〕沈德符:《萬曆野獲編》,中華書局 1959 年,46 – 47 頁。

〔2〕〔漢〕司馬遷:《史記》,〔宋〕裴駰集解,〔唐〕司馬貞索隱,〔唐〕張守節正義,中華書局 1982 年,9 册,2896 頁。

·欧·亚·历·史·文·化·文·库·

外，不以男女，歲課城市丁絲二十五兩，牛羊絲五十兩；謂借過回回銀，買給往來使臣食過之數[4]。鄉農身絲百兩。米則不以耕稼廣狹，歲戶四石[3]。漕運銀綱合諸道歲二萬鋌[4]。旁蹊曲徑而科斂者，不可勝言[5]。

校

〔1〕李本無"謂之"二字。

〔2〕類，李本、陳本作"數"，王本作"賴"。勝案，"類"疑爲"纍"或"縲"之譌。纍/縲馬，以繩拴馬。

〔3〕犀，李本作"宰"，沈本、陳本、章本作"剗"，王本作"須"。勝案，沈曰："李本作'犀'。"與今所見上圖鈔本不同。"犀"当作"剗"。或疑"犀"字異體作"犀"，與"宰"字形近而譌。

〔4〕借過，李本、陳本作"借"，問影樓本作"借過"。

注

【1】

○李曰：蘸，即"站"字之借音，本借"占"字，其後或作"駐"或作"站"，皆俗字。明人撰《元史》用"立"旁"站"字以後，此字有一定之用矣。周密《癸辛雜識》及陶宗儀《輟耕錄》皆有站字。又《元史·世祖昭睿順聖皇后列傳》："四怯薛官奏割京城外近地牧馬，責太保劉秉忠曰：'汝何爲不諫？今軍蘸已定，奪之可乎？'"是元初不專用"站"字，亦作"蘸"字也。

○勝案，此條李注不見於問影樓本。

○沈曰：置蘸，即置站也。蘸字獨見於此。

○王曰：沈乙庵先生曰蘸即站字。案沈説是也。《元秘史》續集二："一、使臣往來，沿百姓處經過，事也遲了，百姓也生受。如今可教各千戶每出人馬，立定站赤。不是緊急事務，須要乘坐站馬，不許沿百姓處經過。"又"所擺站赤，命阿剌淺、脫忽察兒兩箇整治，每一站設馬夫二十人,内鋪馬并使臣的稟給、羊馬及車輛、牛隻,定將則例去。如有短少者,家財一半沒官。"《元史·兵志》:"太宗元年十一月,敕:'諸牛鋪馬站,每一百戶置漢車一十具。各站俱置米倉,〔站戶〕每年一牌內給(納)米一石,令百戶一人掌之。北使臣每日支肉一斤、麵一斤、米一升、酒一瓶。'"

○勝案,王注引《元秘史》見第 279、280 節,又所引《元史·兵志四》太宗詔敕,李文田箋注《元朝秘史》卷 15 已注出[1]。

又案,元代站官印用"蘸"字篆書入印,如中統五年(1264)四月中書禮部造"清水縣蘸之印"[2]、至元五年(1268)閏正月"漁關蘸提領印"[3]、至元五年中書禮部造"黃妃蘸印"[4]、至元五年十月中書禮部造"長盗(寧)蘸印"[5]、至元五年十月中書禮部造"常樂蘸印"[6]。柯昌泗《釋站》:"偶見新出元代站官官印三枚,爲舊譜所未著錄者,形式文字,頗可爲考覈'站'字之佐證。……"清水縣蘸之印"……"長寧蘸印"……"黃妃蘸印"……綜觀三印,正篆文字皆作'蘸',而背款書則作'站',知'蘸'字即'站'字。其以'蘸'爲正字者,以小篆無'站'字。通行文書,尚可以俗字應用,鑄印既用篆文,自不得不以較古之字爲準,且筆劃繁複,施於印信,可防奸僞,是以用同聲之'蘸'字爲印文正字也。然亦可見即'站'字亦爲譯文,聊取代表其音而已,與字義固無涉耳。"[7]

【2】

○勝案,頭項猶言頭領、頭目。《建炎以來繫年要錄》卷 71:"鎮江

---

〔1〕李文田箋注、鮑思陶點校:《元朝秘史》,214 頁。

〔2〕劉體智:《善齋璽印錄》,民國十九年(1930)鈐印本。

〔3〕熊國堯:《元代"漁關蘸提領印"淺證》,載《敦煌學輯刊》1983 年總第 3 輯,140-141 頁。

〔4〕見羅振玉:《貞松堂唐宋以來官印集存》,收入《七經堪叢刊》,民國二十五年(1936)年墨緣堂石印本,168-169 頁;柯昌濟:《金文分域續編》卷 7,民國十九年(1930)餘園叢刻刊本;羅福頤:《古璽印考略》,紫禁城出版社 2011 年,252 頁。

〔5〕見天津市藝術博物館編:《天津市藝術博物館藏古璽印選》,文物出版社 1997 年.144 頁。

〔6〕李逸友:《介紹兩方元代官印》,載《文物》1965 年第 12 期,62 頁;又見《元代印風》,63 頁。

〔7〕柯昌泗:《釋站》,見《中和月刊》第 1 卷第 2 期,1940 年,3-4 頁。

建康府江東宣撫使韓世忠遣幹辦公事聞人武子來奏事,上召對,世忠言:'本司近收到曹成、李宏、馬友、劉忠、王方等諸頭項數萬人,全無器甲,緩急遇敵,恐誤國事。'"[1]《鄂國金佗稡編》卷19岳飛《虔(吉)州捷報申省狀》:"據吉州龍泉縣申:'本縣被賊人彭友、李動天結集頭領兇賊,僞稱十大王,已經四年,攻破八縣,大段猖獗。其彭友等賊見在本縣界武陵、烈源、陳田三處劄寨。'飛恭依聖旨,先差使臣齎文字前去招諭,其僞十大王彭友等八頭項並不肯聽從,又結集永新縣界羣賊尹花八等二項賊徒三千餘人等迎敵官軍。"[2]"二項",或脫"頭"字,即二頭項,與"八頭項"皆前文所謂"頭領兇賊"也。[3]

　　久近,猶言遠近。《容齋三筆》卷9"赦放債負"條:"淳熙十六年二月登極赦:'凡民間所欠債負,不以久近多少,一切除放。'"[4]

　　【3】

　　○王曰:《秘史續集》二:"斡歌歹皇帝將合行之事,與兄察阿歹處商議:'一、百姓羊羣裏,可每年只出一箇二歲羯羊做湯羊。每一百羊內,可只出一箇羊,接濟本部落之窮乏者。'"又《大元馬政記》:"太宗皇帝五年癸巳聖旨:'其家馬牛羊及一百者,取牝牛牝羊一頭入官。牝馬牝牛牝羊及十頭,則亦取牝馬牝牛牝羊各一頭入官。若有隱漏者,盡行沒官。'"又《元史·食貨志》"科差"條:"絲科之法,太宗丙申年始行之。每二戶出絲一斤,并隨路絲線、顏色輸於官;五戶出絲一斤,并隨路絲線、顏色輸於本位。"《耶律楚材傳》:丙申"定天下賦稅,每二戶出絲一斤,以給國用;五戶出絲一斤,以給諸王功臣之湯沐邑[之資]。"此書所記"城市丁絲二十五兩,牛羊絲五十兩;鄉農身絲百兩",則丙申以前制也。又《食貨志》"稅糧"條:"初,太宗每戶科粟二石,後以兵食不足,增爲四石。至丙申年,乃定科徵之法令,諸路驗民戶成丁之數,每丁歲科粟一石,驅丁五斗(升),新戶丁驅各半之。"然則歲戶四石者,亦丙申

────────────────

　　[1]〔宋〕李心傳:《建炎以來繫年要錄》,中華書局1988年,1192頁。
　　[2]王曾瑜校注:《鄂國金佗稡編續編校注》,中華書局1989年,971-972頁。
　　[3]參觀蔡美彪:《說頭項、頭下與投下》,收入《遼金元史十五講》,中華書局2011年,221-225頁。
　　[4]〔宋〕洪邁:《容齋隨筆》,孔凡禮點校,中華書局2005年,527頁。

以前制。

【4】

　○王曰:《耶律楚材傳》太宗庚寅楚材言:"誠均定中原地稅、商稅、鹽酒、鐵冶、山澤之利,歲可得銀五十萬兩。"案唐宋以來,以銀五十兩爲一錠。五十萬兩者,一萬錠也。《楚材傳》又言:"庚寅定課稅格,至甲午定河南,歲有增羨,至戊戌課銀增[至]一百一十萬兩。"一百一十萬兩者,二萬二千錠也。此書云"歲二萬錠"。案彭氏隨鄒伸之北使在壬辰十二月,則其留北方當在癸巳。蒙古以癸巳滅金,則所謂二萬錠即一百萬兩者,癸巳滅金後額也。自癸巳(1233)至戊戌(1238)五年,故又羨十萬兩。

　○勝案,《元史·太宗本紀》:"[十一年己亥(1239)]十二月,商人奧都剌合蠻買撲中原銀課二萬二千錠,以四萬四千錠爲額,從之。十二年庚子春正月,以奧都剌合蠻充提領諸路課稅所官。"[1]《耶律楚材傳》:"譯史安天合者,諂事鎮海,首引奧都剌合蠻撲買課稅,又增至二百二十萬兩。"[2]44000錠即220萬兩,則己亥、庚子(1239 — 1240年)後之額又較戊戌(1238年)課銀增加1倍也。

　銀綱本爲運輸銀錢之組織,亦指銀錢。漕運銀綱即從水路運輸官銀者。《齊東野語》卷12"淳紹歲幣"條:"紹興歲幣,銀二十萬兩、絹二十萬疋。樞密院差使臣四員管押銀綱,戶部差使臣十二員管押絹綱。"[3]《宋史》卷424《洪天錫傳》:"乃疏所欲對病民五事:曰公田、曰關子、曰銀綱、曰鹽鈔、曰賦役。"[4]《金史》卷98《完顏匡傳》:"至於犒軍銀兩欲俟歸關隘然後祗備,是皆有咈聖訓。……川陝關隘俟歲幣犒軍銀綱至下蔡,盡日割賜。"[5]

【5】

　○勝案,科敷,科派賦稅財物。岳珂《桯史》卷10《大散論賞書》:

〔1〕〔明〕宋濂等:《元史》,36頁。

〔2〕〔明〕宋濂等:《元史》,3463頁。

〔3〕〔宋〕周密:《齊東野語》,張茂鵬點校,中華書局1983年,214頁。

〔4〕〔元〕脫脫等:《宋史》,12657頁。

〔5〕〔元〕脫脫等:《金史》,2171 – 2172頁。

·歐·亞·歷·史·文·化·文·庫·

"辱示劊目,見咎不科斂百姓。異哉,足下之言也。……僕中原人,蜀中無一錢生業,亦無親族寓居,其不科斂,何私於蜀?……顧生民膏血,不容無功而得耳。假令僕重行科斂,積金至斗,諸軍衣糧、犒設、支賜之外,若無功效,一錢豈容妄得哉?果有功,豈容本所以不科斂而不賞乎!"〔1〕

28.1

霆所過沙漠,其地自韃主、偽后、太子、公主、親族而下,各有疆界。其民戶皆出牛馬、車仗、人夫、羊肉、馬妳為差發,蓋韃人分管草地,各出差發,貴賤無有一人得免者。又有一項各出差發,為各地分韃中之需,上下亦一體,此乃草地差發也。至若漢地差發,每戶每丁以銀折絲綿之外,每使臣經從調遣軍馬、糧食、器械及一切公上之用【1】,又逐時計其合用之數,科率民戶【2】。諸亡國之人甚以為苦,怨憤徹天〔1〕,然終無如之何也。韃主不時自草地差官,出漢地定差發。霆在燕京見差胡丞相來贖貨更可畏【3】,下至教學行及乞兒行〔2〕,亦出銀作差發。燕京教學行有詩云:"教學行中要納銀,生徒寥落太清貧。金馬玉堂盧景善,明月清風范子仁【4】。李舍纏容講德子,張齋恰受舞雩人【5】。相將共告胡丞相,免了之時捺殺因【6】。"此可見其賦斂之法。

校

〔1〕怨,沈本、羅本、六經堪本作"怒"。

---

〔1〕〔宋〕岳珂:《桯史》,吳企明點校,中華書局1981年,114–116頁。

〔2〕李本、陳本无“及”字。

注

【1】

○勝案，經從猶言經歷。《清波雜誌》卷 3“朔北氣候”條：“往還經從汴都，顧瞻宗廟宮室。”〔1〕公上猶言公家。《揮麈錄》第三錄卷 3：“鄭恭老作蕭甲戌自知吉州回。上殿陳劄子云：‘郡中每以黃河竹索錢輸于公上，黃河久陷僞境，錢歸何所？乞行蠲免。其他循襲似此等者，亦乞盡令除放。’”〔2〕

【2】

○勝案，科率指官府於民間定額徵購物資。《新唐書》卷 6《代宗紀》寶應元年十月條：“詔浙江水旱，百姓重困，州縣勿輒科率，民疫死不能葬者爲瘞之。”〔3〕《獨醒雜志》卷 7：“方臘家有漆林之饒，時蘇杭置造作局，歲下州縣，徵漆千萬斤，官吏科率無藝。”〔4〕

【3】

○王曰：《聖武親征錄》：“太宗甲午遣忽都忽主治漢民，乙未忽都忽籍到漢民一百一十一萬有奇。”而宋子貞《中書令耶律公神道碑》則云：“甲午，詔括戶口，以大臣忽都虎領之。丙申秋，忽都虎以戶口來。”《元史·太宗紀》及《耶律楚材傳》紀年同，惟《太宗紀》忽都虎作胡土虎，即此書“胡丞相”也。《秘史》忽都忽自太祖時已爲普上斷事官，故有丞相之稱。

○勝案，王國維《黑韃事略箋證跋》云：“考《皇元聖武親征錄》：‘甲午太宗七年，遣忽都忽主治漢民。乙未夏，忽都忽籍到漢民一百一十一萬有奇。’《元史·耶律楚材傳》亦紀其事，則云‘丙申七月，忽都虎以民籍至’云云。視《親征錄》差後一年。案‘忽都忽’、‘忽都虎’，《元史·太宗紀》亦作‘胡土虎’，本書‘胡丞相’即謂此人。”

〔1〕〔宋〕周煇：《清波雜誌》，劉永翔校注，中華書局 1994 年，100 頁。
〔2〕〔宋〕王明清：《揮麈錄》，上海書店出版社 2001 年，204 頁。
〔3〕〔宋〕歐陽修、宋祁：《新唐書》，168 頁。
〔4〕〔宋〕曾敏行：《獨醒雜志》，朱傑人標校，上海古籍出版社 1986 年，65 頁。

【4】

〇勝案，金馬門與玉堂署爲漢代學士待詔之處，後因以稱翰林院或翰林學士。《南史》卷20《謝譓傳》："有時獨醉，曰：'入吾室者，但有清風，對吾飲者，唯當明月。'"後因以清風明月喻高人雅士。盧景善、范子仁，名具仁善，蓋虛構者。此兩句襲歐陽修《會老堂致語》"金馬玉堂三學士，清風明月兩閑人"，全詩亦與歐詩同用真韻[1]。案歐公此兩句詩，宋代頗傳誦，甚至出土宋代詩詞瓷枕亦見之[2]。王闢之《澠水燕談錄》卷4："初，歐陽文忠與趙少師槩同在中書，嘗約還政後再相會。及告老，趙自南京訪文忠公於潁上。文忠公所居之西堂曰'會老'，仍賦詩以志一時盛事。時翰林呂學士公著方牧潁，職兼侍讀及龍圖，特置酒於堂，宴二公。文忠公親作口號，有'金馬玉堂三學士，清風明月兩閑人'之句，天下傳之。"[3]事又見《墨客揮犀》卷10、《青箱雜記》卷8、江少虞《皇朝類苑》卷24、阮閱《詩話總龜》卷22、許顗《彥周詩話》等。

【5】

〇勝案，講德，講求道德。漢王褒《四子講德論》："於是文繹復集，乃始講德。"舞雩，原指舞雩臺。《論語・先進》："浴乎沂，風乎舞雩，詠而歸。"後借指不求聞達。《王荆文公詩》卷26《次韻酬龔深甫》："講肆劇談兼祖謝，舞雩高蹈異求由。"[4]講德子、舞雩人借喻高人隱士。

【6】

〇李曰：後文云"捺殺因，韃語好也。"又《元史・睿宗拖雷列傳》："賽音（因），猶華言[大好]也（云）。"

〇勝案，此條問影樓本失載。捺殺因、賽因，元曲中又作撒因、撒嬴、撒銀、灑銀、賽音、賽銀等[5]。

[1]參觀〔宋〕歐陽修：《歐陽修全集》，李逸安點校，中華書局2001年，卷133,2056頁。
[2]參觀高虎、蔡小莉：《洛陽出土宋代珍珠地紋瓷枕》，見《文物》2012年第11期，95頁圖一二。
[3]〔宋〕王闢之：《澠水燕談錄》，呂友仁點校，中華書局1981年，48頁。
[4]李壁：《王荆文公詩箋註》，高克勤點校，上海古籍出版社2010年，636頁。
[5]參觀方齡貴：《元明戲曲中的蒙古語》，215-220頁。

29　其貿易

其貿易，以羊馬、金銀、縑帛。

30　其賈販

其賈販，則自鞳主以至僞諸王、僞太子、僞公主等[1]，皆付回回以銀，或貸之民而衍其息[2]。一錠之本，展轉十年後，其息一千二十四錠。或市百貨而懋遷，或託夜偷而責償於民[1]。

〚1〛李本無"僞諸王"3字。
〚2〛衍，李本、陳本作"行"。

【1】

〇李曰：《元史·耶律楚材傳》："州縣長吏多借賈人銀以償官，息累數倍，名曰羊羔兒利。至奴其妻子，猶不足償。楚材奏合本利相侔而止，遂（永）爲定制。"《本紀》太宗十二年："以官民貸回鶻金償官者歲加倍，名羊羔息，其害爲甚。詔以官物代還，凡七萬六千錠。仍命假貸歲久，惟子本相侔而止，著爲令。"

·欧·亚·历·史·文·化·文·库·

　　○王曰:《文類》五十七《中書令耶律公神道碑》:"所在官吏取借回鶻債銀,其(期)年則倍之,次年則并息又倍之,謂之羊羔利。積而不已,往往破家散族,至以妻子爲質,然終不能償。公爲請於上,悉以官銀代還,凡七萬六千錠。仍奏定,今後不以歲月遠近,子本相侔,更不生息,遂爲定制。"案一錠之本,展轉十年,其息千二十四錠,正所謂羊羔利也。一錠之本,至其年末爲二錠,至次年末爲四錠,三年末爲八錠,及十年末,正得千二十四錠。又《神道碑》:"國初盜賊充斥,商賈不能行,[則下令]凡有失盜去處,周歲不獲正賊,令本路民戶代償其物。"

　　○勝案,《元史》卷155《史天澤傳》:"時政煩賦重,貸錢於西北賈人以代輸,累倍其息,謂之羊羔利,民不能給。天澤奏請官爲償一本息而止。繼以歲饑,假貸充貢賦,積銀至一萬三千錠,天澤傾家貲,率族屬官吏代償之。又請以中戶爲軍,上下戶爲民,著爲定籍,境內以寧。"[1]

　　從事高利貸之回回賈人稱爲斡脫戶,賈人所貸之銀名曰斡脫銀或窩脫銀,其所生利息即羊羔兒利或羊羔息。[2]

30.1

　　霆見韃人只是撒花[1],無一人理會得賈販。自韃主以下,只以銀與回回[1],令其自去賈販以納息[2]。回回或自轉貸與人[2],或自多方賈販,或詐稱被劫而責償於州縣民戶[3]。大率韃人止欲紵絲、鐵鼎、色木,動使不過衣食之需[3],漢兒及回回等人販入草地,韃人以羊馬博易之。韃俗真是道不拾遺,然不免有盜,只諸亡國之人爲之。回回又以物置無人之地,却遠遠卓望[4],纔有人築著[4],急來昏賴[5]。回回之狡心最可畏,且多技

---

〔1〕〔明〕宋濂等:《元史》,3659頁。
〔2〕參觀方齡貴:《元明戲曲中的蒙古語》,24－28頁"窩脫"條、63頁"斡脫戶"條。

巧^[5]，多會諸國言語，直是了得^[6]。

校

〔1〕只，沈本、陳本作"只是"。

〔2〕李本无"或"字。

〔3〕償，羅本、六經堪本作"價"。作"償"是。

〔4〕築，李本、王本作"觸"。

〔5〕技，沈本作"伎"。

〔6〕直是，李本、章本作"真是"。

注

【1】

○李曰：葉子奇《草木子》："元朝[末年]官貪[吏]污，……其問人討錢各有名目，……無事白要曰撒花錢。"

○勝案，此條注問影樓本缺載。

【2】

○勝案，責償，索取賠償。洪皓《松漠紀聞》："金國治盜甚嚴，每捕獲，論罪外，皆七倍責償。"^[1]費袞《梁谿漫志》卷9"江陰士人彊記"條："一夕民家火作，凡所有之物并文書皆燼焉，物主競來索數倍責償。"^[2]

○沈曰：自斡主以下，皆以銀貸回回，令貿易以納息。此即元世所謂斡脫錢也。《[元]史·本紀》：世祖至元元年定諸王"不許擅招民戶，不得以銀與非投下人爲斡脫"；又至元二十九年"蠲阿里父布伯所負斡脫鈔三千錠"。《元典章新集·兵部·驛站》使臣冒起鋪馬[罪]例云：延祐六年，宣政院官人每差往西番地面拘收（勝案，王箋引沈注此節誤作"狀"）牌面，追徵斡脫等錢，多用鋪馬，斷一百七，除名不敘。蓋終元世有此風，而元初尤甚。羊羔兒息，殆亦緣此虐用之。《元史類編·中

---

〔1〕〔宋〕洪皓：《松漠紀聞》，張劍光、劉麗點校，收入《全宋筆記》第3編，125頁。

〔2〕〔宋〕費袞：《梁谿漫志》，金圓点校，上海古籍出版社1985年，101頁。

統建元頒新政詔》見《元典章》。其第五"止貢獻"曰:"開國以來,庶事草
刱,既無俸禄以養廉,故縱貨賄(勝案,《元典章》作"賄賂")而爲蠹,凡
事撒花等物,無非取給於民。名曰(《元典章》作"爲")己財,寔皆官
物,取百散一,長盜滋奸,若不盡更,爲害匪淺。始自朕躬,斷絕兹(《元
典章》作"斯")弊,除外用(王箋作"國")進奉、軍前克敵之物,并斡脱
等拜見撒花等物,並行禁止。内外官吏,視此爲例。"

○勝案,王箋全録沈氏此條注,兹省略不録。

○沈曰:《至元譯語》:"買賣人曰或旦督赤。"或旦督,即斡脱也。

【3】

○李曰:色木,即《元史》"色目"。

○勝案,此條李注問影樓本缺載。李注蓋以色木即色目人,屬下
讀,非是。動使,日常應用之具。《朱子語類》卷8:"今人於飲食動使之
物,日極其精巧。"[1]《夢粱録》卷1"正月"條:"街坊以食物、動使、冠
梳、領抹、緞匹、花朵、玩具等物,沿門歌叫關撲。"《東京夢華録》卷4
"會仙酒樓"條:"如州東仁和店、新門裏會仙樓正店,常有百十分廳館
動使,各各足備,不尚少闕一件。"[2]

【4】

○勝案,卓望,瞭望、偵察。唐劉恂《嶺表録異》卷下"跳鯉"條:"捕
者以仲春,于高處卓望,魚兒來如陣雲,闊二三百步,厚亦相似者。"[3]
《東京夢華録》卷3"防火":"又於高處磚砌望火樓,樓上有人
卓望。"[4]

【5】

○勝案,昏賴,無理耍賴。《元典章·刑部》卷4《典章》四十二"誤

〔1〕〔宋〕黎靖德編:《朱子語類》,中華書局1986年,147頁。

〔2〕〔宋〕孟元老:《東京夢華録》,見鄧之誠:《東京夢華録注》,127頁;伊永文:《東京夢華録
箋注》,420頁。

〔3〕〔唐〕劉恂:《嶺表録異》,魯迅校,見《魯迅輯録古籍叢編》第3冊,人民文學出版社1999
年,464頁。

〔4〕〔宋〕孟元老:《東京夢華録》,見鄧之誠:《東京夢華録注》,116頁;伊永文:《東京夢華録
箋注》,342頁。

殺打死強要定親媒人"條:"各人恃其兇惡,主媒昏賴,又行強送定物,所以相爭。"[1]《名公書判清明集》卷6"王直之朱氏爭地"條:"朱氏當全有桑地,王直之只合得屋基,彼此不容昏賴。"[2]

31　其官稱

其官稱,或僭國王[1],或權皇帝,或郡王,或宣差[1]。諸國亡俘,或曰中書丞相,或將軍、或侍郎、或宣撫運使,隨所自欲而盜其名,初無宣麻制誥之事[2]。

校

〔1〕王,沈本、羅本、六經堪本作"主"。

注

【1】

○李曰:宣差,見《西遊記》。稱宣差阿里鮮、宣差都元帥賈昌傳、宣差便宜使劉仲禄、宣差阿狗。

【2】

○勝案,唐宋時任命將相,率以白麻紙書詔令而宣佈於朝,謂之"宣麻"。《新唐書》卷46《百官志一》:"開元二十六年,又改翰林供奉爲學士,別置學士院,專掌內命。凡拜將相、號令征伐,皆用白麻。"[3]《黑韃事略》所述爲蒙古初期之狀,其後元朝亦仿漢制。《草木子》卷3

---

〔1〕〔元〕佚名:《元典章》,陳高華、張帆、劉曉、黨寶海點校,4冊,1444頁。

〔2〕〔宋〕佚名:《名公書判清明集》,中國社會科學院歷史研究所宋遼金元史研究室點校,中華書局1987年,186頁。

〔3〕〔宋〕歐陽修,宋祁:《新唐書》,1183–1184頁。

· 欧 · 亚 · 历 · 史 · 文 · 化 · 文 · 库 ·

下："元之宣勅皆用紙。一品至五品爲宣,色以白;六品至九品爲勅,色以赤。雖異乎古之誥勅用織綾,已甚簡古而費約,可尚也。"〔1〕

31.1

霆嘗考之,韃人初未嘗有除授及請俸【1】,韃主亦不曉官稱之義爲何也。韃人止有虎頭金牌【1】、平金牌、平銀牌【2】【2】,或有勞,自出金銀,請於韃主,許其自打牌,上鐫回回字【3】【3】,亦不出於"長生天底氣力"等語爾【4】。外有亡金之大夫,混於雜役,墮於屠沽【4】,去爲黃冠,皆尚稱舊官。王宣撫家有推車數人【5】【5】,呼"運使",呼"侍郎"。長春宮多有亡金朝士【6】,既免跋焦【7】,免賤役【6】,又得衣食【8】,最令人慘傷也。

校

〖1〗金牌,底本原作"牌金",據諸本改。
〖2〗平銀牌,李本無"平"字。問影樓本無"平金牌平"4字。
〖3〗底本無"上"字,諸本皆有,意思較醒豁,茲據補。
〖4〗墮,李本作"隨"。
〖5〗推,底本、沈本、羅本、六經堪本作"催",據李本、陳本、王本改。
〖6〗賤,羅本、六經堪本、王本作"賦"。

注

【1】

○勝案,請俸,支取薪水。叶梦得《石林燕语》卷10:"杜祁公居官清介,每請俸必過初五。家人有前期誤請者,公怒,即以付有司劾治,尹

〔1〕〔明〕葉子奇:《草木子》,62-63頁。

師魯公所知也。"[1]

【2】

○勝案,《蒙韃備録》"官制"條云:"韃人襲金虜之制,亦置領録尚書令、左右相、左右平章等官,亦置太師、元帥等。所佩金牌,第一等貴臣,帶兩虎相向曰虎鬥金牌,用漢字曰'天賜成吉思皇帝聖旨,當便宜行事'。其次素金牌,曰'天賜成吉思皇帝聖旨,疾'。又其次乃銀牌,文與前同。"王國維《箋證》云:"此虎鬥金牌即虎頭金牌之音訛,因之生兩虎相向之說。"[2]《元史》卷98《兵志一》:"萬戶佩金虎符,符趺爲伏虎形,首爲明珠,而有三珠、二珠、一珠之别。千戶金符,百戶銀符。"[3]馬可波羅記爲獅頭。《馬可波羅行紀》第2卷第80章:"符牌之式如下,百夫長銀符,千夫長金符,萬夫長獅頭金符。"[4]

遣使布達軍情政令多用圓牌。卷101《兵志四·站赤》云:"凡站,陸則以馬以牛,或以驢,或以車,而水則以舟。其給驛傳璽書,謂之鋪馬聖旨。遇軍務之急,則又以金字圓符爲信,銀字者次之。内則掌之天府,外則國人之爲長官者主之。"[5]卷103《刑法志》云:"諸朝廷軍情大事,奉旨遣使者,佩以金字圓符給驛。其餘小事,止用御寶聖旨。諸王公主駙馬亦爲軍情急務遣使者,佩以銀字圓符,其餘止用御寶聖旨。"[6]耶律楚材《西遊録》卷下:"道徒以馳驛故,告給牌符。王道人者騶從數十人,懸牌馳騁於諸州,欲通管僧尼。……若果非丘意,王道人既歸,宜將牌符封還。若果爲馳驛事而請,遇遣使時即當懸帶。傳聞王道人懸牌躍馬,騶從數十人,橫行諸州中。"[7]

蒙古所用牌符,現存有長牌與圓牌兩種形制,材質則有金、銀、銅、鐵數種,所用材質隨官員品階或事之緩急而異。朝廷官遣使所派欽差

〔1〕〔宋〕葉夢得:《石林燕語》,侯忠義點校,中華書局1981年,148頁。

〔2〕王國維:《蒙韃備録箋證》,181頁。

〔3〕〔明〕宋濂等:《元史》,2508頁。

〔4〕〔法〕沙海昂(A. J. H. Charigon)譯注:《馬可波羅行紀》,馮承鈞譯,中華書局2004年,312頁。

〔5〕〔明〕宋濂等:《元史》,2583頁。

〔6〕〔明〕宋濂等:《元史》,2629 - 2630頁。

〔7〕〔元〕耶律楚材:《西遊録》,向達校注,中華書局1981年,15、17頁。

官代表皇帝,用金質長牌。《心史·大義略敘》:"受僞爵人,腰插金牌,長尺餘,闊三寸,番書僞爵、姓名,鑿識牌上。雙虎頭金牌爵爲重,小爵則授銀牌。"[1]案俄国米奴辛斯克銀質金字長牌,高約 12.2 英寸、寬 3.65 英寸,與《心史》所記金質長牌尺寸相近。虎頭金牌實物今尚未見出土,但虎頭紋樣見於俄國聖彼得堡艾米爾塔什博物館所藏回鶻體蒙文(即畏兀蒙古字)銀質長牌上端、俄國托木斯克波果托爾斯克、蘭州所出鐵質金銀字圓牌、西藏日喀則扎什倫布寺藏鐵質金字圓牌上部圓錐部分及洛陽出土 4 種文字銅質圓形令牌正面。[2]

【3】

○勝案,徐霆所記"回回字"非波斯文,而是畏兀蒙古字,詳見前文案語。

【4】

○勝案,《馬可波羅行紀》第 2 卷第 80 章:"百夫長及千夫長之牌符各重一百二十錢(gros),萬夫長之獅首符亦重一百二十錢,諸符並勒文於其上。曰:'長生天氣力裏,大汗福蔭裏,不從命者罪至死。'"[3]內蒙古索倫金质长牌及俄国米奴辛斯克、纽克斯克、内蒙古清水河所出银质金字长牌,其八思巴字蒙古語銘文皆曰:"靠長生天的氣力,皇帝聖名。誰若不從,論罪處死。"而俄國托木斯克波果托爾斯克、蘭州所出鐵質銀字圓牌、西藏日喀則扎什倫布寺藏鐵質金字圓牌,其八思巴字蒙古語銘文皆曰:"靠長生天的氣力,皇帝聖名。誰若不從,論罪處置。"

回回字即畏兀蒙古字,《元史》卷 10《世祖紀七》至元十五年秋七

---

[1]〔宋〕鄭思肖:《鄭思肖集》,陈福康點校,182 頁。

[2]參觀安泳鋥主編:《天驕遺寶——蒙元精品文物》,33–39 頁;蔡美彪:《八思巴字碑刻文物集釋》,中國社會科學出版社 2011 年,279–317 頁;呼格吉勒圖、薩如拉編著:《八思巴字蒙古語文獻匯編》,内蒙古教育出版社 2004 年,455–464 頁;郝蘇民:《鮑培八思巴字蒙古語文獻研究入門》,民族出版社 2008 年,116–123 頁;黨寶海:《蒙古帝國的牌符——以實物爲中心》,見《歐亞學刊》第 4 期,中華書局 2004 年,183–203 頁。又箭内亙:《元朝符牌考》,見《元朝制度考》,商務印書館 1934 年。

[3]〔法〕沙海昂注:《馬可波羅行紀》,312–313 頁。

月：“丁亥，詔虎符舊用畏兀字，今易以國字。”[1]則改畏兀蒙古字而用八思巴字。畏兀蒙古字符牌實物見於俄國聖彼得堡艾米爾塔什博物館所藏銀質長牌，俄羅斯科學院東方學研究所、蒙古國烏蘭巴托國家歷史博物館所藏、洛陽出土 4 種文字銅質圓牌，及内蒙古杜爾基蘇木所出 5 種文字銅質圓牌。除艾米爾塔什博物館所藏銀質長牌銘曰“長生天氣力裏，大福蔭護助裏，Abd Ullah 汗聖旨，違者論罪處死”外，其他均無“長生天底氣力”之語。[2]

【5】○李曰：王宣撫即後文之王檝也。據邱處機《西遊記》，其人字巨川，宣撫其官名也。《元史》卷百五十三有傳，亦作檝。

○勝案，《元史》卷 153《王檝傳》：“王檝字巨川，鳳翔虢縣人。……泰和中，復下第。詣闕上書，論當事急務，金主俾給事縉山元帥府。尋用元帥高琪薦，特賜進士出身，授副統軍，守涿鹿隘。太祖將兵南下，檝鏖戰三日，兵敗見執。……帝義而釋之，授都統，佩以金符。……甲戌，授宣撫使，兼行尚書六部事。從三合拔都、太傅猛安率兵南征，下古北口，攻薊、雲、順等州，所過迎降，得漢軍數萬，遂圍中都。乙亥，中都降。……從猛安入觀，授銀青榮祿大夫，仍前職，兼御史大夫，世襲千戶。……帝命闍里畢與皇太弟國王分撥諸侯王城邑，諭闍里畢曰：‘漢人中若王宣撫者，可任使之。’遂以前職，兼判三司副使。後又命省臣總括歸附工匠之數，將俾大臣分掌之。太師阿海具列諸大臣名以聞，帝曰：‘朕有其人，偶忘姓名耳。’良久曰：‘得之矣，舊人王宣撫可任是職。’遂命檝掌之。時都城廟學，既燬於兵，檝取舊樞密院地復創立之，春秋率諸生行釋菜禮，仍取舊岐陽石鼓列廡下。”[3]按“岐陽石鼓”即號稱吾國“石刻之祖”之秦石鼓。石鼓唐初出土於陝西鳳翔，韓愈嘗作《石鼓歌》，唐代以降，久著於世。王檝恰爲鳳翔人，本傳載：“庚寅（1230 年），從征關中，長驅入京兆，進克鳳翔，請于太宗曰：‘此臣鄉邦

————————

　　〔1〕〔明〕宋濂等：《元史》，203 頁。

　　〔2〕參觀黨寶海：《蒙古帝國的牌符——以實物爲中心》，見《歐亞學刊》第 4 期，183 – 203 頁；呼格吉勒圖、薩如拉編著：《八思巴字蒙古語文獻匯編》，455 – 467、470 – 476 頁；蔡美彪：《八思巴字碑刻文物集釋》，313 – 317 頁。

　　〔3〕〔明〕宋濂等：《元史》，3611 – 3612 頁。

也,願入城訪求親族。'果得族人數十口以歸。"〔1〕知王氏桑梓之情甚篤,想於此鄉邦文物亦鍾愛有加,然則其保護此文化史上稀世瓌寶之功不可沒矣。

王檝有家在燕京,朱彝尊《日下舊聞》卷3《宮室一》朱昆田《補遺》引鄒伸之《使蒙日錄》:"端平甲午九月初一日,抵燕京。守將布吾剌拔都出迎,館人使於王檝宅堂。重九日,宴人使,女樂俳優畢集。十二日,同王檝謁宣聖廟,即是金密院,因就看亡金宮室,瓦礫填塞,荆棘成林。"〔2〕端平甲午,當爲紹定癸巳之誤。〔3〕 丘處機逝世時,王檝曾賛助葬事。《長春真人西遊記》卷下云:"權省宣撫王公巨川,咸陽巨族也,素慕元風,近歲又與父師相會於燕,雅懷昭映,道同氣合,尊仰之誠,更甚疇昔。故會茲葬事,自爲主盟,京城內外,屯以甲兵,備其不虞。罷散之日,略無驚擾。"

【6】

○勝案,《長春真人西遊記》卷下:"[丁亥]五月二十五日,道人王志明至自秦州,傳旨改北宮仙島爲萬安宮,天長觀爲長春宮,詔天下出家善人皆隷焉。且賜以金虎牌,道家事一仰神仙處置。"長春真人邱處機赴西域大雪山覲見蒙古太祖成吉思汗,於太祖十九年(1224)春歸抵燕京,居太極宮。太極宮原系唐天長觀,金章宗泰和三年(1203)更名。至蒙古太祖二十二年丁亥(1227年)五月,復奉敕改名爲長春宮。七月,邱處機病逝於此。翌年,其徒尹志平於宮東側下院建處順堂安厝邱處機靈柩。明初,以處順堂爲中心重建宮觀,易名爲白雲觀,即今中國道教協會所在地,在北京西便門外。

【7】

○李曰:跋焦,疑即今辮頂也。孟珙《蒙韃備錄》曰:"國王沒黑肋止有一子,名袍阿,美容儀,不肯剃婆焦,只裏巾帽,[著]窄服。"所云婆

---

〔1〕〔明〕宋濂等:《元史》,3613 頁。

〔2〕又見〔清〕于敏中等編纂:《日下舊聞考》,北京古籍出版社 1983 年,卷 29,428 頁。

〔3〕參觀陳高華:《王檝使宋事實考略》,收入《元史研究新探》,上海社會科學出版社 2005 年,222 頁。

焦，即此記之跋焦。

　　○沈曰：李學士云“跋焦”即《蒙韃備録》之“婆焦”，疑即今辮頂也。

　　○王曰：案“跋焦”謂薙髮，《蒙韃備録》：“國王止有一子，曰袍阿，美容儀，不肯剃婆焦，只裹巾帽，著窄服。”

　　○勝案，《蒙韃備録》“風俗”條：“上至成吉思，下及國人，皆剃婆焦，如中國小兒留三搭頭在顖門者。稍長則剪之，在兩下者，總小角垂於肩上。”沈曾植《箋注》云：“繆柚岑於俄國巴枯城所見韃靼里人薙髮，自額至頂留兩鬢。植案：金、元國俗並開剃，而開剃之制與其首服不同。《永樂大典》有元人《剗（净）髮須知》書，條目甚多，文芸閣編脩嘗見之。植疑其中當有南北漢人、色目之別，惜未目驗其書也。李芍農閣學言，見古畫金人垂編髮三道，此與《金國志》言‘金俗櫟髮垂肩，與契丹異，垂金鎖，留顱後髮，繫以色絲’者語合。若此所云，三搭頭及在兩下總小角垂於肩上者，頗亦與金制相近，然不言顱後髮，不知其別若何？《金國志》云：‘令金主拜詔稱臣，去冠冕，髠剔髮，爲西京留守。’《金史·徒單益都傳》：‘益都不肯改易鬐髮，以至於死。’《歸潛志》：‘崔立令在城［士庶］皆斷髮，爲大朝民。’金俗固髠髮，《宋史·忠義·郭元邁傳》：‘不肯髠髮換官，亦卒於金焉’。而蒙古又令其剔髮斷髮，改易鬐髮。然則同一開剃，其制蓋當有絶異者。又孟所言與今蒙古形狀乃不同，亦當有故，皆不可考矣。《東國史略》：‘順孝王典十五年，世子諶嗣王位歸自元，與公主胡服同輦入國，從行宗宰不開剃，王責之。’注云：‘開剃者，胡俗剃頂至額，方其形留髮，謂之“怯仇兒”。忠烈王諶四年，令境內變元服，自宰相以至下僚，無不開剃。’《至元譯語》：‘頭曰忒裒［温］、字擎曰怯昆。’‘怯昆’即‘怯仇兒’。《黑韃事略》：‘其冠，被髮而椎髻，冬帽而夏笠。’‘被髮’當作‘剃髮’。然北狄之剃頭垂髮，由來已久，非始於金、元。《太平御覽》謂蕭慎俗皆編髮。《寰宇記》：‘烏桓、鮮卑皆髠頭。宇文氏人翦髮而留其頂，上爲飾，長數寸則截之。室韋盤髮，烏落侯繩髮，黠戛斯露首髠髮。’《魏志》：‘州胡在馬韓西海島上，髠頭如鮮卑。’《契丹國志》：‘額後重金花織成夾帶，中貯髮一總。嫗厥律，其人長大，髦頭，酋長髮盛以紫囊。韄劫子,髡首,披布爲衣。'此類不勝枚舉,金、元沿襲舊俗,大同小異耳。"

文廷式《純常子枝語》卷 21:"宋孟珙《蒙韃備録》曰:'太師國王沒黑肋,按即木華黎。止有一子,名袍阿,美容儀,不肯剃婆焦,只裹巾帽,著窄服。'按不剃婆焦,蓋不肯用緒髻之制。只裹巾帽,則慕華風也。元黃溍《拜住碑》'高祖孛魯爲木華黎之子',豈袍阿歟?鄭所南《心史》卷下云:'韃主剃三搭辮髮、頂笠、穿靴。三搭者,環剃去頂上一彎頭髮,留當前髮,翦短散垂,卻析兩旁髮,垂綰兩髻,懸加左右肩衣襖上,曰"不狼兒",言左右垂髻,礙於回視,不能狼顧。或合辮爲一,直拖垂衣背。'按此可考元人剃髮之制,其合辮爲一拖垂衣背者,則與滿洲制度相同。至'不狼'是蒙古語,所南就文生義,未得其實,'不狼兒'者,即《净髮須知》之'鉢浪川'也。"[1]

王國維《長春真人西遊記校注》:"《蒙韃備録》:'上至成吉思,下及國人,皆剃婆焦,如中國小兒留三劄(搭)頭在顋門者。稍長則剪之,在兩下者,總小角垂於肩上。'鄭所南《心史·大義略敍》:'三搭者,環薙去頂上一彎頭髮,留當前髮,剪短散垂,却析兩旁髮,垂綰兩髻,懸加左右肩衣襖上,曰"不狼兒",言左右垂髻,礙於回視,不能狼顧。或合辮爲一,直拖垂衣背。'云云。余見烏程蔣氏藏元無名氏《羽獵圖》,人皆垂兩辮,與二書合。"[2]

王國維《蒙韃備録箋證》云:"《長春真人西遊記》:'男子結髮垂兩耳'。鄭所南《心史·大義略敍》:'三搭者,環薙去頂上一彎頭髮,留當前髮,剪短散垂,却析兩旁髮,[垂]綰兩髻,懸加左右肩衣襖上,曰"不狼兒",言左右垂髻,礙於回視,不能狼顧。或合辮爲一,直拖垂衣背。'鄭麟趾《高麗史》卷二十八:'蒙古之俗,剃頂至額,方其形,留髮其中,謂之"怯仇兒"。'"[3]

---

〔1〕〔清〕文廷武:《純常子枝語》,收入《續修四庫全書》子部雜家類第 1165 册,上海古籍出版社 2002 年,303 頁。

〔2〕王國維:《長春真人西遊記校注》,收入《王國維遺書》第 8 册,上海書店出版社 1983 年,483 頁。

〔3〕王國維:《蒙韃備録箋證》,182–183 頁。

跋焦亦稱"鉢焦"。陳昌祺《剪燈餘話》卷4《至正妓人行》："緋纓帽妥鉢焦圓,黑瓣(辮)髻紉卜郎銳。"[1]黃時鑑先生考證,"鉢焦"是將頭頂髮剃去,中間呈圓形,而剃髮後編垂髮辮於頭顱兩側之髮辮即"卜郎"。并謂"婆焦"、"跋焦"、"鉢焦"爲一北方漢語詞彙之3種俚寫,而"卜郎"即《心史》之"不狼兒",或與撥浪鼓之"撥浪"一詞同源,二者詞源皆待考。[2]

其實蒙古髮式種類名稱頗多,非僅跋焦一式。《永樂大典》卷14125"剃法"條引《淨髮須知》卷下云："按大元體例,世圖改變,別有數名。還有一答頭、二答頭、三答頭、一字額、大開門、花鉢蕉、大圓額、小圓額、銀錠、打索縮角兒、打辮縮角兒、三川鉢浪、七川鉢浪、川着練槌兒。還那箇打頭、那箇打底:花鉢蕉打頭,七川鉢浪打底;大開門打頭,三川鉢浪打底;小圓額打頭,打索兒縮角兒打底;銀錠樣兒打頭,打辮兒打底;一字額打頭,練槌兒打底。"[3]

對此沈從文在《中國古代服飾研究》一四六《元代玩雙陸圖中官僚和僕從》一文中有詳細解說:"'鉢蕉'當即宋人'博焦',即'鵶角兒',如宋人《嬰戲圖》中'一把抓'式樣。'縮角兒'應即'丱角兒',晉代《女史箴圖》、《竹林七賢圖》、《北齊校書圖》,都可發現,大人便裝也應用。龍門石刻《帝王行香圖》黃門內侍有些發展,作成各式各樣,唐、宋已簡化,元代成爲道童習用。'鉢浪'當即'博浪',近代貨郎搖的鼕鼕鼓槌子式,或三或七指數目而言。小孩子一二三爲常見。鄭所南《心史·大義略敘》:'三搭者,環剃去頂上一彎頭髮,留當前髮,剪短散垂,却析兩旁髮,縮兩髻,懸加左右肩衣襖上,曰"不狼兒"(即博浪兒)。言左右垂髻,礙於回視,不能狼顧。或合辮爲一,直拖垂衣背。'如三川、七川係波浪髮式形容,也有出土元俑可證。'銀錠'當即晚唐以來侍女常用式樣,梳於兩側,係雙環中間束緊而成。'打辮兒',即《心史》所說合辮

〔1〕〔明〕李昌祺:《剪燈餘話》,周楞伽校注,收入《剪燈新話》(外二種),257頁。

〔2〕參觀黃時鑑:《釋〈至至妓人行〉中的蒙古語及其他》,原載《文史》第23輯,中華書局1984年,收入《黃時鑑文集》第1冊,中西書局2011年,125-126頁。

〔3〕《永樂大典》,中華書局1986年影印本,第9冊,9180頁。

·欧·亚·历·史·文·化·文·库·

爲一,亦即本圖[1]中官員長垂背後一式,和後來清代式樣已相近。'大圓額'、'小圓額'明指額前部分,在元代畫塑中由帝王到平民,都可發現那麼一綹短髮,具種種不同式樣,顯然在當時是各有專名的(見插圖一三七)[2]。由此可知,這個記載敘述實包括社會各階層男女老幼髮式,只概括成幾句口訣,事實上真正流行式樣還不止這些的。"[3]

謹案,鉢焦即《淨髮須知》"鉢蕉",卜郎即"鉢浪"。而鉢焦又名"博焦"、"鵓角"。《宋史》卷65《五行志》:"理宗朝,……剃削童髮,必留大錢許於頂左,名'偏頂'。或留之頂前,束以綵繒,宛若'博焦'之狀,或曰'鵓角'。"[4]據此則鉢焦與兒童之一角(或稱一撮)辮極相似。古代兒童結髮呈兩束,形如角狀,謂之總角。《詩·齊風·甫田》:"婉兮孌兮,總角丱兮。"鄭玄箋:"總角,聚兩髦也。"孔穎達疏:"言總聚其髦以爲兩角也。"[5]故余謂跋焦、婆焦、鉢焦/蕉、博焦之"焦/蕉"皆爲"角"之音譌。鵓角之"角"不誤,然"鵓"與"跋"、"婆"、"鉢"、"博"皆不確,以聲求之,蓋束縛之"縛"之音譌。古無輕脣音,"縛"古讀如"博"音,現代吳語猶有讀"縛"如"勃"者。故跋焦、婆焦、鉢焦、博焦、鵓角等皆當讀爲"縛角",縛角意爲束髮成角,猶言總角。惟總角一般爲兩角辮,而鉢焦則爲一角,實即《淨髮須知》所謂"一答(搭)頭"。而所謂"花鉢蕉",蓋其髮式一角沖天而束成花朵樣者。

《漢書》卷54《李陵傳》:"後陵、[衛]律持牛酒勞漢使,博歡,兩人皆胡服椎結。……陵墨不應,孰視而自循其髮,答曰:'吾已胡服矣。'"顏師古注:"結讀曰髻,一撮之髻,其形如椎。"[6]《草木子》卷3下《雜制篇》:"其髮或辮,或打紗練椎,庶民則椎髻。"[7]《北虜風俗》"帽衣"條云:"夫被髮左衽,夷俗也。今觀諸夷,皆祝髮而右衽矣。其人自幼

---

〔1〕指元至順刻本《事林廣記》官吏玩雙陸插圖。
〔2〕指元帝王像髮式。
〔3〕沈從文:《中國古代服飾研究》,557–558頁。
〔4〕〔元〕脫脫等:《宋史》,1430頁。
〔5〕〔唐〕孔穎達:《毛詩正義》,十三經注疏本,北京大學出版社1999年,347頁。
〔6〕〔漢〕班固:《漢書》,〔唐〕顏師古注,第8冊,2458頁。
〔7〕〔明〕葉子奇:《草木子》,61頁。

至老,髮皆削去,獨存腦後討(寸)許,爲一小辮,餘髮稍長即剪之,惟冬月不剪,貴其煖也。莊生所稱'窮髮之北'非此類耶?若婦女,自初生時業已留髮,長則爲小辮十數,披於前後左右,必待嫁時,見公姑,方分爲二辮,末則結爲二椎,垂於兩耳。"[1]《淨髮須知》之"練槌"即《草木子》之"練椎",爲垂於顱後耳側之髮辮。其所謂"打頭",指頭頂上方前部之髮型;"打底",謂頭側面後部之髮型。"三川鉢浪"者,腦後垂髮辮3條;"七川鉢浪"者,垂7條。一般則垂2條,即"卜郎"、"不狼兒",亦即所謂"二答(搭)頭"。頭頂上方一撮髮,與腦後2條垂辮,則形成所謂"三答(搭)頭"髮式。《蒙韃備錄》所記木華黎子袍阿(即孛魯)不肯剃婆焦,蓋因婆焦與兒童髮式相類,而成人則多剃三搭頭耳。

《柏朗嘉賓蒙古行紀》第2章:"[韃靼人]他們如同僧侶一樣在頭頂上戴一環狀頭飾,所有人在兩耳之間都剃去三指之寬的一片地方,以使他們頭頂上的環狀頂飾得以相接。另外,所有人同樣也都在前額剃去兩指寬的地方。至於環狀頭飾與已剃去頭髮的這片頭皮之間的頭髮,他們讓它一直披到眉毛以下,把前額兩側的頭髮大部分剪去,以使中間部分的頭髮更加伸長。其餘的頭髮則如女子青絲一般任其生長,他們把這些頭髮編成兩根辮子,分別扎在耳後。"[2]《魯布魯克東行紀》第6章:"男人在頭頂剃成一個四方形,從[這個方形的]前角經頭的兩邊一直剃到太陽穴。他們也剃掉鬢角,後頸剃到頸窩上,前額剃到頭頂,上面留下一綹頭髮垂到眉梢。他們留下頭兩邊的髮,編成齊耳的辮子。……在結婚後,[婦女]就剃掉頭得前部。"[3]第29章:"天已大亮時,她(忽都台哈敦)開始取下她的頭飾,叫做波克的,因此我見到她光著頭。"[4]又金人之辮髮與契丹、蒙古髮式不同,宋宇文懋昭《大金國志》卷39"男女冠服"條:"金俗好衣白,辮髮垂肩,與契丹異。[耳]垂金環,留顱後髮,繫以色絲,富人以珠金飾。婦人辮髮盤髻,亦無

〔1〕《四庫全書存目叢書》255冊,331頁。
〔2〕[意]柏朗嘉賓:《柏朗嘉賓蒙古行紀》,[法]貝凱、韓百詩譯注,耿昇譯,28-29頁。
〔3〕[法]魯布魯克:《魯布魯克東行紀》,[美]柔克義譯注,何高濟譯,216-217頁。
〔4〕[法]魯布魯克:《魯布魯克東行紀》,[美]柔克義譯注,何高濟譯,271頁。

冠。"[1]宋陳準《北風揚沙録》:"[金]人皆辮髮,與契丹異。耳垂金環,留臚(顱)後髮,以色絲繫之,富人以珠金爲飾。"[2]

蒙古髮式圖像主要見於考古發現元代壁畫、陶俑、版畫及古籍插圖等資料。壁畫如陝西蒲城縣洞耳村元至元六年(1269)壁畫墓,其墓室西北壁男侍者像,頭頂中間留一綹髮披於額前,頗似銀錠樣,耳際縮髮下垂,其餘部分剃光。其他帶帽人物額前亦可見此髮式[3]。陶俑如陝西寶雞元墓出土戴鈸笠帽武士俑6件,額前皆垂一綹髮,與傳世元成宗像極相似[4]。其頭側後部髮,或合編成一條辮垂於背部,與《事林廣記》玩雙陸圖中拖長辮者相似;或在腦後編成盤髻;或先編成兩條髮辮再套成鬟垂於耳後,同墓出土男侍俑1件亦同此式[5]。西安南郊潘家莊元墓M122出土男立俑1件,腦後亦垂一長辮。而M184則出土男立俑2件,雙辮垂於耳後,髮梢回卷繫於髮帶内[6]。

契丹人亦有結髮垂兩耳旁、顱後一辮直拖衣背之所謂三搭頭,一般圖像多見耳旁垂髮,明顯畫出腦後一長辮者,如内蒙古敖漢旗四家子鎮閆杖子村北羊山遼聖宗太平年間(1021 — 1030)一號壁畫墓西壁奏樂圖人像,又通遼市庫倫旗奈林稿蘇木錢勿力布村二號遼壁畫墓天井北壁侍衛像[7]。契丹髮式不限於此,式樣有多種,圖像資料亦較多,

[1]崔文印:《大金國志校證》,中華書局1986年,552頁。

[2][宋]陳準:《北風揚沙録》,宛委山堂本:卷55;收入《說郛三種》,上海古籍出版社1989年,2569頁。參觀[日]桑原騭藏:《中國人辮髮的歷史》,收入《東洋史說苑》,錢婉約、王廣生譯,中華書局2005年。

[3]參觀《考古與文物》2000年第1期;又陝西省考古研究院編:《壁上丹青——陝西出土壁畫集》下,404–406頁。

[4]參觀沈從文:《中國古代服飾研究》,557頁。

[5]參觀劉寶愛、張德文:《陝西寶雞元墓》,見《文物》1992年第2期,29頁圖一、圖版肆。

[6]參觀西安市文物保護考古所:《西安南郊潘家莊元墓發掘簡報》,見《文物》2010年第9期,47頁圖五之1,50頁圖一一之1、2,55頁圖二八、二九。

[7]參觀内蒙古自治區文物考古研究所、孫建華編著:《内蒙古遼代壁畫》,文物出版社2009年,166、242頁。

見於河北、內蒙古等地遼墓壁畫及胡瓌《卓歇圖》等傳世古畫。[1]

【8】

○勝案，耶律楚材《西遊錄》卷下："客曰：予聞諸行路之人，今之出家人率多避役苟食者，若削髮則難於歸俗，故爲僧者少，入道者多。"[2]《黑韃事略》所記亡金朝士多避居長春宮以免賤役得衣食，正與《西遊錄》此語相合。

32　其民戶體統

其民戶體統，十人謂之排子頭，自十而百，百而千，千而萬，各有長[1]。

注

【1】

○勝案，排子頭，又作牌子頭、牌頭。《蒙韃備錄》"立國"條："成吉思乃舊牌子頭結婁之子。牌子頭者，乃彼國十人之長也。"曹元忠《校注》云："元忠按，《黑韃事略》云：'其民戶體統，十人謂之排子頭，自十而百，百而千，千而萬，各有長。'故《元秘史》亦有'立千百戶牌子頭'之語。制詳元蘇天爵《國朝文類·經世大典敍錄·軍制篇》及《元史·兵志》。又按《北盟會編》稱女真云：'其官名則以九曜二十八宿爲號，曰諳版字極烈、大官人。字極烈。官人。其職曰：忒毋（母）、萬戶。萌眼、千戶。

---

〔1〕參觀河北省文物研究所編：《河北古代墓葬壁畫》，文物出版社 2000 年；河北省文物研究所編：《宣化遼墓》，文物出版社 2001 年；張家口市宣化區文物保管所、劉文海主編：《宣化下八里 II 區遼壁畫墓考古發掘報告》，文物出版社 2008 年；內蒙古自治區文物考古研究所、孫建華編著：《內蒙古遼代壁畫》；付愛民：《古代少數民族畫家胡瓌及"北方草原畫派"考略》，收入《付愛民民族藝術與人類學影像研究文集》，中央民族大學出版社 2009 年，151–155 頁。

〔2〕〔元〕耶律楚材：《西遊錄》，向達校注，17 頁。

毛（毛）可。百人長。蒲里偉。牌子頭。孛極烈者，糾（統）官也，猶中國言總管云。'知元初牌子頭蓋沿金制。結妻者，孛極烈之對音字。"蘇天爵《國朝文類》卷41："其法，家有男子，十五以上，七十以下，無衆寡，盡料爲軍。有事則空營帳而出，十人爲一牌，設牌頭。上馬則備戰鬭，下馬則屯聚牧養。"[1]

《蒙韃備録》"軍政"條："韃人生長鞍馬間，人自習戰，自春徂春，旦旦逐獵，乃其生涯，故無步卒，悉是騎軍。起兵數十萬，略無文書。自元帥至千戶、百戶、牌子頭，傳令而行。"沈曾植《箋注》云："牌子頭，不知於蒙語何當？疑即指千百戶長。《祕史七》云"立千百戶牌子頭"，蒙文但言'敏合訥那顏'、千的官人。'札兀訥那顏'、百的官人。'合兒巴訥那顏'十的官人。而已。"王國維《箋證》云："《三朝北盟會編》[三]：'其職曰：忒毋（母）、萬戶。萌眼、千戶。毛（毛）可。百人長。蒲里偉。牌子頭。'"[2]

《至元譯語·君官門》："牌子頭曰號魯那延，百戶曰爪赤那延，千戶曰明安那延，萬戶曰獨滿那延。"[3]又《數目門》："一曰你干，十曰合魯班，一百曰你干介，千曰明安，萬曰土滿。"[4]《華夷譯語·數目門》："一曰你刊（nigen）。十曰哈兒班（qarban）。百曰札溫（jaqun）。千曰敏干（miŋgan）。萬曰土綿（tümen）。"[5]號魯當即哈魯班、哈兒班（qarban）之省，牌子頭即十夫長。《元史》卷98《兵志一》："考之國初，典兵之官，視兵數多寡，爲爵秩崇卑。長萬夫者爲萬戶，千夫者爲千戶，百夫者爲百戶。世祖時，……萬戶、千戶、百戶分上中下。萬戶佩金虎符。符趺爲伏虎形，首爲明珠，而有三珠、二珠、一珠之別。千戶金符，百戶銀符。"[6]成吉思汗建國曾封功臣九十五千戶。《蒙古秘史》202節："成吉思既將衆部落收捕了，至是虎兒年，於斡難河源頭，建九脚白旄纛做皇帝。封功臣木合黎爲國王，命者別追襲古出魯克整治達達百姓。

---

〔1〕盡料爲軍，《元史》卷98《兵志一》作"盡簽爲兵"。

〔2〕王國維：《蒙韃備録箋證》，175頁。

〔3〕賈敬顏、朱風：《蒙古譯語女真譯語匯編》，15頁。

〔4〕賈敬顏、朱風：《蒙古譯語女真譯語匯編》，12頁。

〔5〕賈敬顏、朱風：《蒙古譯語女真譯語匯編》，51－52頁。

〔6〕〔明〕宋濂等：《元史》，2507－2508頁。

除駙馬外，復授同開國有功者九十五人爲千戶。"

元代軍制，中樞及外路皆置萬戶府、千戶所，設萬戶統領千戶，千戶則領百戶，以此類推。《世界征服者史》第 1 部 II："他们把全部人馬編成十人一小隊，派其中一人爲其餘九人之長；又從每十個十夫長中任命一人爲'百夫長'，這一百人均歸他指揮。每千人和每萬人的情況相同，萬人之上置一長官，稱爲'土綿（tümen）長'。按照這種組織，每逢情況緊迫，需要人或物，他們就交給土綿長辦理，土綿長再交給手下的千夫長，如此降至十夫長。其中有一種真正平等的精神，每人的勞動和他人一般多，無有差別，因爲不管錢財和勢力。"[1]《柏朗嘉賓蒙古行紀》第 5 章第 19 節："成吉思汗還規定，他們的軍隊應該分撥給千夫長、百夫長、十夫長和'土綿'也就是'萬夫長'（Tumun）們指揮。"[2]第 6 章第 2 節："成吉思汗這樣確定了他的部隊結構：在每十人之首設置長（在我們這裏被稱爲'十夫長'）；在十個十夫長之首便設置一位'百夫長'；在十個'百夫長'之首再設置一個被稱爲'千夫長'；在十個'千夫長'之首再設置一位官吏，在他們之中稱這一官吏爲'土綿'（tumen），即'萬夫長'。"[3]《馬可波羅行紀》第 1 卷第 69 章："君等應知一韃靼君主之作戰，若率萬騎，則命一人長十人，一人長百人，一人長千人，一人長萬人，俾其本人只將十人，而彼十人亦各將十人，以次類推。將士服從，統率極易。此外彼等名十萬爲一禿黑（tuc），萬人爲一土綿（toman），千人[爲一敏黑]（ming），百人[爲一忽思]（guz），十人[爲一溫]（on）。"[4]

33　其國禁

其國禁，草生而刪地者[1]，遺火而爇草者，誅其家。

---

〔1〕〔波斯〕志費尼：《世界征服者史》，何高濟譯、翁獨健校訂，32 - 33 頁。
〔2〕〔意〕柏朗嘉賓：《柏朗嘉賓蒙古行紀》，〔法〕貝凱、韓百詩譯注，耿昇譯，53 頁。
〔3〕〔意〕柏朗嘉賓：《柏朗嘉賓蒙古行紀》，〔法〕貝凱、韓百詩譯注，耿昇譯，61 頁。
〔4〕〔法〕沙海昂注：《馬可波羅行紀》，247 頁。

拾遺者、履閾者[1]、箠馬之面目者、相與淫奔者[2]，誅其身。食而噎者、口鼻之衄者[3]，罪其心之不吉[2]。軸毳簾而外者，責其係韃主之頸[3][4]。騎而相向者，其左而過[5]，則謂之相順；食人以肉，而接以左手，則謂之相逆。酌乳酪而傾器者，謂之斷後。遭雷與火者，盡棄其資畜而逃，必期年而後返[6]。

〔1〕李本無"者"字。

〔2〕吉，沈本、羅本、陳本、六經堪本、王本作"潔"。

〔3〕係，問影樓本作"心係"。頸，羅本、六經堪本作"頭"。

【1】

○勝案，禁踐履門閾，漢地古已有之。《禮記正義》卷2《曲禮》上："大夫、士出入君門，由闑右，不踐閾。"鄭玄注："閾，門限也。"孔穎達疏："踐，履也。閾，門限也。出入不得踐履門限，所以爾者，一則自高，二則不淨，並爲不敬。"〔1〕

蒙古人禁止故意踐履門閾，違者處死。《心史·大義略敘》："北去竟無屋宇，氈帳鋪架作房，如雞籠狀，門高僅五尺，出入必低頭。或笠帽撞帳房，或腳犯戶限，俱犯札撒。"〔2〕

《柏朗嘉賓蒙古行紀》第9章11節："一旦禮物到手之後，他們便把我們帶到了他的斡耳朵或駐地，他們警告我們要在住所門前左膝跪地參拜三次，還要注意腳下不要踩到門檻，我們對這一切都小心翼翼，

---

〔1〕〔唐〕孔穎達：《禮記正義》，十三經注疏本，北京大學出版社1999年，37-38頁。
〔2〕〔宋〕鄭思肖：《鄭思肖集》，陳福康點校，180頁。

因爲誰故意踐踏大首領住所的門檻,就要被處以死刑。"[1]又33節:
"我們每個人都四次以左膝跪拜,人們警告我們不要觸及內門檻"[2]

《魯布魯克東行紀》第19章《拔都的斡耳朵記他的接見》:"這時他們把我們帶到帳殿前,而且告誡我們不要碰著帳索,因爲帳索被當成門檻。"[3]第29章《在蒙哥宮廷的見聞》:"當我們去朝見他時,我們要當心不碰著門檻。……在這之後,我們外出,但我的同伴卻留在後面。我們已經到了外面,他要隨我們出去,但他轉過身子向汗致敬,忽忙追隨我們時,絆倒在門檻上。我們趕往汗的兒子班禿的宮室去,把門人卻抓住我的同伴,強迫他停住,不許他跟隨我們。他們叫一個人把我的同伴帶去見宮廷大書記、有權判人死刑的布魯該。不過我一點都不知道這些。我回過頭去,沒有看見同伴到來,我想他們留下他,也許打算給他輕便衣服穿,因爲他身體虛弱,穿皮衣難於行走。同時他們把我們的譯員叫去,讓譯員跟他呆在一塊。……我們從那裡返回我們在附近的禮拜堂。……後來我們的同伴被帶了進來,僧侶嚴厲申斥他,因爲他碰到了門檻。第二天布魯該來了,他是法官,仔細詢問有沒有人曾警告我們要當心別碰到門檻,我答道:'我的主人,我們沒有帶譯員,我們怎麼懂得呢!'所以他原諒了他,但從此以後不許他再入汗的任何宮室。"[4]第30章《蒙哥在哈剌和林的宮殿》:"第二天,汗進入他的宮殿,僧侶和我,還有教士前去朝見他,但他們不許我的伴侶去,因爲他曾踏著了門檻。"[5]

【2】

○勝案,《魯布魯克東行紀》第8章:"他們對殺人罪施以極刑,跟不屬於自己的女人睡覺也是這樣。我的意思是說,不屬於自己的女人指的是非他的妻子或女奴,因爲人們對自己的女奴可以爲所欲爲。"[6]

---

〔1〕〔意〕柏朗嘉賓:《柏朗嘉賓蒙古行紀》,〔法〕貝凱、韓百詩譯注,耿昇譯,89頁。
〔2〕〔意〕柏朗嘉賓:《柏朗嘉賓蒙古行紀》,〔法〕貝凱、韓百詩譯注,耿昇譯,99頁。
〔3〕〔法〕魯布魯克:《魯布魯克東行紀》,〔美〕柔克義譯注,何高濟譯,239頁。
〔4〕〔法〕魯布魯克:《魯布魯克東行紀》,〔美〕柔克義譯注,何高濟譯,273–274、276頁。
〔5〕〔法〕魯布魯克:《魯布魯克東行紀》,〔美〕柔克義譯注,何高濟譯,286頁。
〔6〕〔法〕魯布魯克:《魯布魯克東行紀》,〔美〕柔克義譯注,何高濟譯,219頁。

·欧·亚·历·史·文·化·文·库·

《北虜風俗》"治姦"條:"夷俗以姦爲最重,故其處治爲最嚴。如酋首之婦有與散夷姦者,廉知之即以弓弦縊死其婦矣。凡姦夫之父子兄弟,止存一人,餘盡置之死。若妻女、若帳房、諸畜産之類,盡給之各散夷。所謂赤族之禍,不過是也。若散夷中有姦其婦者,唯以姦夫置之死。如姦夫預知而逃避者,則稟其酋長,罰畜産以七九之數。其有因姦而私相奔逃者,被獲則持其婦以歸,而姦夫之罰亦如之。至於奸其室女者,父母獲之,則痛責其姦夫,送至夫家俟其死。如夫家置之死則止,不然則罰以九九之數。若貧不足於九九者,則盡以其妻奴足之。若竊其女而逃奔他所者,獲則罰亦如之,且罰其女之父母以七九。若父母有不知情者,必令之誓,然後恕之。至若叔伯兄弟之姦,干係倫理者,反置之不問,間有處置,亦不至於太甚。若稍疎者,亦略有罰而已。大抵夷俗治姦,嚴於疎而恕於親也。"[1]

【3】

○勝案,《心史·大義略敘》:"見郎主,鼻衄紅浣穹廬氊席爲第一罪,即拖犯者繞地三匝,衆拳打死。"[2]

【4】

○勝案,軸,卷起簾子。前蜀韋莊《謁金門》:"樓外翠簾高軸,倚遍闌干幾曲。"[3]後蜀毛熙震《菩薩蠻》:"繡簾高軸臨塘看,雨飜荷芰真珠散。"[4]文同《墨君堂晚晴憑欄》:"坐等月破東嶺雲,自取簾鉤更高軸。"[5]

毳簾,北地氊帳所用毛織簾子。《白居易集》卷21《別氊帳火爐》:"毳簾逐日卷,香燎隨灰滅。"[6]陶宗儀《南村詩集》卷2《雪次陸靜菴韻》:"明朝擬向西園賞,四敞罘罳卷毳簾。"[7]

---

〔1〕《四庫全書存目叢書》255 册,326 頁。

〔2〕〔宋〕鄭思肖:《鄭思肖集》,陈福康點校,180－181 頁,

〔3〕張璋、黃畬編:《全唐五代詞》,上海古籍出版社 1986 年,卷 5,540 頁。

〔4〕張璋、黃畬編:《全唐五代詞》,卷 6,755 頁。

〔5〕胡問濤、羅琴:《文同全集編年校注》,巴蜀書社 1999 年,卷 6,214 頁。

〔6〕〔唐〕白居易:《白居易集》,顧學頡校點,中華書局 1979 年,474 頁。

〔7〕〔元〕陶宗儀:《陶宗儀集》,37 頁。

"軸毳簾而外者，責其係轡主之頸"，此禁忌未詳。據前注引《心史》"見郎主，鼻衄紅涴穹廬氈席爲第一罪，即拖犯者繞地三匝，衆拳打死"，頗疑彭大雅此語原與前文"食而噎者、口鼻之衄者，罪其心之不潔"相承而文有舛訛。其原意蓋謂謁見轡主者，若食而噎或鼻衄致污染毳簾氈帳，則罪其心之不潔，責罰而係其頸以誅之。

【5】

○沈曰："其"字上疑脫"自"字，前云左爲下，故騎相向而左避爲相順，接肉以左手爲相逆也。

○勝案，《武備志》卷84："今北方響馬，常勒馬由道右而行，讓客於左，以便發箭。"[1]

【6】

○勝案，《世界征服者史》曾記蒙古人遇雷擊而其族人盡遭遣放，3年而後返之事[2]，與此記"盡棄其資畜而逃、必期年而後返"，有類似處。

又，《魏書》卷103《高車傳》云："俗不清潔，喜致震霆，每震則叫呼射天，而棄之移去。至來歲秋，馬肥，復相率候於震所。埋殺羊，燃火，拔刀，女巫祝說，似如中國祓除。而群隊馳馬旋繞，百匝乃止。人持一束柳梜，回竪之，以乳酪灌焉。婦人以皮裹羊骸，戴之首上，縈屈髮鬢而綴之，有似軒冕。"[3]按震霆即雷霆，高車人俗不清潔，與蒙古人不洗滌衣物恐致雷電之俗頗相似。[4] 傳文"喜致震霆"之"喜"疑爲誤字，當作恐、懼、畏、忌、惡之類字。[5] 其人至來歲秋復返於震所，與《事略》"必期年而後返"亦相似。"叫呼射天"之"射"疑爲"謝"之譌。

蒙古人日常忌諱及占卜頗多，《北虜風俗》"禁忌"條云："俗有卜

〔1〕〔明〕茅元儀：《武備志》，收入《續修四庫全書》子部兵家類第964册，上海古籍出版社2002年，70頁。參觀〔明〕李呈芬：《射經》第十一《馬射》，收入吳龍輝主編：《中華雜經集成》第一卷，中國社會科學出版社1994年，402頁；〔明〕何汝賓：《兵錄》，收入《四庫禁燬書叢刊》子部兵家類，北京出版社1997年，第9册，379頁。

〔2〕參觀33.1節注【1】。

〔3〕〔北齊〕魏收：《魏書》，中華書局1974年，2308頁。

〔4〕參觀33.1節注【1】。

〔5〕參觀段連勤：《丁零、高車與鐵勒》，上海人民出版社1988年，196頁。

笅,不與我同。有持羊膊骨,火灼之以驗吉凶者。有以上弦之弓,用兩指平舉之,口念一咒,俟弓微動而知吉凶者。有以衣領、口袋諸器具向内爲吉;向外爲不祥者。又有以所食之物藏於懷、納於靴,取以與人,人以爲吉。若頂於首、盛以袖,人即忌而不食者。又有天陰雷鳴震死頭畜爲大不祥,則以酒食禳之,立二竿爲門,驅群畜從中走者則吉,留之稍旁出則凶,令衆搶之去者。"[1]可參觀。

33.1

霆見韃人每聞雷霆,必掩耳屈身至地,若躨避狀[1]。

注

【1】

○李曰:孟珙《蒙韃備録》曰:"聞雷聲則恐懼,不敢行師,曰天叫也。"

○勝案,李注此條問影樓本無"則恐懼"3 字。曹元忠《蒙韃備録箋注》:"案《燕北録》云:'戎主及契丹臣戍每聞霹靂聲,各相鈎中指,只作喚雀聲,以爲攘厭也。'知韃靼畏雷亦沿遼制。"

史籍多載蒙古人畏懼打雷事,《世界征服者史》第 1 部 32 章《合罕言行録》:"在蒙古人的札撒和法律中規定:春夏兩季人們不可以白晝入水,或者在河流中洗手,或者用金銀器皿汲水,也不得在原野上曬洗過的衣服。他們相信,這些動作增加雷鳴和閃電。因爲在他們居住的國土中,從初春到夏末,大部分時間都有雨,而雷聲如此之烈,以致當其震吼時,'彼輩因雷擊而以指塞耳,深畏隕滅',電光也如此之亮,以致'閃電幾攫去彼輩之目'。據觀察,當雷電交加時,他們變得來'若魚無聲'。每年,當他們中間有人遭到雷擊時,他們便把他的部族和家室從諸族中趕走三年,在這期間他們不得進入諸王的斡耳朵。同樣地,要是

---

[1]《四庫全書存目叢書》255 册,333 頁。

他們的牲畜和羊群中有一頭也遭雷擊,他們如法施行數月之久。"波伊勒注引《魯布魯克東行記》云:"他們從不洗衣,因爲他們說天神會因此發怒,并說如果他們掛起衣服來曬乾,那會打雷的。他們甚至要打那些他們發現洗衣裳的人。他們特別害怕打雷,每當打雷時,他們把一切外人從他們的住所趕出去,用黑毯把自己包起來,這樣一直躲到雷聲過去。"[1]

《多桑蒙古史》卷 2 附錄 1《剌失德書所記拖累攻金之役》略云:"茲再引剌失德書蒙古兀良合部條之一節所言蒙古迷信之事於後:'蒙古兀良合部人欲止風暴,則詈天及雷電;其他蒙古部族則反是,設有雷鳴,則藏伏於廬帳中,懼不敢出。兀良合人不敢食雷殛動物之肉,并不敢近之。蒙古人以爲雷蓋出於一種類龍動物之身,其物自空而下,以尾擊地,蜿蜒吐火焰。據語言可信之蒙古人言,謂曾常見此事,并謂若有人以酒或馬湩,以乳或凝乳,散之地上,雷即降於家畜之身,尤以馬受害爲甚。凡灑酒於地者必能致雷,百不一失。其人以爲曝濕靴於太陽之下可以致雷,故藏之於廬帳中,閉其天窗,使之自干。其地多雷,人畏之甚,故以種種原因賦之。'"[2]

《譯語》:"虜稱天爲騰格力,極知敬畏。每聞雷聲砳磕則走匿,瞑目屏息,若將擊己。"[3]《北虜風俗》"禁忌"條云:"夷人原不知機祥之説,其所最忌者無過於痘瘡。凡患痘瘡,無論父母、兄弟、妻子,俱一切避匿不相見。調護則付之漢人,如無漢人,則以食物付之他所,令患痘者自取之也。至若夫妻之患痘也,必俟聞雷聲然後相聚,不聞雷聲,即終年避匿,如路人然。其地寒,患痘者少,視内地若火宅,不肯久留,慮患痘也。"[4]此記患痘夫妻聞雷聲始相聚,蓋彼以雷鳴爲天命也,與上

〔1〕〔波斯〕志費尼:《世界征服者史》,何高濟譯、翁獨健校訂,241、271 頁。參觀〔波斯〕拉施特主編:《史集》第 2 卷《成吉思汗的兒子窩闊台合罕紀》第 3 部《軼事一》(余大鈞、周建奇譯,85 - 86 頁)、《魯布魯克東行記》第 7 章《婦女的職責和工作》(218 頁)。

〔2〕〔瑞典〕多桑:《多桑蒙古史》,馮承鈞譯,313 - 314 頁。參觀〔波斯〕拉施特主編:《史集》,余大鈞、周建奇譯,第 1 卷第 1 分冊第 4 編第 4 章"兀良合惕部落"條,255 - 257 頁。

〔3〕〔明〕岷峨山人:《譯語》,收入薄音湖、王雄主編《明代蒙古漢籍史料匯編》第 1 輯,224 頁。

〔4〕《四庫全書存目叢書》255 冊,333 頁。

引《蒙韃備録》所記以雷聲爲天叫同一心理。

34　其賞罰

其賞罰,則俗以任事爲當然,而不敢以爲功。其相與告戒,每曰其主遣我火裏去或水裏去,則與之去。言及饑寒艱苦者,謂之"觧"。觧者,不好之謂【1】。故其國平時無賞,惟用兵戰勝,則賞以馬,或金銀牌,或紵絲段【2】。陷城則縱其擄掠子女、玉帛,擄掠之前後,視其功之等差,前者插箭於門,則後者不敢入。有過則殺之,謂之"按打奚"【3】;不殺則罰充八都魯軍,猶漢之死士【4】。或三次、四次〔1〕,然後免其罪之至輕者,沒其資之半〔2〕。

校

〔1〕李本無"四次"二字。

〔2〕資,李本作"貲"。

注

【1】

○勝案,《心史·大義略敘》:"諸酋稱虜主曰'郎主',在郎主傍素不識'臣',唯稱曰'觧奴婢'。'觧'者,至微至賤之謂。又'歹'者,指其異心,亦惡逆之稱。"注:"觧,音打。歹,都海切。"〔1〕鄭氏蓋以觧、歹二字音義有別。按,饑寒艱苦者,生存狀況惡劣也,故謂之觧;不好之

---

〔1〕〔宋〕鄭思肖:《鄭思肖集》,陳福康點校,182 頁。

"觓"即好歹之"歹",爲蒙古語 ma'u[1] 之對譯。ma'u 亦有丑惡、庸鄙、下劣等義,與《心史》所述"觓"、"歹"涵義相合。觓、歹非蒙古語,或以爲源自藏文。[2]

【2】

○勝案,《馬可波羅行紀》第 2 卷第 80 章:"大汗討滅乃顔以後,還其汗八里都城,大行慶賞。……兹欲述者,獎賞諸臣戰功之事。其爲百夫長有功者,升千夫長;千夫長升萬夫長;皆依其舊職及戰功而行賞。此外,賜以美麗銀器及美麗甲胄,加給符牌,並賜金銀、珍珠、寶石、馬匹,賜與之多,竟至不可思議。蓋將士爲其主盡力,從未見有如是日之戰者也。"[3]

金銀牌又稱金銀符,元代因軍功賞賜金銀符牌,史多載之。授金虎符者,如《元史》卷 123《純只海傳》:"純只海,散尤台氏。弱冠宿衛太祖帳下,從征西域諸國有功。歲癸巳,太宗命佩金虎符。"[4]同卷《塔不已兒傳》:"塔不已兒,束呂糺氏。太宗時以招討使將兵出征,破信安、河南,以功授金虎符、征行萬戶。"[5]授金符者,如卷 124《李楨傳》:"[太宗]十年,從大將軍察罕下淮甸。楨以功佩金符,授軍前行中書省左右司郎中。"[6]授金銀符者,卷 151《邸順傳》:"甲寅,舉部屬肖撒八、耨鄰之功以奏,上賜肖撒八、耨鄰金銀符,仍隸麾下。"[7]

符牌按等第分依高下次序爲金虎符、金符、銀符。《元史》卷 161《楊大淵傳》:"[中統]二年秋,調兵出通川,與宋將鮮恭戰,獲統制白繼源。秦蜀行省以大淵及青居山征南都元帥欽察麾下將校六十三人有功,言於朝。詔給虎符一、金符五、銀符五十七,令論功定官,以名聞。……[三年]秋七月,詔以大淵麾下將士有功,賜金符十、銀符十九,別

〔1〕本書 35 節音譯爲"冒烏"。
〔2〕參觀方齡貴:《元明戲曲中的蒙古語》,249 頁"卯兀"條。
〔3〕[法]沙海昂注:《馬可波羅行紀》,312 頁。
〔4〕[明]宋濂等:《元史》,3030 頁。
〔5〕[明]宋濂等:《元史》,3034 頁。
〔6〕[明]宋濂等:《元史》,3051 頁。
〔7〕[明]宋濂等:《元史》,3570 頁。

給海青符二,俾事亟則馳以聞。其後賞合州之功,復賜白金五十兩。"[1]同卷《劉整傳》:"中統二年夏,整籍瀘州十五郡、戶三十萬入附。世祖嘉其來,授夔府行省,兼安撫使,賜金虎符,仍賜金銀符以給其將校之有功者。"[2]卷206《叛臣傳·李璮傳》:"詔出金符十、銀符五授璮,以賞將士有功者,且賜銀三百錠,降詔獎諭。……既而來獻漣水捷,詔復獎諭,仍給金符十七、銀符二十九,增賜將士。"[3]卷210《外夷傳·爪哇》:"至元二十九年二月,詔福建行省除史弼、亦黑迷失、高興平章政事,征爪哇;會福建、江西、湖廣三行省兵凡二萬,設左右軍都元帥府二、征行上萬戶四,發舟千艘,給糧一年、鈔四萬錠,降虎符十、金符四十、銀符百、金衣段百端,用備功賞。"[4]

　　賞賜按功由銀符而升換金符,進而授金虎符。卷120《肖乃台傳》:"兀魯台,中統三年,從石高山奉旨拘集探馬赤軍,授本軍千戶。至元八年,授武略將軍,佩銀符。十年,攻樊城有功,換金符,武德將軍。"[5]卷151《張拔都傳》:"子忙古台,從憲宗攻蜀釣魚山、苦竹二壘,冒犯矢石,屢挫而不沮,遂以勇敢聞。中統元年,賜銀符,預議砲手軍府事。尋易金符,爲行軍千戶,從征襄樊有功,卒。"[6]卷165《張禧傳》:"弘綱字憲臣,年十八,父禧爲主將所誣,系獄,將殺之,弘綱直入獄中,獄卒併系之。弘綱佯狂譴笑,守者易之,既寢,遂與其父逸去。後從其父攻城徇地,屢有功,自昭信校尉、管軍總把,佩銀符,換金符,爲千戶,升總管、廣威將軍、招討副使,加定遠大將軍、招討使,襲鎮江陰。"[7]卷152《張晉亨傳》:"[憲宗]欲賜晉亨金虎符,辭曰:'虎符,國之名器,長一道者所佩,臣隸忠濟麾下,復佩虎符,非制也。臣不敢受。'帝益喜,改賜璽書、金符,恩州管民萬戶。中統三年,李璮叛,晉亨從嚴忠范戰於遙牆濼,勝

〔1〕〔明〕宋濂等:《元史》,3777－3778頁。
〔2〕〔明〕宋濂等:《元史》,3786頁。
〔3〕〔明〕宋濂等:《元史》,4591－4593頁。
〔4〕〔明〕宋濂等:《元史》,4665頁。
〔5〕〔明〕宋濂等:《元史》,2966頁。
〔6〕〔明〕宋濂等:《元史》,3580頁。
〔7〕〔明〕宋濂等:《元史》,3867－3868頁。

之,改本道奧魯萬戶。四年,授金虎符,分將本道兵充萬戶,戍宿州。"[1]卷165《張立傳》:"中統初,從世祖北征,還,授管軍總把,賜銀符,進侍衛軍鎮撫,換金符,改侍衛軍千戶。尋遷左衛親軍副都指揮使,賜金虎符。"[2]卷165《完顏石柱傳》:"父拿住,歸太祖,從征西域、河西,又從太宗攻下鳳翔、同州,有功,賜號八都兒,佩銀符,爲同州管民達魯花赤,改賜金符,兼征行千戶,總管八都軍。憲宗以拿住年老,命石柱襲其職。己未,石柱從世祖征合刺章還,都元帥紐璘攻馬湖江,石柱奪浮橋,與宋兵戰,有功,賞白金七百五十兩。軍隆化縣,與宋兵戰,大敗之。中統二年,授征行萬戶,佩金符。三年,從都元帥帖哥攻嘉定,有功,改賜金虎符。"[3]

因功授虎符、金符者,或同時賞賜璽印、馬匹、海東青、貂裘、金衣、錦緞、玉帶、弓矢、鎧甲、金銀、田地等,如卷151《趙天錫傳》:"七年,[趙賁亨]偕元帥劉整朝京師,命爲征行千戶,賜金符及衣帶、鞍馬。"[4]卷129《紐璘傳》:"中統元年,世祖即位,紐璘入朝,賜虎符及黃金五十兩、白金二千五百兩、馬二匹。"[5]卷150《郝和尚拔都傳》:"庚子歲,太宗於行在所命解衣數其瘡痕二十一,嘉其勞,進拜宣德、西京、太原、平陽、延安五路萬戶,易佩金虎符,以兵二萬屬之,復賜馬六騎,金錦、弓鎧有差。"[6]卷149《耶律禿花傳》:"後侍太祖,同飲班尤河水。從伐金,大破忽察虎軍。又從木華黎收山東、河北,有功,拜太傅、總領也可那延,封濮國公,賜虎符、銀印,歲給錦幣三百六十匹。"[7]卷147《張柔傳》:"甲寅,移鎮亳州。環亳皆水,非舟楫不達,柔甃城壁爲橋樑屬汴堤,以通商賈之利;復建孔子廟,設校官弟子員。入奏,帝悅,賜衣一襲、翎根甲一、金符九、銀符十九,頒將校之有功者。"[8]卷167《張立道傳》:"遂

〔1〕〔明〕宋濂等:《元史》,3590頁。
〔2〕〔明〕宋濂等:《元史》,3878頁。
〔3〕〔明〕宋濂等:《元史》,3886頁。
〔4〕〔明〕宋濂等:《元史》,3584頁。
〔5〕〔明〕宋濂等:《元史》,3144頁。
〔6〕〔明〕宋濂等:《元史》,3553頁。
〔7〕〔明〕宋濂等:《元史》,3532頁。
〔8〕〔明〕宋濂等:《元史》,3475－3476頁。

授禮部尚書,佩三珠虎符,賜衣段、金鞍、弓矢以行。"[1] 卷 178《梁曾傳》:"召至京師,入見內殿,有旨令曾再使安南,授吏部尚書,賜三珠金虎符、襲衣、乘馬、弓矢、器幣。"[2] 卷 128《土土哈傳》:"[至元]二十一年,賜金虎符,并賜金貂、裘帽、玉帶各一,海東青鶻一,水礶壹區,近郊田二千畝,籍河東諸路蒙古軍子弟四千六百人隸其麾下。"[3] 卷 124《岳璘帖穆爾傳》:"伔理伽普華度無以自明,乃亡附太祖,賜以金虎符、獅紐銀印、金螭椅一、衣金直孫校尉四人,仍食二十三郡。繼又賜銀五萬兩。"[4]

【3】

○王曰:《大元馬政記》:"太宗皇帝四年壬辰六月二十四日聖旨:西京路見管戶計一千六百二十七戶,每戶辦槽一具,長五尺、闊一尺四寸蒙古中樣。各處備車牛,限七月十日以內,赴斡魯朵送納,不得違滯。如違,斷按答奚罪。准此。"

○勝案,按打奚,《通志條格》、《經世大典‧站赤》等又作"按答奚"、"案答奚",《元秘史》作"呵勒答忽",乃蒙古語 aldaqu 之對音,本意爲"處罰"、"治罪"。蒙古建國頒佈札撒(Jasaq,法令)後,詔敕所謂"斷按答奚罪",指據札撒以外之蒙古習慣法(yūsūn)治罪。至元二十八年(1291)《至元新格》頒佈后,官方文書不見"按答奚"之譯名,而蒙語 aldaqu 則泛指以元律治罪。彭大雅誤以"按打奚"爲"殺",非是。《永樂大典》卷 19416《經世大典‧站赤》云:"委係朝廷差去使命有牌子文字者,若不聽從之人,亦斷按答奚罪戾,仍處死。"[5]

【4】

○李曰:《元史‧兵志》:拔突,華言勇無敵也。拔突,與此《略》之"八都魯"對音。

---

〔1〕〔明〕宋濂等:《元史》,3918 頁。

〔2〕〔明〕宋濂等:《元史》,4134 頁。

〔3〕〔明〕宋濂等:《元史》,3133 頁。

〔4〕〔明〕宋濂等:《元史》,3050 頁。

〔5〕參觀蔡美彪:《八思巴字碑刻文物集釋》,288 - 295 頁;方齡貴《通志條格釋詞五例》(收入方齡貴《元史叢考》,民族出版社 2004)之二釋"按答奚",166 - 170 頁。

○王曰:《後村先生大全集》一百四十一《杜杲神道碑》:"虜以八都魯硬軍斫排杈木,八都魯軍皆死囚,使之攻城自贖,所披甲以牛革十餘重爲之,設面簾以障矢。"

○勝案,《元史》卷99《兵志二》:"忠勇之士,曰霸都魯。勇敢無敵之士,曰拔突。"[1]八都魯即霸都魯,又譯作八都兒、拔都魯、拔都兒、把阿禿兒等,八都魯軍即敢死隊。《元史》卷165《完顏石柱傳》:"父拿住,歸太祖,從征西域、河西,又從太宗攻下鳳翔、同州,有功,賜號八都兒,佩銀符,爲同州管民達魯花赤,改賜金符,兼征行千戶,總管八都軍。"[2]八都軍即八都魯軍。

有軍功者,蒙古皇帝賜拔都(拔都兒、八都魯)爲名號,《元史》屢見之。如卷117《牙忽都傳》:"祖父撥綽,睿宗庶子也。……撥綽驍勇善騎射,憲宗命將大軍,北征欽察有功,賜號拔都。"[3]卷118《特薛禪傳》:"冊之子曰哈兒哈孫,以平金功,賜號拔都兒。……有脫憐者,亦按陳之裔孫也……從族父按答兒禿征叛王乃顏有功,亦賜號拔都兒。……有答兒罕者,亦特薛禪之裔孫也,以從軍功,世祖亦賜以拔都兒之號。"[4]卷121《按竺邇傳》:"金將汪世顯守鞏州,皇子闊端圍之,未下。遣按竺邇等往招之,世顯率衆來降。皇兄嘉其材勇,賞賚甚厚,賜名拔都,拜征行大元帥。"[5]卷131《完者都傳》:"十三年春,入臨安,下揚州,皆有功。江南平,入見,帝顧謂侍臣曰:'真壯士也。'因賜名拔都兒。"[6]卷151《張拔都傳》:"張拔都,昌平人。歲辛未,太祖南征,拔都率衆來附,願爲前驅,遂留備宿衛。從近臣漢都虎西征回紇、河西諸蕃,道隴、蜀入洛,屢戰,流矢中頰,不少卻。帝聞而壯之,賜名拔都。"[7]卷152《楊傑只哥傳》:"進攻徐州,金將國用安拒戰,傑只哥率百餘騎突入

〔1〕〔明〕宋濂等:《元史》,2525頁。
〔2〕〔明〕宋濂等:《元史》,3886頁。
〔3〕〔明〕宋濂等:《元史》,2098-2099頁。
〔4〕〔明〕宋濂等:《元史》,2918頁。
〔5〕〔明〕宋濂等:《元史》,2984頁。
〔6〕〔明〕宋濂等:《元史》,3193頁。
〔7〕〔明〕宋濂等:《元史》,3580頁。

·欧·亚·历·史·文·化·文·库·

陣中,迎擊於後,大敗之,擒一將而還。皇太弟國王駐兵河上,見之,賜名拔都,授金符,命總管新附軍民。"[1]卷 123《拜顏八都魯傳》:"拜顏八都魯,蒙古扎剌台氏,幼事太祖,賜名八都魯。"[2]

蒙古人名亦多用"拔都兒"、"拔都",如八魯渾拔都兒[3]、苦徹拔都兒[4]、阿术魯拔都兒[5]、艾貌拔都[6]、郝和尚拔都[7]等。

34.1

霆見其一法最好,說謊者死[1]。

校

[1]底本訛作"恍",據諸本改。

35 其犯寇

其犯寇者殺之,沒其妻子、畜產,以入受寇之家[1]。或甲之奴盜乙之物或盜乙之奴物[2],皆沒甲與奴之妻子、畜產而殺其奴及甲[3],謂之斷案主[1]。其見物則欲,謂之"撒花"。予之,則曰"捺殺因",韃語好也[2]。不予,則曰"冒烏",韃語不好也[3]。撒花者,漢語

---

〔1〕〔明〕宋濂等:《元史》,3594 頁。
〔2〕〔明〕宋濂等:《元史》,3023 頁。
〔3〕〔明〕宋濂等:《元史》卷 117,2908 頁。
〔4〕〔明〕宋濂等:《元史》卷 123,3031 頁。
〔5〕〔明〕宋濂等:《元史》卷 123,3036 頁。
〔6〕〔明〕宋濂等:《元史》卷 123,3039 頁。
〔7〕〔明〕宋濂等:《元史》卷 150,3553 頁。

覓也【4】。

〔1〕受寇,陳本作“受寇者”。

〔2〕此句李本作“甲之奴盜乙之奴物”。

〔3〕畜產,底本、沈本、羅本、六經堪本作“產畜”,據李本、王本改。

注

【1】

○王曰:《長春真人西遊記》附錄《成吉思皇帝聖旨》:“其外詐推出家、隱占差發的人每,告到官司,治罪斷案主者。”可知斷案主之刑,亦行於漢地矣。

【2】

○王曰:《元朝秘史》三“奈勺卜”,“奈”旁注“好生”,“勺卜”旁注“是”,則“捺殺因”乃甚好之謂也。

○勝案,王箋所引見《秘史》原文第126節。

【3】

○勝案,《華夷譯語·通用門》:“好曰撒因(sayin),歹曰卯溫(maqun)。”〔1〕冒烏,《元朝秘史》作“卯兀”、“卯危”,亦作“卯溫”,乃蒙古語 ma'u、magu 之音譯。〔2〕

【4】

○沈曰:楊瑀《山居新語》:“都城豪民,每遇假日,必以酒食招致省憲僚吏翹傑出羣者款之,名曰‘撒和’。凡人有遠行者,至巳午時,以草料飼驢馬,謂之‘撒和’,欲其致遠不乏也。”又云:“取覓者,謂之‘撒和穿鼻子’。”按,彼“撒和”即此“撒花”。

○王曰:《水雲集·醉歌》:“北軍要討撒花銀,官府行移逼市民。”

_____

〔1〕賈敬顏、朱風:《蒙古譯語女真譯語匯編》,59頁。
〔2〕參觀方齡貴:《元明戲曲中的蒙古語》,246–249頁“卯兀”條。

36 其騎射、其步射

其騎射,則孩時繩束以板,絡之馬上,隨母出入;三歲以索維之鞍,俾手有所執,從眾馳騁;四五歲挾小弓、短矢[1];及其長也,四時業田獵。凡其奔驟也,跂立而不坐,故力在跗者八九,而在臀者一二[2]。疾如飆至,勁如山壓,左旋右折如飛翼,故能左顧而射右,不特抹鞦而已[1]。

〔1〕底本無“矢”字,據諸本補。

〔2〕一二,底本、沈本、羅本、六經堪本作“三”,據《武編》前集卷5“弓”條引此節、李本、王本改。

【1】

○勝案,抹鞦,向後射箭。《武備志》卷84:“馬箭之法有三:曰分踪(騌),向前射也;曰對蹬,向傍射也;曰抹鞦,向後射也。此武士之長技也。”[1]

《宋史》卷195《兵志》:“[元祐四年]九月,樞密院奏:‘異時馬軍教

---

〔1〕〔明〕茅元儀:《武備志》,明天啟刻本,收入《續修四庫全書》子部兵家類964冊,70頁。參觀〔明〕李呈芬:《射經》第十一《馬射》,收入吳龍輝:《中華雜經集成》第1卷,中國社會科學出版社,1994年,402頁;〔明〕何汝賓:《兵錄》卷3,明崇禎刻本,收入《四庫禁燬書叢刊》子部兵家類9冊,379頁。

御陣外,更教馬射。其法,全隊馳馬直射皆重行爲"之"字,透空發矢,可迭出,最便利。近歲專用順鬃直射、抹鞦背射法,止可輕騎挑戰,即用衆乃不能重列,非便。請自今營閱排日,馬軍"之"字射與立背射隔日互教。'詔可。"[1]

　其步射[1],則八字立腳[2],步闊而腰蹲,故能力而穿札[3][1]。

〖1〗按此節底本與諸本皆單列,惟王本與上節連屬,德人 Olbricht 和 Pinks 譯注本亦據以列入第 36 節,今從之。

〖2〗李本無"立"字。

〖3〗力,李本、陳本作"有力"。

注

【1】

○勝案,札,革甲之葉片,古革甲有 7 層,稱爲七札。《左傳》成公十六年:"潘尫之黨與養由基蹲甲而射之,徹七札焉。"[2]

穿札猶言穿甲。《韓詩外傳》卷 8 第 26 章:"齊景公使人爲弓,三年乃成,景公引弓而射,不穿三札。景公怒,將殺弓人。弓人之妻往見景公曰:'蔡人之子,弓人之妻也。此弓者,太山之南,烏號之柘,燕牛之角,荊麋之筋,河魚之膠也。四物者,天下之練材也,不宜穿札之少如此。且妾聞奚公之車,不能獨走。莫耶雖利,不能獨斷,必有以動之。夫射之道,左手若拒石,右手若附枝,掌若握卵,四指如斷短杖,右手發之,左手不知,此蓋射之道。'景公以其言爲儀而射之,穿七札。蔡人之

―――――――――

〔1〕〔元〕脫脫等:《宋史》,4859 - 4860 頁。
〔2〕楊伯峻:《春秋左傳注》,中華書局 1990 年,866 頁。

夫立出矣。"〔1〕

36.1

霆見韃靼耆婆在野地生子【1】，纔畢，用羊毛揩抹，便用羊皮包裹，束在小車內，長四五尺〔1〕，闊一尺，耆婆徑挾之馬上而行〔2〕【1】。

校

〔1〕五，沈本、羅本、六經堪本作"直"；李本、陳本無"五"字。

〔2〕挾，李本、沈本、陳本、章本作"扶"。

注

【1】

○勝案，耆婆本爲印度名醫，此處當爲"老婆"之別稱。

【2】

○勝案，《北虜風俗》"生育"條："夷人產育男女，不似我中國護持。產時即裹以皮，或以氈。越三日方洗，洗畢仍裹之如前。是日椎牛置酒，召親戚鄰里會飲，名曰米喇兀。產母自初產時，即飲食如常，不避風寒。即所產之孩，亦不避風寒。母亦不甚懷抱，兒饑則乳，乳飽則以搖車盛之，置於帳之內，或帳之外。如晁錯所稱'風雨罷勞，饑渴不困'，中國之人弗與也。蓋自孩提而然哉。產時仍有嫗收生，兒臍帶以箭斷之。無論男女，產畢，俱懸紅布并腰刀於門上，與懸弧結（設）帨相似。"〔2〕

───────────

〔1〕許維遹：《韓詩外傳集釋》，中華書局1980年，297－298頁。

〔2〕《四庫全書存目叢書》255冊，326頁。

37 其馬

其馬野牧，無芻粟，六月屬青草始肥[1]。壯者四齒則扇[1]，故闊壯而有力，柔順而無性，能風寒而久歲月。不扇則反是，且易嘶駭[2]，不可設伏。蹄鍥薄而怯石者，葉以鐵或以板，謂之腳澀[2]。凡馳驟勿飽。凡解鞍，必索之而仰其首[3]，待其氣調息平，四蹄冰冷，然後縱其水草。牧者謂之"兀剌赤"[3]，回回居其三，漢人居其七[4]。

校

〔1〕李本同，但問影樓本無"青"字。

〔2〕且，底本、李本、沈本、陳本作"耳"，屬上讀。茲據羅本、六經堪本、王本、《武編》前集卷6"馬"條、《武備志》卷147《軍資乘·馬二》"虜產"條引此節改。

〔3〕凡解鞍必索之而仰其首，李本作"凡鞍解而仰其首"，問影樓本作"凡鞍解必索之而仰其首"。

〔4〕居其七，《武編》、《武備志》作"居其一也"。

注

【1】

○勝案，扇即騸，馬去勢也。騸馬，古多作"扇馬"。五代孫光憲《北夢瑣言》卷10"非意致禍"條："周先帝命內臣李廷玉賜馬與南平王，且問所好何馬。乃曰：'良馬千萬無一，若駿者即可得而選。苟要坐下坦穩,免勞控制,惟扇庶幾也。既免蹄齧,不假銜枚,兩軍列陣,萬騎如一。苟未經扇,亂氣狡憤,介冑在身,與馬爭力,罄控不暇,安能左旋右抽,舍彎揮兵乎?'自是江南蜀馬,往往學扇,甚便乘跨。"[1]扇,一作騸。《新五代史》卷24《唐臣傳·郭崇韜傳》:"崇韜素嫉宦官,嘗謂繼岌曰:'王有破蜀功,師旋,必為天子,俟主上千秋萬歲後,當盡去宦官,至於扇馬,亦不可騎。'"[2]《旧五代史》作"騸馬不可復乘"。《蒙古山水地圖》嘉峪關西有扇馬城,明陳誠《西域行程記》[3]作"騸馬城"。[4]

【2】

○王曰:腳澀之語,古已有之。《五代史記·四裔》附錄高居誨《使于闐記》:"自甘州西始涉磧,甘州人教晉使者作馬蹄木澀。木澀四竅,馬蹄亦鑿四竅而綴之,駝蹄則包以氂皮乃可行。"案,杜工部詩云"驄馬新鑿蹄",則唐人已有行之者矣。

○勝案,王注引杜詩為《送長孫九侍御赴武威判官》:"驄馬新鑿蹄,銀鞍被來好。繡衣黃白郎,騎向交河道。"[5]然腳澀之用,唐以前已有之,顧學者尚未見有詳考者。

案,吐魯番出土文書多所記足部用品,如北涼玄始九年(420)隨葬衣物疏:"故絹遮一領,故絓襪一量(兩),故糸(絲)鞋(履)一量(兩)"建平六年(447?)符長資父母塘墓隨葬衣物疏:"故履一枚,故遮一枚。"北涼承平十六年(458)武宣王沮渠蒙遜夫人彭氏隨葬衣物疏:"故帛練腳遮一枚。……故腳爪一囊。"[6]高昌章和十八年(548)光妃隨葬衣物疏:"腳釋一枚,腳靡一枚,履一雙。"[7]高昌義和四年(617)缺名隨

---

〔1〕〔五代〕孫光憲:《北夢瑣言》,賈二強點校,中華書局2002年,219頁。

〔2〕〔宋〕歐陽修:《新五代史》,中華書局1974年,250頁。

〔3〕〔明〕陳誠《西域行程記》,周連寬校注,中華書局1991年,33頁

〔4〕參觀林梅村《蒙古山水地圖》,文物出版社2011年,123頁。

〔5〕參觀〔清〕楊倫《杜詩鏡銓》卷3,上海古籍出版社1980年,143頁。

〔6〕柳洪亮:《吐魯番發現北涼武宣王沮渠蒙遜夫人彭氏墓》,載《文物》1994年第9期,收入《新出吐魯番文書及其研究》,新疆人民出版社1997年,21頁。

〔7〕唐長孺主編:《吐魯番出土文書》,文物出版社1996年,第1冊,144頁。

葬衣物疏:"腳足蹻一兩,腳釋一。"[1]高昌重光二年(621)張頭子隨葬衣物疏:"腳臁一具,腳釋一具,无根(跟)履一兩。"[2]高昌延壽九年(632)六月十日康在得隨葬衣物疏:"腳攝/樀一兩。"[3]唐顯慶元年(656)宋武歡移文:"腳赦。"[4]"遮"、"脚遮"、"腳釋"、"腳赦"、"腳攝/樀",與"腳澀"皆音近,當爲同一詞之異寫。"遮"、"釋"、"赦"、"攝/樀"、"澀"用字不定,疑本當讀作"遮"或"蹠"(兩字古本通假),腳遮者護腳之具也,腳蹠即腳掌。或謂"澀"者乾澀也,腳澀可防滑耐磨,似亦可通。吐魯番出土衣物疏等文獻所見"腳釋"之屬皆爲人用而非畜用,沮渠蒙遜夫人彭氏墓出土以兩層素絹內填穀糠皮之條磚狀物,長30釐米,寬14釐米,高9釐米,置於墓主人腳後,論者謂即隨葬衣物疏之"腳遮"[5],可信。此腳遮寬大厚實,尺寸較一般鞋履爲大,且填以穀糠,蓋縛於足下以防寒或隔熱。腳釋即腳遮,學者或未因聲連類求之[6],或僅推測腳釋爲一種無跟鞋具[7],不確。高昌地處西北,地多沙漠,氣候惡劣,冬日祁寒,夏季酷熱,行於沙磧,宜用腳遮。腳遮固可用於耐磨防滑,其施之於騾馬、駱駝者,則以木板或鐵皮鑲裹蹄部,杜詩云"騎向交河道",則鑿蹄新驄馬亦行於吐魯番高昌故地。

唐五代後文獻多稱"腳遮"爲"腳澀"、"馬腳澀"、"馬蹄澀"。蘇天爵《國朝文類》卷41"軍器"條:"軍需則糧鈔、衣帽、靴袴,至製燧、馬㡌、馬蹄澀、漁網、斧鐮、鴉鑊、渾脫之類是也。"注云:"軍需有馬腳澀。"楊寅秋《臨皋文集》卷4《平播覆議機宜》:"各營通計應用馬腳澀五百副,每副價七釐,該銀三兩五錢,發宋宣慰管下地方並大洛壩馬頭阿約

〔1〕唐長孺主編:《吐魯番出土文書》,332頁。

〔2〕唐長孺主編:《吐魯番出土文書》,370頁。

〔3〕榮新江、李肖、孟憲實主編:《新獲吐魯番出土文獻》,中華書局2008年,101頁。攝或樀字原書未釋,作"腳□"。

〔4〕榮新江、李肖、孟憲實主編:《新獲吐魯番出土文獻》,104頁。

〔5〕柳洪亮:《吐魯番發現北涼武宣王沮渠蒙遜夫人彭氏墓》,收入《新出吐魯番文書及其研究》,149頁。

〔6〕彭金章:《敦煌吐魯番所出隨葬衣物疏中"腳麾"新探》,載《敦煌研究》2002年第6期,收入《敦煌莫高窟北區石窟研究》,甘肅教育出版社2011年,193、195頁。

〔7〕王啟濤:《吐魯番出土文書詞語考釋》,巴蜀書社2005年,226頁。

·歐·亞·歷·史·文·化·文·庫·

等收買,徑解軍前。該腳澀七千箇,每千價二錢五分,於省城鐵匠收買。"腳澀有墊足之用,至引申而腳踏亦名腳澀,《武經總要》前集卷 4:"飛梯用獨竿大竹,兩旁施腳澀以登躡。"[1] 腳澀俗又稱爲"馬掌"、"馬蹄鐵",而爲馬蹄安裝腳澀,俗呼爲"打馬掌"或"釘馬掌"。今人皮鞋後跟加鐵片防磨損,亦名爲"打鞋掌"。[2]

《譯語》:"辨胡馬:蹄堅而薄,跣毛長者,乍入塞不食穀草及菽者,腹纖細者,蹄缺以皮綴木片於上者,并是。"[3]

或以爲蒙古征服前馬蹄鐵是否出現於内陸亞洲尚無法確證,而蒙古時代鐵製馬掌亦偶然存在云云,蓋非的論也。[4]

【3】

○李曰:《元史·兵志》:"典軍(車)者曰兀剌赤,主馬者曰莫倫赤,牧羊者曰火爾(你)赤。"與此微異。

○勝案,《元史》卷 99《兵志二》:"典車馬者,曰兀剌赤、莫倫赤。"[5]《華夷譯語·人物門》:"馬夫曰兀剌赤(ulaci)。"[6] 兀剌一詞,即突厥語之 ulaq 與 ulagh,蒙古語之 ula'a,滿語之 ula,意爲驛馬,《大慈恩寺三藏法師傳》譯作"鄔落"或"鄔落馬"。兀剌赤,即 ulaghči,本意爲管理驛馬之人,又意爲車馬夫,此處意爲管理馬匹者。[7]

37.1

霆嘗考韃人養馬之法。自春初罷兵後,凡出戰好

---

〔1〕又見《武備志》108《軍資乘攻一·器具圖說一》。

〔2〕參觀許全勝:《腳澀考》,待刊。

〔3〕〔明〕岷峨山人:《譯語》,收入薄音湖、王雄主編《明代蒙古漢籍史料匯編》第 1 輯,228 頁。

〔4〕參觀丹尼斯·塞諾:《内亞的戰士》,收入《丹尼斯·塞諾内亞研究文選》,北京大學歷史系民族史教研室譯,中華書局 2006 年,143 – 144 頁。

〔5〕〔明〕宋濂等:《元史》,8 冊,2524 頁。

〔6〕賈敬顔、朱風:《蒙古譯語女真譯語匯編》,45 頁。

〔7〕參觀 Pelliot, *Notes sur L'Histoire de la Horde d'Or*, Paris: Adrien-Maisonneuve, 1949, p. 34. 又〔法〕伯希和:《突厥語與蒙古語中之驛站》(收入馮承鈞譯:《西域南海史地考證譯叢五編》,商務印書館 1962 年);〔法〕伯希和:《中亞史地叢考》四《玄奘記傳中之二突厥語》(收入馮承鈞譯:《西域南海史地考證譯叢五編》,商務印書館 1962 年);丁國范:《釋"兀剌赤"》(收入《元史論叢》第 1 集,中華書局 1982 年);方齡貴:《元明戲曲中的蒙古語》,46 – 52 頁"兀剌赤條"。

馬〔1〕，並恣其水草，不令騎動。直至西風將生〔2〕，則取而空之〔3〕，繫於帳房左右，啖以些少水草〔4〕。經月後膘落而實〔5〕，騎之數百里，自然無汗，故可以耐遠而出戰。尋常正行路時〔6〕，並不許其喫水草〔7〕，蓋辛苦中喫水草〔8〕，不成膘而生病，此養馬之良法。南人反是，所以馬多病也〔9〕【1】。其牡馬，留十分壯好者作移剌馬種外，餘者都扇了〔10〕，所以無不強壯也。移剌者，公馬也，不曾扇，專管騍馬羣，不入扇馬隊【2】。扇馬、騍馬，各自爲羣隊也。凡馬多是四五百疋爲羣隊，只兩兀剌赤管，手執雞心鐵檛以當鞭箠〔11〕【3】，馬望之而畏。每遇早晚，兀剌赤各領其所管之馬，環立於主人帳房前〔12〕，少頃各散去〔13〕。每飲馬時，其井窄止可飲四五馬，各以資次先後〔14〕【5〕，于于自來〔14〕【5】，飲足而去，次者復至〔15〕。若有越次者，兀剌赤遠揮鐵檛〔16〕，俯首駐足，無或敢亂〔17〕，最爲整齊。其騍馬羣，每移剌馬一疋，管騍馬五六十疋〔18〕，騍馬出羣，移剌馬必咬踢之使歸，或他羣移剌馬逾越而來，此羣移剌馬必咬踢之使去，摯而有別，尤爲可觀。

校

〔1〕"好馬"，李本作"歸"。

〔2〕生，羅本、六經堪本、王本作"至"。

〔3〕空，《武編》前集卷6"馬"條、《武備志》卷147《軍資乘·馬二》"虜產"條引此節同。李本、沈本、羅本、六經堪本、王本作"控"，問影樓本作"鞚"。"空"當讀去聲，參觀本節注【1】。

〔4〕以，《武備志》作"其"。些少，章本作"少些"。

〔5〕李本、章本無"後"字。實,陳本作"日",則屬下讀爲:"而日騎之數百里"。

〔6〕《武編》、《武備志》無"時"字。

〔7〕喫,《武備志》作"食"。

〔8〕中,章本作"時"。

〔9〕李本無"馬"字。

〔10〕都,沈本作"多"。

〔11〕樋,沈本、羅本、六經堪本、王本、《武編》、《武備志》作"撾"。

〔12〕主人帳房,沈本、羅本、六經堪本作"主人之帳房"。

〔13〕散去,李本無"去"字。

〔14〕李本無"于于"2字,問影樓本無"于于自"3字。

〔15〕次者,李本作"次日",蓋"者"字殘缺所致。復,羅本、六經堪本作"後"。

〔16〕樋,沈本、羅本、六經堪本、王本、《武編》、《武備志》作"撾"。

〔17〕或敢,陳本作"敢或"。

〔18〕五六十,《武編》、《武備志》作"五十"。

注

【1】

○勝案,《譯語》:"虜馬逮秋而肥,以齧草實也。將入寇則繫於他所,絕不餧飼,謂之空(去聲)馬。以肥則脂膜厚而不善馳,故少損其膘。然傷胃,中須少留草滓乃可,否則即死。"[1]《北虜風俗》"牧養"條:"凡馬至秋高則甚肥,此而急馳驟之,不三舍而馬斃矣,以其膘未實也。於是擇其尤良者,加以控馬之方。每日步馬二三十里,俟其微汗,則繫其前足,不令之跳蹈躑躅也。促其銜轡,不令之飲水齕草也。每日午後控之至晚,或晚控之至黎明,始散之牧場中,至次日又復如是。控之至三五日,或八九日,則馬之脂膏,皆凝聚於脊。其腹小而堅,其臀大

---

[1]〔明〕岷峨山人:《譯語》,收入薄音湖、王雄主編《明代蒙古漢籍史料匯編》第1輯,226頁。

而實,向之青草虛臕,至此皆堅實凝聚,即盡力奔走,而氣不喘,即經陣七八日,不足水草而力不竭。我中國不知控馬之不（方），往往乘肥馬以涉遠道,則馬之死者十而九矣。故馬不在肥,在肥而實,相馬以肥,則騏驥不御,有以也。"[1]

【2】

〇勝案,移剌,又譯爲曳剌、拽剌。契丹語,本意爲健兒、勇士。[2]《至元譯語・鞍馬門》:"騸馬曰阿忽答,曳剌（泰定本作移剌）馬曰阿只兒海。"[3]《華夷譯語・鳥獸門》:"騸馬曰阿黑塔（aqta）,兒馬曰阿只兒哈（aĭirqa）"[4]。《爾雅・釋畜》:"牡曰騭,牝曰騇。"郝懿行《義疏》:"今東齊人以牡爲兒馬,牝爲騍馬。"可知移剌馬、兒馬即公馬,非謂移剌即公馬也。騍馬即母馬,余繼登《典故紀聞》卷18:"種馬養在民間,一兒四騍,此祖宗定制,不可輕易。"[5]

騍馬源出課馬,《唐六典》卷17:"凡馬以季春游牝,其駒、犢在牧,三歲別羣。馬牧牝馬四游五課,駞四游六課,牛、驢三游四課,羊三游四課。"注略云:"四、三者,皆言其歲而游牝也,羊則當年而課之。其課各有率,謂牛、馬、驢之牝百,而歲課駒、犢各以六十;馬二十則不課。"[6]《元和郡縣圖志》卷3《關內道三》"平高縣"條:"監牧地,東西約六百里,南北約四百里。天寶十二年,諸監見在馬總三十一萬九千三百八十七匹,內一十三萬三千五百九十八匹課馬。"[7]宋孔平仲《孔氏雜說》:"俗呼牝馬爲課馬,出《唐六典》:凡牝,四游五課,羊則當年而課之。課謂歲課駒犢。"[8]趙翼《陔餘叢考》卷43"騍馬騸馬騭馬"條:"俗以牝馬

〔1〕《四庫全書存目叢書》255 冊,334 頁。

〔2〕參觀蔡美彪:《曳剌之由來及其演變》,收入《遼金元史十五講》,中華書局 2011 年,237 – 238 頁。又孫伯君、聶鴻音:《契丹語研究》,中國社會科學出版社 2008 年,120 頁。

〔3〕賈敬顏、朱風:《蒙古譯語女真譯語匯編》,3 頁。

〔4〕賈敬顏、朱風:《蒙古譯語女真譯語匯編》,30 頁。

〔5〕〔明〕余繼登:《典故紀聞》,中華書局 1981 年,327 頁。

〔6〕〔唐〕李林甫等:《唐六典》,陳仲夫點校,中華書局 1992 年,486 頁。

〔7〕〔唐〕李吉甫:《元和郡縣圖志》,中華書局 1983 年,59 頁。

〔8〕〔宋〕孔平仲:《孔氏雜說》,收入《古今說海》說略部丁集,上海文藝出版社 1989 年。〔元〕陶宗儀:《南村輟耕錄》卷7"課馬"條同,88 頁。

·歐·亞·歷·史·文·化·文·庫·

爲騍馬,非騍字也。《輟耕錄》謂'課馬'之誤:'《唐六典》:凡牝,四游五課,羊則當年而課之。課者,歲課駒犢也。'是騍馬應作課馬也。按顏師古《匡謬正俗》云:'俗呼牝馬爲草馬,以牝少用,常放草中,不飼以芻豆,故云。然則唐以前本呼牝馬爲草馬,及牧監設課後,遂呼課馬,後人又易以馬旁爲騍馬耳。'"[1]案,《匡謬正俗》卷6"草馬"條云:"其牝馬唯充蕃字,不暇服役,常牧於草,故稱草馬耳。"[2]《蒙古秘史》87節:"搜的人去了後,鎖兒罕失剌對帖木真說:'你險些將我斷送得煙消火滅,如今你母親兄弟行尋去。'與了他一箇無鞍子甘草黃、白口不生駒的課馬,再煮熟了一箇喫兩母乳的肥羔兒,皮桶裏盛着。與了馬妳子,更與了一張弓、兩隻箭,不曾與他火鐮,這般打發教去了。"課馬,15卷本作騍馬。

《老乞大》:"這曳剌馬、騸馬:赤馬,黃馬,鸞色馬,栗色馬——黑綜(鬃)馬,白馬,黑馬,灰馬,土黃馬——繡膊馬、白臉馬、五明馬,桃花馬,青驄馬——豁鼻馬。騍馬:懷駒馬,環眼馬,乖驕馬,煙薰(熏)馬。這馬牛行花塔步,竄行馬,鈍馬,眼生馬,撒蹶的馬,前失(跌)的馬,口硬馬,口軟馬。這些馬裏頭,歹的十箇:一箇瞎,一箇跛,一箇蹄歪,一箇磨硯,一箇打破脊梁,一箇熟蹶(熱瘸),一箇疥,三箇瘦。只有五個好馬。"[3]

【3】

○勝案,馬鞭亦名馬檛(或馬撾)。杜牧《池州送孟遲先輩》:"九衢林馬撾,千門織車轍。"[4]鐵檛又稱鐵撾,兵器名,即鐵杖。《資治通鑑》卷206《唐紀》22久視元年(700)條:"太后怒曰:'卿所言,朕飫聞之,無多言!太宗有馬,名師子驄,肥逸無能調馭者,朕爲宮女侍側,言於太宗曰:'妾能制之,然須三物,一鐵鞭,二鐵檛,三匕首。鐵鞭擊之不服,則以檛檛其首,又不服,則以匕首斷其喉。'太宗壯朕之志。今日

〔1〕〔清〕趙翼:《陔餘業考》,欒保羣、呂宗力點校,河北人民出版社1990年,929頁。

〔2〕〔唐〕顏師古:《匡謬正俗》,叢書集成初編,1170冊,76頁。

〔3〕〔韓〕鄭光主編,梁伍鎮、〔韓〕鄭丞惠編:《原本老乞大》,圖版22左,184頁。

〔4〕〔清〕馮集梧:《樊川詩集注》,上海古籍出版社1978年,卷1,92頁。

卿豈足汚朕匕首邪！"〔1〕《宋史》卷274《王繼勳傳》："繼勳有武勇，在軍陣，常用鐵鞭、鐵槊、鐵櫚，軍中目爲‘王三鐵’。"〔2〕

宋人或以爲櫚即骨朶，宋祁《宋景文公筆記》卷上"释俗"條云："国朝有骨朶子直，衛士之親近者。予嘗修日歷，曾究其義。關中人謂腹大者爲胍胐，上孤下都，俗因謂杖頭大者亦爲胍胐，後訛爲骨朶。朶從平聲，然朶難得音。今爲軍額，固不得改矣。"趙彦衛《雲麓漫鈔》卷2："軍額有御龍骨朶子直，《宋景文公筆記》云‘關中謂大腹爲孤都，語訛爲骨朶。’非也。蓋撾（一作櫚）字古作菜，嘗飾以骨，故曰骨菜。後世史文略去草而只書朶，又菜、朶音相近，訛而不返。今人尚有撾（一作櫚）劍之稱，從可知矣。"〔3〕程大昌《演繁露》卷12"骨朶"條："《宋景文公筆錄》謂俗以撾爲骨朶者，古無稽據。國朝既名衛士執撾扈從者爲骨朶子班，遂不可攷。予按字書，笝（簻）、撾皆音竹瓜反，通作簻，簻又音徒果反。簻之變爲骨朶，正如‘而已’爲‘爾’、‘之乎’爲‘諸’之類也。然則謂撾爲骨朶，雖不雅馴，其來久也。"〔4〕

按，馬鞭亦稱笝、簻，《說文解字》卷5《上竹部》："笝，箠也。從竹，朶聲。"段玉裁注："笝、櫚古今字，亦作簻。《左傳》：‘繞朝贈之以策’，杜預曰：‘馬櫚也’。櫚，婦翁字，本從木，後人又改從手。"《玉篇·竹部》："簻，竹瓜切。箠也。亦作櫚、笝。"又"笝，同上。又徒果切，竹名。"〔5〕故骨朶之朶字，本當從竹，俗寫譌作朶。又疑"骨朶"爲"過"字之反切音，簻、櫚、撾古皆從"過"字得聲，而後世以鐵櫚名鐵杖，故又呼爲骨朶矣。蒙古人亦用骨朶，《馬可波羅行紀》第1卷第69章："其兵器有弓箭、劍、骨朶，然常用弓，緣其人善射，世無與比。"〔6〕雞心鐵櫚，當即杖頭爲雞心槌之骨朶。

〔1〕〔宋〕司馬光：《資治通鑑》，14 冊，6544 頁。

〔2〕〔元〕脫脫等：《宋史》，9354 – 9353 頁。

〔3〕〔宋〕趙彦衛：《雲麓漫鈔》，傅根清點校，中華書局 1986 年，25 頁。

〔4〕〔宋〕程大昌：《演繁露》，許沛藻、劉宇整理，收入《全宋筆記》第四編，大象出版社 2008 年，第 9 冊，101 頁。

〔5〕〔梁〕顧野王：《大廣益會玉篇》，影印清澤存堂本，中華書局 1987 年，70 頁。

〔6〕〔法〕沙海昂注：《馬可波羅行紀》，246 頁。

【4】

○勝案,資次,次序、次第。《晦菴先生朱文公文集》卷 16《奏推廣御筆指揮二事狀》:"臣愚欲望聖慈特詔大臣一員,專督理官,嚴立程限,令將諸州奏案,依先後資次,排日結絕。"[1]《洗冤集錄》卷 3 第 18《論沿身骨脈及要害去處》:"其肋骨共二十四莖,左右各十二莖,分左右,係左第一、左第二、右第一、右第二之類,莖莖依資次題訖。"[2]

【5】

○勝案,于于,相屬貌。于于而來,猶言絡繹而來。元蒲道源《閒居叢稿》卷 1《閒居記事》:"凌晨出求糶,于于如櫛比。暮歸持空囊,菜色皆相似。"《三朝北盟會編》卷 6:"皇帝惻然念之,乃命[童]貫領重兵百萬,救燕人於水火。靈旗北指,漸次燕圻。天地神人,莫不悅喜,于于而來者,如水之就下沛然,孰能禦之?"[3]

38　其鞍轡

其鞍轡輕簡,以便馳騁,重不盈七八斤。鞍之雁翅[1],前豎而後平,故折旋而膊不傷[2]。鐙圓,故足中立而不偏。底闊,故靴易入。綴鐙之革[3],手揉而不硝[4][1],灌以羊脂,故受雨而不斷爛[5];闊不踰一寸[6],長不逮四總[7][2],故立馬轉身至順[8]。

---

〔1〕〔宋〕朱熹:《朱熹集》,尹波、郭齊點校,四川教育出版社 1996 年,第 2 冊,632 頁。

〔2〕〔宋〕宋慈:《洗冤集錄》,楊奉琨校譯,羣衆出版社 1980 年,48 頁。

〔3〕〔宋〕徐夢莘:《三朝北盟會編》,上海古籍出版社 2008 年,41 頁。

〔1〕李本"雁翅"後有"齒"字。

〔2〕李本無"膊"字

〔3〕之,李本、陳本作"以"。

〔4〕手揉而不硝,李本作"故手柔而不滑",陳本作"故手揉而不滑"。

〔5〕受雨,底本、李本、沈本、羅本、陳本作"不受雨",據六經堪本、王本改。

〔6〕不,羅本、六經堪本、王本作"才"。

〔7〕長不逮,陳本作"長逮"。總,底本作"揔",沈本、六經堪本作"揔",皆"總"之異體字。今從通行繁體字。

〔8〕至,底本、沈本、羅本、六經堪本作"之",李本、陳本作"極",據王本改。

注

【1】

○勝案,此處"硝"讀去聲,堅硬也。

【2】

○勝案,四總即四束、四握、四把,蓋四拳之距離。

39　其軍

其軍[1],即民之年十五以上者,有騎士而無步卒,人二三騎[2],或六七騎,五十騎謂之一糾[3]。都由切,即一隊之謂[1]。武茜切[4]。健奴自鳩爲伍,專在主將之左右,謂之八都魯軍[2]。曩攻河西、女真諸國,驅其人而攻其城。

〖1〗底本此節與上節連屬,諸本據文意另起段落,茲從之。

〖2〗二,李本同,沈本作"人",蓋誤爲"二"重文號所致。

〖3〗糾,問影樓本、王本同,李本、沈本、羅本、六經堪本作"紏"。參觀本節注【1】。

〖4〗武酉切,諸本皆無"切"字,與下文連讀爲"武酉健奴"。案"武酉切"三字疑爲注反切音,後注文小字竄入正文。參觀本節注【1】。

注

【1】

○李曰:糾當作紏。此作都由切,則讀如紏緱之紏。考之遼金元時多用此字,未詳其音。惟《遼史·營衛志》迪輦祖里,《世表》亦作迪輦紏里,又作迪輦俎里,是紏字與祖、俎聲轉也。今俗以剹營字或作紮字,即此義。是當時只讀札音,不作糾音也。此注或非徐霆自注。《金史·兵制志》有紏軍,又見《地理[志]》詳穩九處,如咩紏、木典紏之屬是也。《百官志》有諸紏詳穩,此皆在《元史》之前者也。

○勝案,此條李注僅見於上圖鈔本,問影樓本無。李注引《遼史·世表》"迪輦紏里",實爲"迪輦組里"[1],不作"紏"字。李氏所見不知何本。

又案,斜,《集韻》卷6厚韻他口切:"斜,絲黃色。"與此節注"都由切"音相合。糾,《廣韻》卷3黝韻糾小韻:"糾,督也,恭也,急也,戾也。俗作紏。居黝切。"《集韻》:"紏,吉酉切。說文:'繩三合也。'或作紏。"下文"武酉切"3字,疑爲注"糾"字之反切音,與"都由切"注"斜"之反切音者,皆讀是書者所加。注"武酉切"者,蓋以"斜"爲誤字,當作

――――――

〔1〕〔元〕脱脱等:《遼史》,中華書局1974年,950頁。

“糾”。按，“武酋”意即魁帥，與下文“主將”重複，有語病。頗疑“武酋切”爲“吉酋切”之譌（“武”字草書與“吉”字形近），此注竄入正文，後人不省，刪去“切”字，改“武酋”以與“健奴”對文連屬。

【2】

○王曰：《三朝北盟會編》三：“女真初起時，率皆騎兵。……每五十人分爲一隊，前二十人全（金）裝重甲持棍槍，後三十人輕甲操弓矢。”《秘史》九：“一千選揀的勇士，教阿兒孩合撒兒管者，平時只做散班，出征時教前面做勇士者。”蒙文勇士爲把阿禿兒。

○勝案，“女真初起時”，原文作“初叛之時”。所引《秘史》見226節。散班即侍衛，八都魯軍猶近衛軍、敢死隊，參觀【34】節注【4】。

39.1

霆往來草地，未嘗見有一人步行者，其出軍頭目，人騎一馬，又有五六疋或三四疋馬自隨，常以準備緩急，無者亦須一二疋。

40　其軍器

其軍器，有柳葉甲[1]、有羅圈甲。革六重[2]。有頑羊角弓[3]。角面連靶，通長三尺。有響箭、即鳴鏑也。有駞骨箭、有批針箭[1][4]，剡木以爲栝，落鵰以爲翎[5]。有環刀，效回回樣[6]，輕停而犀利[2]，靶小而褊，故運掉也易[7]。有長、短槍[8]，刃板如鑿[3]，故着物不滑，可穿重札。有旁牌[4][9]，以革編葆[5][10]，否則以柳[11]，闊三十寸，而

·欧·亚·历·史·文·化·文·库·

長則倍於闊之半。有團牌【12】,特前鋒臂之,下馬而射,專爲破敵之用。有鐵團牌,以代兜鍪,取其入陣轉旋之便。有拐子木牌,爲攻城避砲之具【13】。每大酋頭項各有一旗,只一面而已,以次人不許置。常捲常偃【6】,凡遇督戰,纔舒即卷。攻城則有砲,砲有棚,棚有網索【7】,以爲挽索者之蔽【8】。向打鳳翔,專力打城之一角,嘗立四百座【14】。其餘器具,不一而足。論其長技【9】,弓矢爲第一,環刀次之。

校

〔1〕批,沈本、陳本、章本作“梅”。

〔2〕輕停,李本、陳本作“輕便”。

〔3〕刃,沈本、羅本、六經堪本、陳本作“刀”。板,羅本、六經堪本、王本作“扳”。

〔4〕旁,李本、陳本作“防”。

〔5〕蓧,羅本、六經堪本、王本作“篠”,李本、陳本作“緣”。

〔7〕偃,羅本、六經堪本作“掩”。

〔8〕網索,李本作“綱索”。

〔9〕蔽,底本無,據諸本補。

〔10〕李本無“論”字。

注

【1】

○勝案,柳葉甲,蓋甲片爲柳葉狀故名。宋李廌《濟南集》卷3《作塞上射獵行》:“紫髯將軍柳葉甲,銀駿護闖白玉勒。”《柏朗嘉賓蒙古行紀》第6章第8節:“某些人還擁有用下法製造的一些鐵製品:他們製造了一種只有一指寬和手掌長的薄鐵片,而且要準備相當大的數量。

在每塊鐵片上又鑽八個小孔,作爲支撐物又要取三條狹窄而堅實的皮帶,然後可以說是像階梯一般地再將鐵片疊壘起來,再用細皮帶從小洞中綁紮在皮帶上。在鐵片的一端,再穿過一條皮綫(這條皮綫要置於兩端),并且以另一根皮綫而固定住,以至於使鐵片非常結實地綁在一起。所以在某種程度上形成了統一的一條鐵片,他們然後再將這一切統統縛在一起以作我們上文所講的那種物品。這些製造物既可以作爲他們的馬甲,也可以作爲人的甲胄,他們將他擦得净光鋥亮,甚至可以從中照鏡子。"[1]所謂"只有一指寬和手掌長的薄鐵片"似即柳葉甲。

《水滸傳》第88回記遼軍:"左軍盡是青龍旗,一代也有七座旗門,每門有千正馬,各有一員大將,怎生打扮?頭戴四縫盔,身披柳葉甲,上穿翠色袍,下坐青駿馬。"[2]第84回記遼耶律得重四子披掛:"頭戴鉄縵笠餓箭番盔,上拴純黑毬纓。身襯寶圓鏡柳葉細甲,繫條獅蠻金帶。"[3]可參觀。

【2】

○勝案,羅圈即圓圈,羅圈甲者,甲片爲圓形,與柳葉甲之長甲片不同。注云"革六重",蓋製以牛皮6層。宋周應合《景定建康志》卷39《武衛志二》寶祐三年至六年(1255—1258)條載"羅圈皮甲二副",與此《略》所記同爲皮甲。《元史》卷131《速哥傳》:"速哥亦以壯勇居軍中,歲甲寅(1254),憲宗命從都元帥帖哥火魯赤等入蜀。乙卯(1255),萬户劉七哥、阿刺魯阿力與宋兵戰巴州,失利,陷敵中。速哥馳入其軍,奪劉七哥等以歸。以功賜白金五十兩、馬二匹、紫羅圈甲一注。"[4]所云紫羅圈甲似亦爲皮甲,然元人亦有鐵羅圈甲。《元史》卷15《世祖本紀十二》至元二十五年(1288)十月條云:"丙子,始造鐵羅圈甲。"[5]

【3】

〔1〕〔意〕柏朗嘉賓:《柏朗嘉賓蒙古行紀》,〔法〕貝凱、韓百詩譯注,耿昇譯,63-64頁。
〔2〕〔明〕施耐庵、羅貫中:《水滸傳》,林峻點校,上海古籍出版社2009年,783頁。
〔3〕〔明〕施耐庵、羅貫中:《水滸傳》,林峻點校,752頁。
〔4〕〔明〕宋濂等:《元史》,3181頁。
〔5〕〔明〕宋濂等:《元史》,316頁。

○勝案，角弓，獸角所製弓，先秦時代已有之。《唐六典》卷16：“弓之制有四：一曰長弓，二曰角弓，三曰稍弓，四曰格弓。弩之制有七：一曰擘張弩，二曰角弓弩，三曰木單弩，四曰大木單弩，五曰竹竿弩，六曰大竹竿弩，七曰伏遠弩。”注云：“角弓以筋角，騎兵用之。……角弓弩，騎兵所用。”[1]

頑羊即羱羊。《譯語》：“其土產……曰羱羊，《爾雅》云‘似吳羊而角大’，疑即黃羊。曰角端，《漢書》云‘似牛，角可爲弓’，世謂角端弓。”[2]《楚石北游詩·開平書事》十二之四：“胡女裁皮服，奚兒挽角弓。”[3]《水滸傳》第84回記遼兵裝束：“羊角弓攢沙柳箭，虎皮袍襯窄雕鞍。”[4]

【4】

○沈曰：《至元譯語》有鈚子箭、三尖。“鈚子箭”，《武備志·譯語》作“鎞子箭”。李本“批鍼”，當即“鈚子”也。

○勝案，《唐六典》卷16：“箭之制有四：一曰竹箭，二曰木箭，三曰兵箭，四曰弩箭。”注云：“《方言》曰：‘自關而東謂之矢，江淮之間謂之鏃，關西謂之箭。’其本曰鏑，體曰幹，其旁曰羽，其矢末曰栝，其栝旁曰义。又《通俗文》曰骨鏃，曰鮑鐵鏃，曰鏑鳴箭，曰骹霹葉，曰鈚，皆古之制也。竹箭以竹爲笴，諸箭亦通用。木箭以木爲笴，唯利射獵。兵箭剛鏃而長，用之射甲。弩箭皮羽而短，用之陷堅也。”[5]

駝骨箭，箭鏃以駝骨爲之者，非鐵鏃也。下文徐霆疏謂“箭鏃則以骨，無從得鐵”，可證。

批針箭，沈本作“梅鍼箭”。曹校云：“梅鍼箭，見《欽定元史國語解》。”按，《老乞大》：“再買幾隻箭。這鈚子、虎爪、鹿角樸頭、響樸頭、

〔1〕〔唐〕李林甫等：《唐六典》，陳仲夫點校，461頁。
〔2〕〔明〕岷峨山人：《譯語》，收入薄音湖、王雄主編《明代蒙古漢籍史料匯編》第1輯，223頁。
〔3〕〔元〕釋梵琦：《楚石北游詩》，浙江古籍出版社2010年，80頁。
〔4〕〔明〕施耐庵、羅貫中：《水滸傳》，林峻點校，752頁。
〔5〕〔唐〕李林甫等：《唐六典》，陳仲夫點校，461頁。

艾葉、柳葉、迷針箭。這箭竿是竹子的，這的（鏑）是木頭的。"〔1〕《老乞
大集覽》下："鈚子，《質問》云：'箭鏃極寬大且長。'虎爪，《質問》云：
'箭鏃上有鉤如虎爪。'艾葉，《質問》云：'箭鏃寬長有鋸齒，如艾葉
樣。'柳葉，《質問》云：'箭名。細尖而長，如柳葉樣。'迷針，《質問》云：
'箭名。細尖而長，如針馬迷針樣。'"〔2〕響樸頭箭即響箭。迷針箭當
即梅鍼箭，"迷"爲"梅"之音譌。《事略》"批針箭"疑爲"鈚子箭、梅針
箭"之譌脱。《至元譯語》："鈚子曰克不里，三尖子曰過曹馬。"〔3〕《武
備志·譯語》："箭曰速木。鎞子箭曰可禿速木。"〔4〕

《欽定大清会典圖》卷94《武备四·弓箭一》："皇帝大閲箭三，皆
楊木爲笴。其一曰鈚箭，長三尺一寸，鐵鏃長三寸。薄而闊，鍍金藻文，
笴首飾黑桃皮，阜鵰羽，括髹朱。其一曰梅鍼箭，長三尺，鐵鏃長三寸八
分。厚而前銳後脩，笴首飾黑桃皮，阜鵰羽，羽閒朱，括旁裹綠繭。"〔5〕
可參觀。

【5】

○勝案，《欽定大清会典圖》卷94《武备四·弓箭一》："凡箭制，笴
用木爲質，取圓直之桿削成之。別用數寸之木，刻槽一道曰箭端。笴必
取範於端，以均停其首尾，刻衡口以駕弦曰括。其端受鏃，冶鐵爲之。
施於教閲者曰骲箭，以寸木空中鏤竅，發則受風而鳴，又謂之響箭。鏃
上加骨角小哨者曰鳴鏑。翦雕鸛翎三，膠粘箭括之上，曰箭羽。"〔6〕《水
滸传》第83回記遼兵裝束："帶一張鵲畫鐵胎弓，懸一壺雕翎鈚
子箭。"〔7〕

【6】

○沈曰：《武備志·譯語》："腰刀曰允都。回回腰刀曰撒兒陶

---

〔1〕〔韓〕鄭光主編，梁伍鎮、〔韓〕鄭丞惠編：《原本老乞大》，圖版28左，172頁。
〔2〕見汪維輝編：《朝鮮時代漢語教科書叢刊》，第3冊，1106－1107頁。
〔3〕賈敬顏、朱風：《蒙古譯語女真譯語匯編》，5頁。
〔4〕賈敬顏、朱風：《蒙古譯語女真譯語匯編》，159－160頁。
〔5〕《續修四庫全書》796冊，65頁。
〔6〕《續修四庫全書》796冊，65－66頁。
〔7〕〔明〕施耐庵、羅貫中：《水滸傳》，林峻點校，746頁。

允都。”

　　〇勝案，環刀即腰刀。《朴通事諺解》中：“今日上直去，你將鋪蓋送去。那廝，你也將那箭佈裏插三十根箭，弓佈裏插一張弓，盔甲一副，環刀一口，都一打裏將到直房等我著。”《朴通事新釋諺解》卷2“環刀”作“腰刀”。[1]

　　環刀，古籍又作“鐶刀”。《元典章·兵部》卷2《典章》35《軍器·雜例》“禁約擅造軍器”條云：“元貞元年四月，行中書省：準中書省咨：‘刑部呈：賀安等告東平路達魯花赤咬童不公數內，成造胖襖、皮甲、衣甲、鐶刀、箭隻、槍頭等物。除外，今後如有達魯花赤、各投下似此成造軍器、胖襖等物，隨即牒報所在衙門，申覆上司，無令擅自成造。乞照詳。’”[2]虞集《道園類稿》卷38《曹南王勳德碑》：“丁未，命爲本省參知政事，賜黃金五十兩、玉帶一、鑌鐵鐶刀一。”[3]回回樣，當指敘利亞、埃及等地流行之刀劍，《元史》卷43《順帝紀》所載之“米西兒（mişir）刀”即屬此類。[4]

　　【7】

　　〇勝案，“輕停”不詞，“輕”疑當讀作“莖”，刀劍後部連接柄靶者。停通亭，直也。

　　刀靶，即刀把。《北齊書·徐之才傳》：“又有以骨爲刀子靶者，五色班斕。”[5]周密《雲煙過眼錄》卷1“鮮于伯幾樞所藏”條：“骨咄犀，乃蛇角也，其性至毒，而能解毒，蓋以毒攻毒也，故又曰蠱毒犀。然《唐書》有骨都國，必其地所產，今人訛爲骨咄耳。葉森于延祐庚申夏見其子必明，將骨咄犀刀靶二來看者，即此也。”[6]

　　運掉，謂運動掉轉。杜牧《樊川文集》卷5《論守》：“大曆、貞元之

　　〔1〕見汪維輝編：《朝鮮時代漢語教科書叢刊》，第3冊，903、1305頁。
　　〔2〕〔元〕佚名：《元典章》，2冊，1232－1233頁。參觀《通志條格》卷27《雜令》之“擅造兵器”條（方齡貴：《通志條格校注》，中華書局2001年，616－617頁）。
　　〔3〕〔元〕虞集：《虞集全集》，王頲点校，天津古籍出版社2007年，1024頁。
　　〔4〕參觀黃時鑑：《元代扎你別獻物考》，載《文史》第35輯，中華書局1992年，收入《黃時鑑文集》第2冊。
　　〔5〕〔唐〕李百藥：《北齊書》，中華書局1972年，446頁。
　　〔6〕〔宋〕周密：《雲煙過眼錄》，鄧子勉點校，遼寧教育出版社2000年，11頁。

間,盡反此道,提區區之有,而塞無涯之爭,是以首尾指支,幾不能相運掉也。"[1]李綱《梁溪集》卷149《論節制之兵》:"兵之有節制,猶之一身其筋骸之束歟! 故以身運臂,以臂使指,屈伸把握,無不在我,然後可以應物而捍患;苟筋骸之散而臂不能相運掉,則亦無所事事矣。"[2]

【8】

○勝案,《武經總要》前集卷13:"梭槍,長數尺,本出南方。蠻獠用之,一手持旁牌,一手摽以擲人,數十步內,中者皆踣。以其如梭之擲,故云梭槍,亦曰飛梭槍。"

【9】

○勝案,旁牌,亦作"旁排"、"彭排",即盾牌。旁牌爲長方形,爲步兵所用。《急就篇》:"矛鋋鑲盾刃刀鉤。"顏師古注:"盾,一名瞂,亦謂之干,即今旁排也。"《釋名》卷7《釋兵》:"以犀皮作之曰犀盾,以木作之謂之木盾,皆因所用爲名也。彭排,彭,旁也。在旁排敵禦攻也。"《玉篇》:"櫓,彭排也。"[3]《宋史》卷148《儀衛志六·鹵簿儀服》:"盾,旁排也。"[4]《唐六典》卷16:"彭排之制有六:一曰膝排,二曰團牌,三曰漆排,四曰木排,五曰聯木排,六曰皮排。"[5]

旁牌本出於南方,多與標槍配合使用。《續資治通鑑長編》卷51:"先是,太宗聞南方多以標槍、旁牌爲兵器,命有司製之。"《建炎以來繫年要錄》卷170:"占城者,在中國之西南。東至大海,西南至真臘,北至交趾之驩州,東北至吉陽軍。所統大小州三十八,通不盈三萬家。其戎器以標槍、旁牌、竹弦弓、無翎箭。"[6]《武經總要》前集卷9《雜敘戰地》:"南方蠻獠,其性剽悍狠怒,樂爲盜賊而勢不能堅,惟用標槍、旁牌、飛刀、環刀、木弩以爲兵械。"

---

〔1〕〔唐〕杜牧:《樊川文集》,陳允吉點校,上海古籍出版社1978年,95頁。
〔2〕〔宋〕李綱:《李綱全集》,王瑞明點校,嶽麓書社2004年,1406頁。
〔3〕〔梁〕顧野王:《大廣益會玉篇》,63頁。
〔4〕〔元〕脫脫等:《宋史》,3469頁。
〔5〕〔唐〕李林甫等:《唐六典》,陳仲夫點校,462頁。
〔6〕〔宋〕李心傳:《建炎以來繫年要錄》,2777頁。

【10】

○勝案,蓧、篠本爲草、竹之名,又皆爲古農具名。此處蓧(或作篠)當讀爲條。宋程俱《北山小集》卷1《即事戲作》略云:"老烏作巢一何拙,柳條垂絲今禿缺。銜枝復墜苦饒舌,編條作巢枝錯節。"自注:"齋前數柳樹,爲老烏取新條作巢幾盡。"緣意爲繩索,李本、陳本作"以革編緣"亦通。

【11】

○勝案,旁牌多以柳條編製,《宋史》卷197《兵志十一‧器甲之制》:"[康定元年(1040)]八月,詔陝西製柳木旁牌。"[1]《柏朗嘉賓蒙古行紀》第6章第10節:"他們還擁有用柳枝或小木棍製成的盾牌。"[2]

【12】

○勝案,團牌即圓形盾牌。步兵持長牌,騎兵則操圓牌。《太白陰經》卷4《器械篇》:"牛皮牌:二分,二千五百面;馬軍以團牌代,四分支。"[3]《武經總要》前集卷13:"步兵牌長可蔽身,內施槍木,倚立於地。騎牌正圓,施於馬肘,左臂繫之,以捍飛矢。"《新五代史》卷74《四夷附錄》第三"達靼"條略云:"其俗善騎射,畜多駝、馬。……同光中,都督折文遍數自河西來貢駝、馬。明宗討王都於定州,都誘契丹入寇,明宗詔達靼入契丹界,以張軍勢,遣宿州刺史薛敬忠以所獲契丹團牌二百五十及弓箭數百賜雲州生界達靼。"[4]周密《齊東野語》卷5《端平入洛》:"[八月]初二日黎明,北軍以團牌擁進接戰,我軍分而爲三,併殺四百餘人,奪團牌三百餘,至午不解。"[5]

【13】

○勝案,宋人習以拐子狀物,如騎兵馬隊列於大陣兩翼者曰拐子

---

〔1〕〔元〕脫脫等:《宋史》,4911頁。

〔2〕〔意〕柏朗嘉賓:《柏朗嘉賓蒙古行紀》,〔法〕貝凱、韓百詩譯注,耿昇譯,64頁。

〔3〕〔唐〕李筌:《太白陰經》,收入吳龍輝主編:《中華雜經集成》第1卷,中國社會科學出版社1994年,125頁。

〔4〕〔宋〕歐陽修:《新五代史》,911頁。

〔5〕〔宋〕周密:《齊東野語》,張茂鵬點校,79頁。

馬，拱衛於城門外兩旁之牆垣稱拐子城，以馬隊陣勢與城門牆體皆形如拐子狀故名。[1] 而城防設施則有拐子木，《嘉泰會稽志》卷1《城郭》云："凡樓櫓之法，曰垂鐘版，曰拐子木，曰伏兔子，……此其名數之大略也，並塞控扼之地。"《武經總要》前集卷12："垂鐘版，長六尺，闊一尺，厚三寸。用生牛皮裹，開箭䑛施於戰棚，前後有伏兔、拐子木。"此拐子木牌，既爲攻城避砲之具，當是盾牌之屬，疑其上部彎曲呈拐子形，可遮蔽頭部以利攻城。

【14】

○勝案，《元史》卷1《太祖紀》："十七年壬午（1222）春，木華黎軍克乾、涇、邠、原等州，攻鳳翔不下。"[2]卷2《太宗紀》："〔二年（1230）庚寅〕秋七月，帝自將南伐，皇弟拖雷、皇姪蒙哥率師從，拔天成等堡，遂渡河攻鳳翔。……三年辛卯（1231）春二月，克鳳翔。"[3]卷121《按竺邇傳》："太宗即位，尊察合台爲皇兄，以按竺邇爲元帥。戊子，鎮删丹州，自燉煌置驛抵玉關，通西域，從定關隴。辛卯，從圍鳳翔，按竺邇分兵攻西南隅，城上礌石亂下，選死士先登，拔其城，斬金將劉興哥。"[4]卷193《攸哈剌拔都傳》："太祖以其子幼，命其表弟王七十復立太原。己丑（1229），攻鳳翔府，中砲死。"[5]所謂"專力打城之一角"，蓋即《按竺邇傳》所記"分兵攻西南隅"。《攸哈剌拔都傳》"己丑"當爲"庚寅"之譌。

40.1

霆嘗考之，韃人始初草昧[1]，百工之事，無一而有。其國除孳畜外[2]，更何所產？其人椎朴，安有所能？止

---

　　〔1〕參觀鄧廣銘：《有關"拐子馬"的諸問題的考釋》，收入《鄧廣銘治史叢稿》，北京大學出版社1997年。

　　〔2〕〔明〕宋濂等：《元史》，22頁。

　　〔3〕〔明〕宋濂等：《元史》，30－31頁。

　　〔4〕〔明〕宋濂等：《元史》，2982－2983頁。

　　〔5〕〔明〕宋濂等：《元史》，4381頁。

· 歐 · 亞 · 歷 · 史 · 文 · 化 · 文 · 庫 ·

用白木爲鞍橋[3]，鞔以羊皮[1]，鞳亦刳木爲之，箭鏃則以骨，無從得鐵[2]。後來滅回回，始有物産，始有工匠，始有器械[3]。蓋回回百工技藝極精，攻城之具尤精[4]。後滅金虜，百工之事，於是大備[5]。

〖1〗草昧，沈本、陳本作“草創”。羅本、六經堪本作“草林”。

〖2〗無一而有其國除孳畜外，底本作“無一而其有國除孳外畜”，“其有”、“外畜”皆誤倒，兹據諸本改正。

〖3〗橋，底本作“喬”，據李本、陳本、王本改。

注

【1】

〇勝案，白木，無塗飾之木。或謂即白樺木，亦可通。鞔，蒙以皮革。宋華嶽《翠微先生北征録》卷8《治安藥石》“鞍制”條：“鞍橋鞍座，合用黃油皮，不得用粉皮，惹水濕衣。”《元史》卷68《禮樂志二》：“雅鼓二，制如漆箪，鞔以羊革。”[1]

【2】

〇王曰：《建炎以來繫年要録》一百三十三：“塔坦止以射獵爲生，性勇悍然，地不生鐵，故矢鏃但以骨爲之。遼人初置市場，與之回易，而鐵禁甚嚴，至金人始弛其禁。又劉豫不用鐵錢，由是河東、陝西鐵錢由雲中貨於塔坦，塔坦得之，遂大作軍器焉。”《建炎以來朝野雜記》乙集十九：“韃靼止以射獵爲生，無器甲，矢用骨鏃而已，蓋以地不產鐵故也。契丹雖通其和市，而鐵禁甚嚴，及金人得河東，廢夾錫錢。執劉豫，又廢鐵錢。由是秦晉鐵錢皆歸之，遂大作軍器，而國以益強。”《大金國志》十三：“市場在雲中西北過腰帶上石楞坡，天德、雲内、銀甕口數處

---

〔1〕〔明〕宋濂等：《元史》，1707 頁。

有之,契丹時亦置市場,惟鐵禁甚嚴,禁不得夾帶交易。至大金則不然,唯利是視,鐵禁遂弛。又宋時河東素使夾錫鐵錢,地分自爲大金得之,不用鐵錢,盡拘之入官。官中每鐵錢兩貫五百作一秤,每秤以銅錢五百五十貨於民間。北地貴鐵,百姓多由火山、武州、八館之天德、雲內,貨錢於北方,今河東鐵錢殆盡,自廢豫後至於陝西,鐵錢亦流而過北矣。北方得之,多作軍器,甚而有以堅甲利兵與之回易者。爪牙既成,殆不易制矣。"

【3】

○勝案,《柏朗嘉賓蒙古行紀》第 7 章第 11—12 節:"在薩拉森人和其他民族地區,在那些從某種程度上可以說韃靼族人是主宰者的地區,他們擄掠了那些優秀工匠,使他們從事各種工作。其他工匠則以其產品向韃靼人納貢,他們把所有的農田收穫物都送到其主人的糧倉中。然而,韃靼人卻留給當地人種子和勉強夠維持他們生活的糧食;對於其他人來說,韃靼人每天只供應他們其定量少得可憐的一點麵包,除此之外再也沒有任何其它東西了,唯有每週三次向他們供應很少的一點肉;但韃靼人僅僅對城市中的工匠才肯這樣開恩。……總而言之,這些人的飲食都非常微薄,衣著也非常襤褸,除非他們能夠掙得某些收入,如銀匠和其他手藝精湛的匠人。"[1]

【4】

○勝案,回回所製攻城之具即所謂"回回砲",又稱爲"西域砲"、"襄陽砲"。此種砲源自西亞,《史集》第 2 卷:"合罕便下令去捉拿[高平章]。[高平章]知道這件事已被傳到告狀處去了,他就逃到了蠻子境內哈剌－沐漣河畔的襄陽府城。……在河的這一面,爲強固的城堡和深溝高壘。無論蒙古軍攻了多少次,都未能把它攻下。……早先在漢地沒有富浪人的射石機。巴阿勒伯和迪馬失克(大馬士革)的一個射石機匠,從我國(伊朗)去到了該處。他的兒子阿木(不)－伯克兒、亦不剌金、馬合謀,以及他的助手們,建造了七架龐大的射石機,去攻取

---

〔1〕〔意〕柏朗嘉賓:《柏朗嘉賓蒙古行紀》,〔法〕貝凱、韓百詩譯注,耿昇譯,74－75 頁。

欧·亚·历·史·文·化·文·库

該城。……軍隊架起了射石機攻堡,摧毀了城樓。高平章從裏面(在城牆上)鑿個洞出來。"[1]

《元史》卷7《世祖本紀》至元九年:"回回亦思馬因創作巨石砲來獻,用力省而所擊甚遠,命送襄陽軍前用之。"[2]《元史》卷203《方技傳》:"阿老瓦丁,回回氏,西域木發里人也。至元八年(1271),世祖遣使徵砲匠于宗王阿不哥,王以阿老瓦丁、亦思馬因應詔。二人舉家馳驛至京師,給以官舍。首造大砲,豎于五門前,帝命試之,各賜衣段。十一年(1274),國兵渡江,平章阿里海牙遣使求砲手匠,命阿老瓦丁往,破潭州、靜江等郡,悉賴其力。……二十二年(1285),樞密院奉旨,改元帥府爲回回砲手軍匠上萬戶府,以阿老瓦丁爲副萬戶。大德四年(1300)告老,子富謀只襲副萬戶。皇慶元年(1312)卒,子馬哈馬沙襲。……亦思馬因,回回氏,西域旭烈人也。善造砲,至元八年(1271),與阿老瓦丁至京師。十年(1273),從國兵攻襄陽未下,亦思馬因相地勢,置砲于城東南隅,重一百五十斤,機發,聲震天地,所擊無不摧陷,入地七尺。……命爲回回砲手總管,佩虎符。十一年(1274),以疾卒。子布伯襲職。時國兵渡江,宋兵陣于南岸,擁舟師迎戰,布伯於北岸豎砲以擊之,舟悉沉沒。後每戰用之,皆有功。十八年(1281),佩三珠虎符,加鎮國上將軍、回回砲手都元帥。明年,改軍匠萬戶府萬戶。遷刑部尚書,以弟亦不剌金爲萬戶。……致和元年(1328)八月,樞密院檄亦不剌金所部軍匠至京師,賜鈔二千五百貫、金綺四端,與馬哈馬沙造砲。"[3]

案,《史集》所記大馬士革射石機匠,當即《元史》之亦思馬因,而其子阿不-伯克兒、亦不剌金、馬合謀3人,當即《元史》之布伯、亦不剌金、馬哈馬沙("沙"蓋與"得"或"德"字草書形近而譌),惟馬哈馬沙《元史》記爲阿老瓦丁之子爲異耳。[4]

---

〔1〕〔波斯〕拉施特主編:《史集》,余大鈞、周建奇譯,342-343頁。

〔2〕〔明〕宋濂等:《元史》,144頁。

〔3〕〔明〕宋濂等:《元史》,4544-4545頁。

〔4〕中華書局本《元史》標點爲:"大德四年告老。子富謀只,襲副萬戶。皇慶元年卒,子馬哈馬沙襲。"易令人誤以馬哈馬沙爲富謀只之子、阿老瓦丁之孫。

《馬可波羅行紀》第2卷第145章《襄陽府大城及其被城下礮機奪取之事》："大汗軍隊圍攻此城三年而不能克,軍中人頗憤怒。由是尼古刺波羅閣下,其弟瑪竇波羅閣下,及尼古刺波羅閣下之子馬可波羅閣下獻議,謂能用一種器械可取此城,而迫其降。此種器械名曰芒貢諾(Mangonneau),形甚美;而甚可怖,發機投石於城中,石甚大,所擊無不摧陷。……大汗乃命此二兄弟及馬可閣下從速製造此機,大汗及其左右極願親睹之,因其爲彼等從來未見之奇物也。上述之三人立命人運來材木,如其所欲之數,以供造機之用。彼等隨從中有二人詳悉一切製造之事,其一人是聶思脫里派之基督教徒,其一人是日耳曼之日耳曼人,亦一基督教徒也。於是此二人及上述三人製造三機,皆甚壯麗。每機可發重逾三百磅之石,石飛甚遠,同時可發六十石,彼此高射程度皆相若。諸機裝置以後,大汗及其他觀者皆甚歡欣,命彼等當面發射數石,發射之後,皆極驚賞其製作之巧。大汗立命運機至軍中,以供圍城之用。機至軍中,裝置以後,韃靼未見此物一次,見之似甚驚奇。此機裝置以後,立即發石,每機各投一石於城中,發聲甚巨,石落房屋之上,凡物悉被摧陷。……於是此城遂下,待遇與其他諸城同。此皆尼古刺閣下,其弟瑪竇閣下及其子馬可閣下之功也。"[1]案,《行紀》所載蒙古軍以投石機攻襄陽事與史相合,確然無疑。而所述"彼等隨從中有二人詳悉一切製造之事"之基督教徒,疑即《元史》之阿老瓦丁與亦思馬因二人。至《行紀》將下襄陽之功歸於波羅一家三人,蓋爲馬可之誇詞。

《元史》卷151《薛塔刺海傳》："薛塔刺海,燕人也,剛勇有志。歲甲戌(1214年),太祖引兵至北口,塔刺海帥所部三百餘人來歸,帝命佩金符,爲砲水手元帥,屢有功,進金紫光祿大夫,佩虎符,爲砲水手軍民諸色人匠都元帥,便宜行事。從征回回、河西、欽察、畏吾兒、康里、乃蠻、阿魯虎、忽纏、帖里麻、賽蘭諸國,俱以礮立功。……子奪失刺,襲爲都元帥,南攻江淮,有功。歲庚戌,卒。弟軍勝襲,…… 中統三年

〔1〕〔法〕沙海昂注:《馬可波羅行記》,547－549頁。

（1262），李璮叛濟南，又以砲破其城。至元五年（1268），從圍襄陽。三月卒。丞相阿朮欲以千戶劉添喜攝帥府事，子四家奴，年方十六，請從軍自效，帝壯而許之。八年（1271），始襲父爵。十（九）年（1272）冬十二月，襄、樊未下，四家奴立砲攻之。明年（1273）正月，襄陽守呂文煥降。"[1]薛塔剌海一門爲砲手世家，如攻襄陽時始用回回砲，則此前當用中國火砲。

《元史》卷161《劉整傳》："時圍襄陽已五年，整計樊、襄唇齒也，宜先攻樊城。樊城人以柵蔽城，斬木列置江中，貫以鐵索。整言於丞相伯顏，令善水者斷木沉索，督戰艦趨城下，以回回砲擊之，而焚其柵。[至元]十年（1273）正月，隨破樊城，屠之。"[2]《心史·大義略敘》："其回回砲法，本出回回國，甚猛於常砲。至大之木，就地立穿。砲石大數尺，墜地陷入三四尺。欲擊遠則退後增重發之，欲近反近前。"[3]丘濬《大學衍義補》卷123："元人始造此砲，以攻破襄陽，世因目曰'襄陽砲'。考唐史，李光弼作砲飛巨石，一發輒斃二十餘人，疑即此。"[4]

【5】

〇勝案，蒙古侵宋，亦大肆虜略南宋技工。《心史·大義略敘》："彼技藝百工，咸不及此地精妙，已半爲之勒徙北居。北人深歎訝江南技藝之人，呼曰'巧兒'。"[5]

41　其軍糧

其軍糧，羊與泲馬[1]。手捻其乳曰泲。【1】馬之初乳，日

---

〔1〕〔明〕宋濂等：《元史》，3563－3564頁。

〔2〕〔明〕宋濂等：《元史》，3788頁。參觀《元史》卷128《阿朮傳》、《阿里海牙傳》（3120、3124－3125頁）。

〔3〕〔宋〕鄭思肖：《鄭思肖集》，陳福康點校，181頁。

〔4〕參觀楊志玖：《蒙元時代"回回砲"的東傳及作用》，收入《元代回族史稿》，南開大學出版社2003年，328－336頁。

〔5〕〔宋〕鄭思肖：《鄭思肖集》，陳福康點校，187頁。

則聽其駒之食，夜則聚之以沛，貯以革器，潷洞數宿，味微酸始可飲[2]，謂之馬妳子。纔犯他境，必務抄掠，孫武子曰"因糧於敵"是也[2]。

〔1〕"羊與"，底本作"與羊"，據諸本改。

〔2〕李本無"味"字。

注

【1】

○勝案，沛同擠，沛馬即擠馬。《元史》卷 100《兵志三·馬政》："醞都者，承乳車之名也。……每醞都，牝馬四十。……自世祖而下山陵，各有醞都，取馬乳以供祀事，號金陵擠馬，越五年，盡以與守山陵使者。"[1]

【2】

○勝案，《孫子兵法·作戰篇》："善用兵者，役不再籍，糧不三載。取用於國，因糧於敵，故軍食可足也。"何氏曰："因，謂兵出境，鈔聚掠野，至於克敵、拔城，得其儲積蓄也。"張預曰："器用取於國者，以物輕而易致也；糧食因於敵者，以粟重而難運也。夫千里饋糧，則士有飢色，故因糧則食可足。"[2]

41.1

霆嘗見其日中沛馬妳矣[1]，亦嘗問之，初無拘於日與夜。沛之之法，先令駒子啜教乳路來，却趕了駒子[2]，

---

〔1〕〔明〕宋濂等：《元史》，2554 頁。

〔2〕參觀〔三國〕曹操等注，楊丙安校理：《十一家注孫子校理》，中華書局 1999 年，33－34 頁。

人自用手沸[3]，下皮桶中，却又傾入皮袋撞之，尋常人只數宿便飲[1]。初到金帳，韃主飲以馬妳，色清而味甜，與尋常色白而濁、味酸而羶者大不同，名曰黑馬妳[2]。蓋清則似黑[4]，問之，則云此實撞之七八日，撞多則愈清，清則氣不羶[3]。只此一次得飲[5]，他處更不曾見玉食之奉如此[4]。又兩次金帳中送葡萄酒[5]，盛以玻璃瓶，一瓶可得十餘小盞，其色如南方柿漆[6]，味甚甜，聞多飲亦醉，但無緣得多耳，回回國貢來。

校

〔1〕嘗，沈本、羅本、六經堪本、王本皆作“常”。

〔2〕却，李本作“即”。

〔3〕自，李本作“即”。

〔4〕此句李本作“蓋清黑”。

〔5〕次，李本作“處”。

〔6〕漆，李本、陳本作“汁”。

注

【1】

○勝案，《魯布魯克東行紀》第4章《忽迷思的製作》：“這種忽迷思，也就是馬奶子，是用下述方法製造。在地上拉上一條長繩，拴在兩根插進地裏的木椿上。這根繩子他們把要擠奶的母馬的小馬繫上三個時辰。這時母馬站在小馬附近，讓人平靜的擠奶。如有一頭不安靜，那有人把小馬牽到它跟前，讓小馬吸點奶。然後他把小馬牽走，擠奶人取代它的位置。當他們取得大量的奶時，奶只要新鮮，就像牛奶那樣甜，他們把奶倒進大皮囊或袋裏，開始用一根特製的棍子攪拌它，棍的下端粗若人頭，並且是空心的。他們用勁拍打馬奶，奶開始像新釀酒那樣起泡沫，并且變酸發酵，然後他們繼續攪拌到他們取得奶油。這時他們品嘗它，當它微帶辣味時，他們便喝它。喝時它像葡萄酒一樣有辣味，喝完後在舌頭上有杏乳的味道，使腹內舒暢，也使人有些醉，很利尿。"[1]《譯語》："每歲三四月中牝馬生駒時，虜於此時，率拿馬駒栓繫，則牝馬皆來，因而取乳造酒。其凝結成滓者，則作酪嬋爲食。家家造酒，人人嗜飲，虜飲如牛，不歇氣。兀然而醉，悅然而醒，無間晝夜。"[2]

【2】

○勝案，《魯布魯克東行紀》第4章《忽迷思的製作》："他們還生產哈喇忽迷思，也就是'黑色忽迷思'，供大貴人使用。……他們繼續攪拌奶，直到所有混濁的部分像藥渣一樣徑直沉底，清純部分留在上面，好像奶清或新釀白葡萄酒。渣滓很白，給奴隸吃，有利於睡眠。主子喝這種清的[飲料]，它肯定極爲可口，很有益於健康。"[3]

【3】

○沈曰：耶律鑄《廬沆詩注》："廬沆，馬酮也。漢有挏馬官，注曰：'以韋革爲夾兜，盛馬乳挏治之，味酢可飲。'又《禮樂志》'大官挏馬酒'，注曰：'以馬乳爲酒。'言挏之味酢則不然，愈挏治則味愈甘，逾萬杵，香味醇醲甘美，謂之廬沆。廬沆，奄蔡語也。李詹事曰："雙溪蓋以'奄蔡'二字爲'欽察'本字。"國朝因之。自注：蔡，千葛切。今有其種，率皆以從事挏馬。"○廬音助，見《廣韻》。白湛淵《續演雅》十詩發揮云："迤北八珍，謂醍醐、廬沆、野駝蹄、鹿脣、駝乳麋、天鵝炙、紫玉漿、玄玉漿也。"玄玉漿即馬妳子。按此則馬妳子非一種，徐君所見黑馬妳，即白氏所謂玄玉漿而至清者。又別爲廬沆，則欽察人所制，雙溪謂"愈挏治則愈甘"，徐君謂愈撞愈精，理則一也。

○王曰：耶律鑄《雙溪醉隱集》六《行帳八珍詩序》："廬沆，馬酮也。漢有挏馬官，注曰：'以韋革爲夾兜，盛馬乳挏治之，味酢可飲，因以名官。'又《禮樂志》'大官挏馬酒'，注曰：'以馬乳爲酒。'言挏之味酢則

---

〔1〕〔法〕魯布魯克：《魯布魯克東行紀》，〔美〕柔克義譯注，何高濟譯，214頁。

〔2〕〔明〕岷峨山人：《譯語》，收入薄音湖、王雄主編《明代蒙古漢籍史料匯編》第1輯，228頁。

〔3〕〔法〕魯布魯克：《魯布魯克東行紀》，〔美〕柔克義譯注，何高濟譯，214頁。

·歐·亞·歷·史·文·化·文·庫·

不然,愈挏治則味愈甘,逾萬杵,香味醇醲甘美,謂之廑沆。廑沆,奄蔡
語也。國朝因之。自注:奄蔡今有其種,率皆從事挏馬。"案,《元史·土土(土)哈
傳》:欽察人"嘗侍左右,掌尚方馬畜,歲時挏馬乳以進,色清而味美,號
黑馬乳,因目其屬爲哈剌赤。"是元時欽察人以挏馬爲業,雙溪所謂奄
蔡,即欽察也。徐氏北使時,欽察未附,蓋蒙古人本有此法。

○勝案,王注引《土土哈傳》,云"欽察人嘗侍左右",節略過甚。據
傳文,"嘗侍左右"者爲土土哈之父班都察,侍於忽必烈左右。奄蔡即
欽察,沈注引李文田說已言之。《元史》卷100《兵志三·馬政》:"牧人
曰哈赤、哈剌赤。"[1]虞集《道園類稿》卷38《句容郡王(土土哈)世績
碑》:"世祖皇帝西征大理,南取宋,其種人以強勇見信用,掌蒭牧之事,
奉馬湩以供玉食。馬湩尚黑者,國人謂黑爲哈剌,故別號其人哈剌
赤。"[2]《湛然居士文集》卷4《寄賈摶霄乞馬乳》:"天馬西來釀玉漿,革
囊傾處酒微香。……淺白痛思瓊液冷,微甘酷愛蔗漿涼。"《謝馬乳復
用韻二首》之二:"肉食從容飲酪漿,差酸滑膩更甘香。革囊旋造逡巡
酒,樺器頻傾瀲灩觴。頓解老饑能飽滿,偏消煩渴變清涼。"[3]可參觀。

【4】

○勝案,蒙古汗庭有擠馬供乳制度,《元史》卷100《兵志三·馬
政》:"自天子以及諸王百官,各以脫羅氈置撒帳,爲取乳室。車駕還京
師,太僕卿先期遣使徵馬五十醞都來京師。醞都者,承乳車之名也。既
至,俾哈赤、哈剌赤之在朝爲卿大夫者,親秣飼之,日釀黑馬乳以奉玉
食,謂之細乳。每醞都,牝馬四十。……自諸王百官而下,亦有馬乳之
供。醞都亦如前之數,而馬減四分之一,謂之粗乳。"[4]

【5】

○勝案,《飲膳正要》卷3:"葡萄酒,益氣調中,耐飢強志。酒有數
等,有西番者,有哈剌火者(即哈喇和卓 Qara-hodja),有平陽、太原者,

[1][明]宋濂等:《元史》,2554頁。
[2]見[元]虞集:《虞集全集》,王頲点校,1018頁。參觀方齡貴:《元明戲曲中的蒙古語》,268頁,"哈剌赤"條。
[3][元]耶律楚材:《湛然居士文集》,謝方點校,中華書局1986年,72–73頁。
[4][明]宋濂等:《元史》,2554頁。

其味都不及哈剌火者田地酒最佳。"又"阿剌吉酒,味甘、辣,大熱,有大毒。主消冷堅積,去寒氣。用好酒蒸熬取露成阿剌吉。"

《本草綱目》卷25"葡萄酒"條略云:"時珍曰:葡萄酒有二樣:釀成者,味佳;有如燒酒法者,大毒。釀者,取汁同麴,如常釀糯米飯法;無汁,用干葡萄末亦可。魏文帝所謂葡萄釀酒,甘於麴米,醉而易醒者也。燒者,取葡萄數十斤,同大麴釀酢,取入甑蒸之,以器承其滴露,紅色可愛。古者西域造之,唐時破高昌,始得其法。"[1]

葡萄酒分釀製者與以蒸餾法燒製者(即葡萄燒酒)兩種。《蒙古秘史》281節原文"孛兒·答剌速"旁譯"葡萄酒·酒",實即葡萄燒酒。[2]徐霆所記葡萄酒,勞費爾以爲即紅葡萄酒[3],似爲葡萄燒酒。

42　其行軍

其行軍常恐衝伏[1][1]。雖偏師亦必先發精騎[2],四散而出,登高眺遠,深哨一二百里間,掩捕居者、行者[3],以審左右前後之虛實,如某道可進、某城可攻、某地可戰、某處可營、某方有敵兵[2]、某所有糧草[3],皆責辦於哨馬回報[4]。如大勢軍馬併力蝟奮[4][5],則先燒琵琶,決擇一人以統諸部。

---

〔1〕〔明〕李時珍:《本草綱目》,王育傑整理,1278頁。

〔2〕參觀黃時鑑:《阿剌吉與中國燒酒的起始》,載《文史》第31輯,中華書局1988年,又收入《黃時鑑文集》第2冊;〔元〕忽思慧:《飲膳正要》,尚衍斌、孫立慧、林歡註釋,中央民族大學出版社2009年,207頁。

〔3〕參觀〔美〕勞費爾(Berthold Laufer):《中國伊朗編》,林筠因譯,商務印書館1964年,59頁,"葡萄樹"條。

欧·亚·历·史·文·化·文·库

校

〔1〕常,底本、沈本、羅本、六經堪本、王本皆作"嘗",據李本改。嘗、常古可通假,此處作"常"爲是。

〔2〕李本無"有"字。

〔3〕李本無"有"字。

〔4〕奮,李本、陳本作"集"。案,蝟奮不誤,參觀本節注【5】。

注

【1】

○勝案,衝伏,衝突埋伏。《三朝北盟會編》卷86:"見在城下賊兵多是輕騎,宜常令牌槍在前遮蔽,神臂弓弩以防衝突,伏藏軍馬以備追逐,務在同心一體,更相應援,共除國難,以成忠義。"[1]《郭襄靖公遺集》卷13《剿撫古田議》:"惟哨道不明,則分布不密,賊易奔逃,一也。阨塞不防,賊易衝伏,二也。聲援不及,賊易邀擊,三也。往歲官兵失利,率多由此,可爲明鑒。請乞速行各統督官悉心查訪,某哨分爲幾小哨,各即所經村分定爲哨名備查。此小哨內某處崗嶺最險,某處林箐最深,某處防衝,某處防伏,某處應防包截。分而必知所合,進而必知所退,必使首尾相應,聲勢相聞。"[2]

【2】

○勝案,此先發之精騎即所謂探馬赤(Tamachi),爲蒙古軍之先鋒部隊。《柏朗嘉賓蒙古行紀》第6章第11節:"當他們要出戰時,便首先派出一些先遣探馬,後者隨身只攜帶他們的氈毯、馬匹和武器。這些人不搶奪戰利品,不縱火燒毀房屋,不屠殺牲畜,但僅滿足於傷害和騷擾黎民。"[3]

探馬赤,見《蒙古秘史》273－274節,伯希和考此即《大慈恩寺三藏

---

〔1〕〔宋〕徐夢莘:《三朝北盟會編》,644頁上。

〔2〕《續修四庫全書》1349冊,309頁。

〔3〕〔意〕柏朗嘉賓:《柏朗嘉賓蒙古行紀》,〔法〕貝凱、韓百詩譯注,耿昇譯,65頁。

法師傳》之突厥語“答摩支”；而探馬亦與《遼史》之契丹語“撻馬”（意爲扈從之官）爲對音。[1]

【3】

○勝案，掩捕，乘其不備而逮捕。《漢書》卷34《彭越傳》：“梁太僕有罪，亡走漢，告梁王與扈輒謀反。於是上使使掩捕梁王，囚之雒陽。”[2]《元史》卷147《史天祥傳》：“〔武〕仙兄貴以萬人壁於山上，負固不下，天祥攜完顏胡速及黑軍百人，由鳥道扳援而上，盡掩捕之。”[3]

【4】

○勝案，哨馬，即探馬也。關漢卿《拜月亭》第2折〔賀新郎〕白：“又被哨馬趕上，轟散俺子母兩人，不知阿者那裏去了。”[4]《水滸傳》第109回：“鑾鈴響處，約有三十餘騎哨馬。都戴青將巾，各穿綠戰袍，馬上盡繫著紅纓，每邊拴掛數十個銅鈴，後插一把雉尾，都是釘銀細桿長槍，輕弓短箭。”[5]《續增華夷譯語·人事門》：“哨馬曰札撒溫。”[6]

彭氏所記精騎哨馬情形，與契丹兵中之“遠探攔子馬”、“遠探攔子軍”頗相似。《遼史》卷34《兵衛志》上《兵制》：“軍所舍，有遠探攔子馬，以夜聽人馬之聲。……又選諸軍兵馬尤精銳者三萬人爲護駕軍，又選驍勇三千人爲先鋒軍，又選剽悍百人之上爲遠探攔子軍，以上各有將領。……皇帝親征，留親王一人在幽州，權知軍國大事。既入南界，分爲三路，廣信軍、雄州、霸州各一。駕必由中道，兵馬都統、護駕等軍皆從。各路軍馬遇縣鎮，即時攻擊。若大州軍，必先料其虛實、可攻次

---

〔1〕參觀〔法〕伯希和：《中亞史地叢考》四《玄奘記傳中之二突厥字》，收入馮承鈞譯：《西域南海史地考證譯叢五編》，商務印書館1962年；《蒙古與教廷》第2卷第2章注85(121頁)。關於蒙元時期探馬赤軍問題，參觀楊志玖《元史三論》(人民出版社1985年)，黃時鑑《木華黎國王麾下諸軍考》(載《元史論叢》第1輯，中華書局1982年)，賈敬顏《探馬赤軍考》(載《元史論叢》第2輯，中華書局1983年)，烏思《“探馬赤”詞源新釋》(載《內蒙古社會科學》1986年第6期)，那木吉拉《早期探馬赤軍職司考辨》(載《民族研究》1992年第1期)，史衛民《蒙古汗國時期的探馬赤軍》(收入《中國民族史研究》第2輯，中央民族學院出版社1989年)等。

〔2〕〔漢〕班固：《漢書》，〔唐〕顏師古注，7冊，1880頁。

〔3〕〔明〕宋濂等：《元史》，3487頁。

〔4〕王學奇、吳振清、王靜竹：《關漢卿全集校注》，河北教育出版社1988年，83頁。

〔5〕〔明〕施耐庵、羅貫中：《水滸傳》，林峻點校，924頁。

〔6〕賈敬顏、朱風：《蒙古譯語女真譯語匯編》，86頁。

第而後進兵。沿途民居,園囿、桑柘,必夷伐焚蕩。至宋北京,三路兵皆會,以議攻取。及退亦然。三路軍馬前後左右有先鋒。遠探攔子馬各十數人,在先鋒前後二十餘里,全副衣甲,夜中每行十里或五里少駐,下馬側聽無有(有無)人馬之聲。有則擒之;力不可敵,飛報先鋒,齊力攻擊。如有大軍,走報主帥。敵中虛實,動必知之。"〔1〕可參觀。

【5】

○勝案,大勢軍馬,大批軍馬也。關漢卿《單刀會》第一折〔寄生草〕魯肅白:"他若不與呵,我大勢軍馬,好歹奪了荊州。"〔2〕

蝟奮,猬集奮起也。《新唐書》卷151《關播传》:"李靈耀叛,少游屯淮上,所在盜賊蝟奮,播儲貲力,給軍興,人無愁苦。"〔3〕

42.1

霆見韃人未嘗屯重兵於城內,所過河南北郡縣〔1〕,城內並無一兵,只城外村落有哨馬〔2〕,星散擺布〔3〕【1】,忽遇風塵之警,哨馬響應,四向探刺,如得其實,急報頭目及大勢軍馬也。

校

〔1〕李本、沈本無"河"字。

〔2〕李本無"有"字。

〔3〕星散擺布,《武經》前集卷1引本節作"星擺基布",於義較長。

---

〔1〕〔元〕脫脫等:《遼史》,397–398頁。

〔2〕王學奇、吳振清、王靜竹:《關漢卿全集校注》,4頁。

〔3〕〔宋〕歐陽修、宋祁:《新唐書》,4817頁。

【1】

　〇勝案,擺布,安排、布置也。《鄂國金佗稡編》卷16《陳州潁昌捷奏》:"離城數里,有番賊翟將軍,并添到東京一帶差來賊馬,擺布大陣。……到城北七里店,逢鎮國大王并韓將軍、邪也孛堇賊馬六千餘騎,擺布成陣。"〔1〕

43　其營

　其營必擇高阜,主將駐帳必向東南,前置邏騎,韃語"托落赤"【1】,分番警地。惟前面無軍營。帳之左右與夫帳後諸部軍馬【1】,各歸頭項,以序而營。營又貴分,務令疏曠,以便芻秣。營留二馬,夜不解鞍【2】,以防不測;營主之名,即是夜號,一營有警,則旁營備馬,以待追襲,餘營則整整不動也。惟哨馬之營則異於是,主者中據,環兵四表,傳木刻以代夜邏。即漢軍傳箭法。秣馬營裏,使無奔逸,未暮而營具火【3】,謂之火鋪【2】。及夜則遷於人所不見之地,以防夜劫,而火鋪則仍在於初營之所,達曉不動也。

〔1〕與夫,李本作"與"。
〔2〕底本作"以便夜不解鞍",諸本皆無"以便"二字,據改。

───────────────

〔1〕王曾瑜:《鄂國金佗稡編續校注》,930－931頁。

〖3〗具,問影樓本、沈本、羅本、六經堪本、王本皆作"其"。

注

【1】

○勝案,托落赤,蒙古語 * tōrači = toɣuriči,即巡邏者。[1]

【2】

○勝案,火鋪爲軍中瞭望警備設施。《資治通鑑》卷288《後漢紀》高祖乾祐元年(948):"〔郭威〕乃偃旗卧鼓,但循河設火鋪,連延數十里,番步卒以守之。"[2]

43.1

霆見其多用狗鋪[1]。其下營[2],直是日早〖1〗,要審觀左右形勢。

校

〖1〗早,《戰守全書》卷5《戰部》引此節作"蚤",是通假字。問影樓本無"早"字。

注

【1】

○勝案,狗鋪又稱犬鋪,用於軍營警戒。《資治通鑑》卷263《唐紀》昭宗天復二年壬戌(902)九月:"辛亥,李茂貞盡出騎兵於鄜州就芻糧。壬子,朱全忠穿蚰蜒壕圍鳳翔,設犬鋪、鈴架以絶內外。"胡注:"凡

---

〔1〕參觀 Olbricht, Peter und Pinks, Elisabeth, *Meng -Ta Pei -Lu und Hei -Ta Shih -Lüeh*, *Chine-sische Gesandtenberichte über die frühen Mongolen 1221 und 1237*, nach Vorarbeiten von Erich Haenisch und Yao Ts' ung-wu, Asiatische Forschungen, band 56. Wiesbaden:Otto Harrassowitz, 1980, p. 185.

〔2〕〔宋〕司馬光:《資治通鑑》,20 冊,9398 頁。

行軍下營,四面設犬鋪,以犬守之。敵來則羣吠,使營中知所警備。鈴架者,繞營設架,掛鈴其上,敵來觸之則鳴。"[1]

《資治通鑑綱目》卷52"壬戌九月李茂貞攻朱全忠營敗績"條注:"犬鋪猶今言狗鋪也。軍中列置吏卒,巡檄所止處,設架懸鈴其間,以絕行人。五代晉高祖與契丹主會,圍唐晉安寨,置營於寨南,長百餘里,厚五十里,多設鈴索吠犬,人跬步不能過,即此。"

《辛巳泣蘄錄》嘉定十四年辛巳(1221)二月:"〔二十二日〕是夜金賊約兩千餘寨,每寨燒火一堆,映照城中,列炬不可勝計。擺狗鋪,其聲如狗吠連接,巡邏徹曉。……〔二十三日〕是夜,賊仍舊札寨于廣教一帶。每寨燒火一堆,直到天明,列炬不滅。前夜金賊聲連相接,爲狗吠之聲,聞之諸卒曰:'此正所謂擺狗鋪也'。"

《武備志》卷95《軍資乘營》:"凡營,夜時更者,每鋪十人,每更二人,候漏鼓擊板,一人專聽雜事,以至睡魔。驚衆者亦須遞相警覺,臨時或添密號,鼓弓箭應之,即奸人無所施計。"舊註:"更鋪之次,更置狗鋪,軍在賊境,將士遠行困乏,藉狗鋪以爲警也。"

【2】

○勝案,下營猶言安營。《唐國史補》卷上:"司徒馬燧討李懷光,自太原引兵至寶鼎下營,因問其地名,答曰:'埋懷村。'乃大喜曰:'擒賊必矣。'至是果然。"[2]

44 其陣

其陣利野戰,不見利不進。動靜之間,知敵強弱。百騎環繞,可裹萬衆;千騎分張,可盈百里。摧堅陷陣,

---

[1]〔宋〕司馬光:《資治通鑑》,18冊,8582-8583頁。
[2]〔唐〕李肇:《唐國史補》,上海古籍出版社1979年,26頁。

·歐·亞·歷·史·文·化·文·庫·

全藉前鋒衽革當先^[1]，例十之三。凡遇敵陣，則三三五五四五^[1]，斷不簇聚，爲敵所包。大率步宜整而騎宜分，敵分亦分^[2]，敵合亦合^[3]。故其騎突也，或遠或近，或多或少，或聚或散，或出或沒，來如天墜，去如電逝，謂之"鴉兵撒星陣"^[2]。其合而分，視馬箠之所向；其分而合，聽姑詭之聲以爲號^{[4][3]}。自邇而遠，俄頃千里。其夜聚，則望燎煙而知其所戰宜。極寒無雪^[5]，則磨石而禱天^[4]。

校

〔1〕沈本、陳本、章本無"四五"二字。

〔2〕亦，羅本、六經堪本作"立"。

〔3〕亦，羅本、六經堪本作"立"。

〔4〕以爲號，底本、李本、問影樓本、羅本、六經堪本作"以自爲號"，據沈本、陳本、章本、王本改。

〔5〕李本作"極寒而無雪"。

注

【1】

〇勝案，衽革，身披戰甲也。《禮記正義》卷52《中庸》："衽金革，死而不厭，北方之強也，而強者居之。"鄭玄注："衽猶席也。北方以剛猛爲強。"孔穎達疏："衽，臥席也。金革，謂軍戎器械也。北方沙漠之地，其地多陰。陰氣堅急，故人性剛猛，恒好鬥爭，故以甲鎧爲席，寢宿於中，至死不厭，非君子所處，而強梁者居之。"^[1]王夫之《四書稗疏》卷1《中庸》"衽金革"條："衽金革，言以金革爲襟。葢謂甲爾，披堅則

〔1〕〔唐〕孔穎達：《禮記正義》，十三經注疏本，1427－1428頁。

執鋭，執鋭則致死，戰士之服也。"案，王說所解較切。《國朝名臣事略》卷3《樞密句容武毅王》引閻復《土土哈紀績碑》："〔欽察〕俗衽金革，勇猛剛烈。"[1]

【2】

○勝案，鴉兵，神出鬼沒之兵。關漢卿《哭存孝》第二折："三千鴉兵爲先鋒，逢山開道，遇水疊橋。"[2]

撒星，猶言星散。撒星陣，所用兵力據敵情變化而進退分合之陣法。《安禄山事蹟》卷下："〔天寶十五年〕六月八日乙酉，哥舒翰出兵潼關，爲禄山將崔乾祐所敗。十四日辛卯，潼關失守。"注略云："其日，翰在靈寶縣西洪溜澗與崔乾祐相逼，翰兵馬多，乾祐不過萬人，爲撒星陣，十五爲一旗，或密或疏，或前或卻，官軍見之，皆大笑焉。乾祐又以陌刀五千（十）人列於陣後，令其軍曰：'進則十五有生，退則死在旋踵。'故其兵一一自戰。乾祐忽驚，金鼓卷旗，狀似退，官軍益怠。忽馳而進，勢若雷霆，官軍失勢，遂爲所薄。是月（日），東風吼地，飛沙漲天，煙塵相合，野中舊積諸草，賊皆焚之，煙燄徹天，昏黑如夜，旗號之色，人皆莫辨。賊乘風便趨我軍，煙塵之中，拱手而皆受戮。"[3]

《宋史》卷403《《張威傳》："威初在行伍，以勇見稱，進充偏裨，每戰輒克，金人聞其名畏憚之。臨陳戰酣，則精采愈奮，兩眼皆赤，時號'張紅眼'。又號'張鶻眼'，威立淨天鶻旗以自表。每戰不操它兵，有木棓號'紫大蟲'，圓而不刃，長不六尺，揮之掠陣，敵皆靡。荊、鄂多平川廣野，威曰：'是彼騎兵之利也，鐵騎一沖，吾步技窮矣，蜀中戰法不可用。'乃意創法，名'撒星陳'，分合不常，聞鼓則聚，聞金則散。騎兵至則聲金，一軍分爲數十簇；金人隨而分兵，則又鼓而聚之。倏忽之間，分合數變，金人失措，然後縱擊之，以此輒勝。"[4]

---

〔1〕〔元〕蘇天爵輯：《元朝名臣事略（國朝名臣事略）》，姚景安點校，中華書局，1996年，47頁。

〔2〕王學奇、吳振清、王靜竹：《關漢卿全集校注》，479頁。

〔3〕〔唐〕姚汝能：《安禄山事蹟》，曾貽芬點校，中華書局2006年，103頁。

〔4〕〔元〕脫脫等：《宋史》，12215頁。

【3】

○王曰:《續資治通鑑長編》二十七雍熙三年宋琪上疏云:"契丹人入界之時,步騎車帳,不從阡陌,東西一概而行。大帳前及東西面,差大首領三人,各率萬騎,支散游兵(弈),百十里外,交相觇邏,謂之'欄子馬'。戎主吹角爲號,衆即頓合,環繞穹廬,以近及遠。"○《元朝秘史》三鼓之蒙古語爲"可兀兒格"。姑詭,殆"可兀兒格"之略。

○勝案,《遼史》卷34《兵衛志》上《兵制》:"軍入南界,步騎軍帳,不循阡陌。三道將領各一人,率攔子馬各萬騎,支散游弈,百十里外,更迭覘邏。及暮,以吹角爲號,衆即頓舍(合),環繞御帳,自近及遠。"[1]《至元譯語·車器門》:"鼓曰忽魯哥。"《器物門》:"鼓兒曰去忽魯哥。"《華夷譯語》:"大鼓曰顆兒格(köhörge),小鼓曰慷格兒格(keŋgerge)。"[2]此所謂姑詭者,大鼓也。

【4】

○王曰:彭氏所云磨石禱天者,楊瑀《山居新語》云:"蒙古人有能祈雨者,輒以石子數枚浸於水盆中玩弄,口念咒語,多獲應驗。石子名曰'酢答',乃走獸腹中之石,大者如雞子,小者不一,但得牛馬爲貴,恐亦是牛黄、狗寶之類。"《秘史》四蒙文作"札答",旁注云"能致風雨的事"。

○勝案,王注所引"酢答",中華書局本(以北大藏李盛鐸鈔本爲底本)《山居新語》卷3作"鮓答"。[3] 鮓答、札答,又譯作札達、扎達、查達、楂達、扎亦等,即蒙古語jada,突厥語作yada,意爲牛羊等牲畜之結石。蒙古、西藏及中亞突厥遊牧民族多用此石作巫術以祈風雨。

麻赫默德喀什噶里《突厥語大辭典》:"yat亞特。這是一種巫術,爲了祈雨求風等而借助於特備的石頭(亞特石)施行巫術。這種習俗在他們之中廣泛傳播,我在牙格馬人那里親眼目睹過這一習俗。當那

---

〔1〕〔元〕脫脫等:《遼史》,399頁。參觀《雲麓漫鈔》卷6"契丹用兵條"(〔宋〕趙彦衛著,傅根清點校,中華書局1996年,107頁)

〔2〕賈敬顔、朱風:《蒙古譯語女真譯語匯編》,5、8、36頁。

〔3〕〔元〕楊瑀:《山居新語》,余大鈞點校,中華書局2006年,223頁。

里發生一場野火時，爲了撲滅野火便施行了這一種巫術，依照真主的旨意，大夏天降了雪，我眼看著野火熄滅了。"[1]

　　成吉思汗與乃蠻部闊奕壇之戰、拖雷攻金之戰中皆有用此巫術者。《元史》卷1《太祖紀》壬戌（1202年）條："初，脫脫敗走八兒忽真隘，既而復出爲患，帝帥兵討走之。至是，又會乃蠻部不欲魯罕約朵魯班、塔塔兒、哈答斤、散只兀諸部來侵。帝遣騎乘高四望，知乃蠻兵漸至，帝與汪罕移軍入塞。亦剌合自北邊來據高山結營，乃蠻軍衝之不動，遂還。亦剌合尋亦入塞。將戰，帝遷輜重於他所，與汪罕倚阿蘭塞爲壁，大戰于闊奕壇之野，乃蠻使神巫祭風雪，欲因其勢進攻。既而反風，逆擊其陣，乃蠻軍不能戰，欲引還。雪滿溝澗，帝勒兵乘之，乃蠻大敗。是時札木合部起兵援乃蠻，見其敗，即還。道經諸部之立己者，大縱掠而去。"[2]

　　乃蠻使神巫祭風雪事，《聖武親征錄》作："彼祭風，風忽反，爲雪所迷，軍亂，填溝墜塹而還。"[3]《史集》云："當時［乃蠻人］作起致風雨的巫術（ǰadāmīšī kardan）來。巫術的要點爲：念咒并將各種石頭投入水中，大雨就來了。［但］這陣風雪卻朝著他們反刮過來。他們想從這些山裏退回來，卻在闊奕壇（kūītan）地方陷住了。總所周知，乃蠻不亦魯黑汗的部屬以及他聯合的那些蒙古部落，在這個地方由於嚴寒把手足凍壞了。大風雪使許多人從高處滾下來摔死了。"[4]

　　《蒙古秘史》143節則云："至次日，成吉思軍與札木合軍相接於闊亦田地面對陣。布陣間，札木合軍內不亦魯罕、忽都合兩人有術能致風雨，欲順風雨擊成吉思軍。不意風雨逆回，天地暗晦，札木合軍不能進，皆墜澗中。札木合等共說：'天不護佑，所以如此。'軍遂大潰。"蒙語漢字"札答"3處，韓泰華藏15卷鈔本旁譯分別爲"能致風雨的事"、"致風雨"（《四部叢刊》本、葉德輝本皆無"致"字）、"風雨"。李文田注云：

---

〔1〕麻赫默德·喀什噶里：《突厥語大辭典》，民族出版社2002年，第3卷1頁。

〔2〕〔明〕宋濂等：《元史》，8－9頁。

〔3〕王國維：《聖武親征錄校注》，330頁。

〔4〕〔波斯〕拉施特主編：《史集》，余大鈞、周建奇譯，第1卷第2分冊165－166頁。

"金幼孜《北征録》曰：'永樂八年五月二十八日，發雙清源。午至河，縛
筏渡水，得一木板，上有虜字，譯史讀之，乃祈雨之言也，虜語謂之札達，
華言云詛風雨，蓋虜中有此術也。'《東華録》康熙五十六年諭曰：'書冊
所載，有所謂雷斧雷楔，大約得自深林者皆石，得自平原者皆銅。朕所
得最多，將小石一塊置於泉水攪之，即可祈雨。蒙古謂之查達齊，書冊
則曰查達也。'方觀承《松漠草》詩注曰：'蒙古、西域祈雨，以楂達石浸
水中，咒之輒驗。楂達生駝羊腹中，圓者如卵，扁［者］如虎脛，在腎似
鸚武（鵡）觜者良，色有黃白。駝羊有此則漸羸瘁，生剖得者
尤靈。'"[1]

　　《世界征服者史》第 1 部 XXX 章："兀魯黑那顏（即拖雷）看到戰事
緊迫，可以用計謀去對付契丹人——因爲'戰爭就是欺騙'——而且可
以用陰風吹滅他們的燭火。蒙古軍中有個精通扎亦（yai），即使用雨石
的康里人，兀魯黑那顏命他施展法術，又命全軍在冬衣上加著雨衣，三
天三夜不許下馬。這個康里人大施邪法，因此蒙古人後面開始下雨，最
後一天雨轉爲雪，寒風助威。因這種他們在冬季都未經歷過的夏季酷
寒，契丹軍垂頭喪氣，蒙古軍則鬥志昂揚。最後，當紅色晨珠分清黑白
時，蒙古人見契丹軍因嚴寒酷冷，像羣綿羊那樣首尾相接擠作一團，縮
頭縮足若刺猬，冰雪滿弓刀……同時候，扎亦赤（yaichi）停止施法，蒙
古軍衝往敵人身後。"[2]

　　《多桑蒙古史》第 2 卷附録 1《刺失德所記拖雷攻金之役》略云：
"'蒙古軍勢微而氣沮，契丹軍突擊其殿後軍。蒙古軍被擊，墜水渠者
約四十人。禿忽勒忽疾報拖雷，拖雷見事急，乃命人作術法名
djédamischi 者以退之。其術以石浸水，取出拭之，雖在嚴（炎）夏，可招
致風雪嚴寒，或暴風雨。蒙古軍中有一康里人善此術，拖累命其爲之。
拖雷軍服御寒衣，三整日不下騎。進至村中，時居民皆已棄其牲畜衣物
而逃，蒙古軍得糧衣無算。康里人作術有驗，即日大雨，次日降雪，起暴

〔1〕〔元〕佚名：《元朝秘史》，李文田箋注，鮑思陶點校，齊魯書社 2005 年，79 頁。
〔2〕〔波斯〕志費尼：《世界征服者史》，何高濟譯、翁獨健校訂，227－228 頁。

風,寒甚。契丹軍忽覺仲夏中天寒逾嚴冬,氣大沮。'……上文所言之術法,中亞之遊牧民族在上古時已使用之。其術人求雨之石名曰 yéda。其術名曰 djédamischi。其以求雨爲業者,今在喀耳木(kalmoukes)民族中名稱 djédadji,旅行家 Bergman 則名之曰 ssaddattschis。(見 Nomandisch Streifereisen unter den Kalmuken,th. Ⅲ, s. 183.)據云,此種術人似能招致風雨雷電。其致雨之術,則用獸體病石(馮承鈞案:原文作 bézoard,蓋指牛黃、馬寶之類),投之水中,自然產生煙霧。此類術人以爲此種煙霧可以成雲,而僅在天將雨時作此術。設其術不驗,則謂別有術人破其術,或謂天時熱甚,雨水不能制之。"[1]文中所引拖雷攻金事見《史集》第 2 卷《窩闊台汗合罕紀[一]》"拖雷汗至潼關"條。[2]

《南村輟耕録》卷4"禱雨"條云:"往往見蒙古人之禱雨者,非若方士然,至於印令、旗劍、符圖、氣訣之類,一無所用,惟取淨水一盆,浸石子數枚而已。其大者若雞卵,小者不等。然後獸持密咒,將石子淘漉玩弄,如此良久輒有雨。豈其靜定之功已成,特假此以愚人耶?抑果異物耶?石子名曰鮓答,乃走獸腹中所產,獨牛馬者最妙,恐亦是牛黃、狗寶之屬耳。"[3]《譯語》:"胡俗畏鬼神,信占卜。……又詛咒風雨,謂之扎達,往往輒應,不知何術也。"[4]

《本草綱目》卷50下"鮓答"條:"【集解】時珍曰:鮓答生走獸及牛馬諸畜肝膽之間,有肉囊裹之,多至升許,大者如雞子,小者如栗如榛,其狀白色,似石非石,似骨非骨,打破層疊。嘉靖庚子年,蘄州侯屠殺一黃牛,得此物,人無識者,有番僧云:'此至寶也,牛馬豬畜皆有之,可以祈雨。西域有密咒,則霖雨立至,不知咒者,但以水浸搬弄,亦能致雨。'"[5]

田藝蘅《留青日札》卷30《馬黑牛黃羊哀狗寶鳳石虎石鮓答》:"鮓答乃走獸中所產石子,蒙古人用以禱雨,一作鮓單,出西寧古輪臺之地。

〔1〕〔瑞典〕多桑:《多桑蒙古史》,311－312 頁。
〔2〕〔波斯〕拉施特主編:《史集》,余大鈞、周建奇譯,34－39 頁。
〔3〕〔元〕陶宗儀:《南村輟耕録》,52 頁。
〔4〕〔明〕岷峨山人:《譯語》,收入薄音湖、王雄主編《明代蒙古漢籍史料匯編》第 1 輯,226 頁。
〔5〕〔明〕李時珍:《本草綱目》,王育傑整理,2227 頁。

又曰馬驢鼻患腫毒即難秝,土人伺其將潰,以囊承口,腫落而得之,如雞卵,堅如石。軍中無水,即掘地置其中,以氈覆之,可得水一二升。猪亦有之。"[1]張澍《續黔書》卷6《鮓答》:"西域、蒙古祈雨,以鮓答石浸水,咒之輒有驗。其人亦名'鮓答氣'。"[2]"鮓答氣",亦猶上引《東華録》之查達齊、《世界征服者史》之扎亦赤(yaichi),當作"鮓答赤",即蒙古語 jadači(術士)。

《千金翼方》卷3《人獸部》:"牛黃。味苦,平,有小毒。主驚癎寒熱,熱盛狂痓,除邪逐鬼。"[3]《證類本草》卷16《獸部》上"牛黃"條引《本草衍義》曰:"牛黃,亦有駱駝黃,皆西戎所出也。"[4]中古時期在波斯,牛黃(bezoar)常作藥劑并用於驅邪,參觀勞費爾《中國伊朗編》91節"婆娑石"條[5]、薛愛華《撒馬爾罕的金桃》第11章"毛糞石"條[6]。

細繹此節上下文義,蒙古人極寒無雪磨石禱天,當用於戰事。案,《梁書》卷54《諸夷列傳》西北諸戎"芮芮國"條:"芮芮國,蓋匈奴別種。魏、晉世,匈奴分爲數百千部,各有名號,芮芮其一部也。……其國能以術祭天而致風雪,前對皎日,後則泥潦橫流,故其戰敗莫能追及。或於中夏爲之,則曀而不雨,問其故,以暖云。"[7]所記芮芮人以術祭天而致風雪亦用於戰爭,與蒙古人頗相似,其術史未載,或亦磨鮓答石之類乎?

又,以石祈雨之巫術世界各地皆有所見,弗雷澤《金枝》第5章《巫術控制天氣》第4節《巫術控制雨水》略云:"石頭常常被認爲具有一種帶來雨水的性質,倘若將它們浸入水中或灑上點水,或作其它適當方式的處理就可帶來雨水。在薩摩亞人(南太平洋薩摩亞島上的土人)的一個林子裏,有一種石頭被當成雨神的代表珍藏著,一旦旱災出現,祭司們就帶著這塊石頭列隊來到一條小河邊,將它浸在水中。……在

〔1〕〔明〕田藝蘅:《留青日札》,朱碧蓮點校,上海古籍出版社,1992年,568頁。

〔2〕〔清〕張澍:《續黔書》,收入《叢書集成初編》第3184冊,66頁。又見張澍:《養素堂文集》卷12《鮓答考》,見《續修四庫全書》1506冊,569頁。

〔3〕朱邦賢、陳文國等:《千金翼方校注》,97頁。

〔4〕〔宋〕唐慎微:《證類本草》,郭君雙、金秀梅、趙益梅校注,493頁。

〔5〕參觀〔美〕勞費爾:《中國伊朗編》,林筠因譯,355-357頁。

〔6〕〔美〕謝弗(薛愛華):《唐代的外來文明(撒馬爾罕的金桃)》,吳玉貴譯,410頁。

〔7〕〔唐〕姚思廉:《梁書》,中華書局1973年,817頁。

澳大利亞西北部的一些部落中,求雨者來到一塊專爲求雨而劃出的地方,在那裏他砌起一堆石頭或沙土,在其頂部放上他的魔石。然後圍著這個石堆或土堆轉圈和跳舞,一個鐘頭一個鐘頭地念叨他的咒語,直到難忍的飢餓迫使他停下來爲止。這時,他的助手就代替他念咒語,往這塊魔石上澆水,然後燃起一堆大火。當這個巫術儀式正在進行時,任何俗人不得接近這塊聖地。……當瓦孔德代表(中非洲的一個部落)的居民需要雨水時,就送禮物到瓦旺巴人那裏,他們住在有雨水的山腳下,據說他們是一塊'雨石'的幸運的保存者。作爲對這些禮物的適當報答,瓦旺巴人洗淨這塊珍貴的石頭,擦上油並將它放在一個盛滿水的罐子裏,在這之後雨就不會不降落了。……在羅馬城外,馬爾斯廟附近保存著一塊特別的石頭,人們稱之爲拉庇斯曼納利斯。乾旱時這塊石頭就被拉進羅馬城內,人們認爲這樣一來雨水將會立刻降臨。"[1]

44.1

霆見韃人行軍,只是一簡不覩是蠻逼而已【1】。彼亦是人,如何不怕死,但自用師南侵日,少曾喫虧,所以膽愈壯而敢無狀也[1]。韃人糧食固只是羊馬隨行,不用運餉,然一軍中寧有多少韃人[2],其餘盡是亡國之人,韃人隨行羊馬,自食尚不足,諸亡國之人亦須要糧米喫[3],以是知不可但誇韃人之強,而不思在我自強之道也。

校

〖1〗敢無狀,李本作"愈無敵"。

---

〔1〕〔英〕弗雷澤:《金枝》,徐育新、汪培基、張澤石譯,中國民間文藝出版社 1987 年,114 – 118 頁。cf. Frazer, James George, *The Golden Bough*, Part I. "The Magic Art and the Evolution of Kings", London:MacMillan and Co. Limited,1926,pp. 247 – 311.

·欧·亚·历·史·文·化·文·库·

〔2〕中,底本無,據諸本補。寧,李本、六經堪本作"宼",沈本作"甯",皆避清諱也。章本作"能"。

〔3〕要,沈本、章本作"用"。

注

【1】

○沈曰:"覩是"疑當作"怕死"。

45　其破敵

其破敵,則登高眺遠,先相地勢【1】,察敵情僞,專務乘亂。故交鋒之始,每以騎隊徑突敵陣,一衝攪動,則不論衆寡,長驅直入。敵雖十萬,亦不能支。不動則前隊橫過,次隊再撞。再不能入,則後隊如之。方其衝敵之時,乃遷延時刻,爲布兵左右與後之計。兵既四合,則最後至者一聲姑詭【2】,四方八面響應齊力,一時俱撞。此計之外,或臂團牌,下馬步射【1】。一步中鏑【3】,則兩旁必潰,潰則必亂,從亂疾入敵。或見便以騎廳步【2】,則步後駐隊,馳敵迎擊【4】。敵或堅壁,百計不中,則必驅牛畜,或鞭生馬,以生攪敵陣【5】,鮮有不敗【6】。敵或森戟外列拒馬【3】,絕其奔突【7】,則環騎疏哨,時發一矢,使敵勞動。相持稍久【8】,敵必絕食【9】,或乏薪水【4】,不容不動,則進兵相逼。或敵陣已動,故不遽擊,待其疲困,然後衝入。或其兵寡,則先以土撒,後以木拖,使塵衝天，敵疑兵衆，每每自潰；不潰則衝，其破可必【5】。或驅降俘，聽其戰敗，乘敵力竭，擊以精銳。或繞交刃，佯北而走，詭棄輜重，故擲黃白【6】，敵或謂是誠敗〔10〕，逐北不止，衝其伏騎，往往全沒。或因真敗而巧計取勝〔11〕【7】，只在乎彼縱此橫之間〔12〕，有古法之所未言者。其勝則尾敵襲殺，不容逋逸。其敗則四散迸走，追之不及。

校

〔1〕相，李本作"察"，問影樓本作"審"。

〔2〕至，底本作"生"，據諸本改。

〔3〕步，沈本、羅本、六經堪本作"射"。

〔4〕迎，羅本、六經堪本作"近"。

〔5〕生，陳本作"生馬"。攪，章本作"擾"。

〔6〕以生攪敵陣鮮有不敗，李本作"以生馬攪地敵陣鮮有不敗"。

〔7〕絕，沈本作"挽"。

〔8〕稍，李本作"既"。

〔9〕問影樓本無"敵"字。

〔10〕誠，陳本作"真"。

〔11〕真，李本作"其"，羅本、六經堪本、王本皆作"喜"。

〔12〕只，章本作"則"。

注

【1】

〇勝案，41 節云："有團牌，特前鋒臂之，下馬而射，專爲破敵之用。"可參觀。

【2】

〇勝案，以騎蹙步，謂以騎兵逼迫步兵。

·欧·亚·历·史·文·化·文·库·

【3】

○勝案,拒馬,古代防騎兵之障礙物。《新五代史》卷 62《南唐世家·李昇》:"彥貞之兵施利刃於拒馬,維以鐵索;又刻木爲獸,號'捷馬牌';以皮囊布鐵蒺藜於地。"[1]《宋史》卷 366《吳璘傳》:"凡陣,以拒馬爲限,鐵鈎相連,俟其傷則更代之。"[2]"森戟外列拒馬"即"施利刃於拒馬"也。

【4】

○勝案,薪水,即柴與水也,代指生活必需品。宋葉適《水心先生文集》卷 25《朝請大夫提舉江州太平興國宮陳公墓誌銘》:"虜既解去,襄城米未食者十五萬,薪水不乏,竟完二城,皆如公策。"[3]

【5】

○王曰:《遼史·兵衛志》:"敵軍既陣,料其陣勢小大,山川形勢,往回道路,救援捷徑,漕運所出,各有以制之。然後於陣四面列騎爲隊,每隊走馬五、七百人,十隊爲一道,十道當一面,各有主帥。最先一隊走馬大譟,衝突敵陣,得利則諸隊齊進,若未利,引退,第二隊繼之。退者息馬飲水秒,諸道皆然。更退迭進,敵陣不動,亦不力戰,歷二三日,待其困憊。又令打草穀家丁馬施雙帚,因風疾馳,揚塵敵陣,更互往來。中既飢疲,目不相覷,可以取勝。"

○勝案,施帚揚塵即古之所謂曳柴也。晉楚城濮之戰中晉軍即用此計以迷惑楚軍,《左傳》僖公二十八年(公元前 632 年)云:"狐毛設二旆而退。欒枝使輿曳柴而僞遁,楚師馳之,原軫、郤溱以中軍公族橫擊之。"杜預注:"曳柴起塵,詐爲衆走。"楊伯峻注引《淮南子·兵略篇》:"曳梢肆柴,揚塵起堨,所以營其目者,此善爲詐侔者也。"[4]《新唐書》卷 192《顏杲卿傳》:"即傳檄河北,言王師二十萬入土門,遣郭仲

〔1〕〔宋〕歐陽修:《新五代史》,773 頁。

〔2〕〔元〕脫脫等:《宋史》,11416 頁。

〔3〕〔宋〕葉適:《水心先生文集》,收入《全宋文》第 285–287 冊,上海辭書出版社 2006 年,37頁。

〔4〕楊伯峻:《春秋左傳注》,461–462 頁。參觀〔民國〕劉文典:《淮南鴻烈集解》,中華書局 1989 年,517 頁。

邕領百騎爲先鋒,馳而南,曳柴揚塵,望者謂大軍至。日中,傳數百里。賊張獻誠方圍饒陽,棄甲走。"[1]西方則公元前 321 年托勒密一世(Ptolemy I,367/366 — 283/282 BC)於埃及擊退亞歷山大帝國攝政帕迪卡(Perdiccas,? — 320 BC)之役時,傳說亦曾用曳柴之計。

【6】

○勝案,黄白,金銀也。

【7】

○勝案,《柏朗嘉賓蒙古行紀》第 8 章:"如果韃靼人佯敗退卻,不要窮追不放,走得太遠,除非能夠確切地看到不會被誘入敵人的埋伏圈,因爲誘敵進入自己設下的埋伏圈是韃靼人慣用的伎倆。……戰鬥部隊應注意不要窮追太遠,因爲韃靼人慣於設伏兵。實際上,與其說韃靼人是以勇力取勝,還不如說是以韜略而獲捷。……如果韃靼人在戰鬥中被摔下馬來,那就要立即活擒,因爲一旦當他們站起來之後,便會雨點般地用箭射人,殺傷對方的人馬。"[2]《馬可波羅行紀》第 1 卷第 69 章:"其作戰勝敵之法如下:此輩不以退走爲恥,蓋退走時回首發矢射敵,射極準,敵人大受傷。馬受訓練,往回疾馳,惟意所欲,雖犬亦不能如其迅捷,則其退走戰亦不弱於相接戰。蓋退走時向追者發矢甚多,追者自以爲勝,不虞及此也。及見敵騎死傷,則皆回騎,大呼進擊破敵。蓋彼等極驍勇耐勞,敵人見其奔逃而自以爲獲勝時,實不自知爲敗亡之徵,而韃靼將乘勢回擊也。其用此法取勝之例不少。"[3]

契丹人作戰亦相似,《雲麓漫鈔》卷 6"契丹用兵"條云:"其用兵之術,成列而(不)戰,休兵而乘之。多伏兵,斷糧道,互相舉火,饋餉自賫。退敗無恥,散而復聚。"[4]《遼史》卷 34《兵衛志》上《兵制》云:"成列不戰,退則乘之。多伏兵斷糧道,冒夜舉火,上風曳柴。饋餉自賫,散而復聚。善戰,能寒。此兵之所以強也。"[5]

〔1〕〔宋〕歐陽修、宋祁:《新唐書》,5530 頁。

〔2〕〔意〕柏朗嘉賓:《柏朗嘉賓蒙古行紀》,〔法〕貝凱、韓百詩譯注,耿昇譯,80、82 頁。

〔3〕〔法〕沙海昂注:《馬可波羅行紀》,247 頁。

〔4〕〔宋〕趙彥衛:《雲麓漫鈔》,108 頁。

〔5〕〔元〕脱脱等:《遼史》,400 頁。

46 其軍馬將帥

其軍馬將帥,舊謂之十七頭項【1】。忒沒真【2】、即成吉思,死後其軍馬兀窟觧之母今自領之。偽大太子拙職【3】、已殺死了。偽二太子茶合觧【4】、見出戍回回國。偽三太子兀窟觧【5】、即今韃主。偽四太子馳鑾【6】、自河南歸病死。以上四人並忒沒真子。忒沒哥窩真、或呼爲窩陳,又呼爲裹聖大王,乃忒沒真弟【7】。按只觧、忒沒真之姪,兀窟觧之弟【8】。撥都馬、忒沒真之婿【9】。白厮馬【1】、一名白厮卜【2】,即白韃偽太子忒沒真之婿【3】、偽公主阿剌罕之前夫【10】。暮花里國王、黑韃人,乃博窩之父【4】,察剌溫之祖也【11】。紇忒郡王、黑韃人【12】。蕭夫人、契丹人,專管投拜戶砲車【5】【13】。阿海、契丹人,元在德興府【14】。禿花、即阿海之弟,元在宣德府【15】。明安、契丹人,今燕京大哥行省憨塔卜,其子也【16】。劉伯林。漢人中第一萬戶。【17】兵數多寡,不得而知。但一夫而數妻,或一妻而數子,昔稀今稠,則有增而無減。今之頭項,又不知其幾,老酋宿將,死者過半。曩與金虜交兵,關河之間,如速不觧【18】、忒沒觧【19】、塔察兒、今名倸盞【20】。按察兒却尚無恙【21】,然戰爭不休,則續能兵者,又似不乏。

校

〖1〗厮,李本作"撕"。

〖2〗厮,李本作"撕"。

〖3〗忒沒真之婿,諸本皆無"之"字。

〖4〗乃，底本及諸本皆作“刀”，據陳本、李注改。

〖5〗砲車，沈本、章本作“死事”，羅本、六經堪本作“死車”，皆爲
“砲車”之謁。

注

【1】

○王曰：《續資治通鑑長編》二十七：“太宗雍熙二年宋琪疏言，晉末
契丹頭下兵謂之大帳，有皮室兵約三萬人騎，皆精甲也，爲其爪牙。國
母舒嚕氏頭下，謂之舒紳，有衆二萬。”○《元史·木華黎傳》：“〔太祖〕
丙戌夏，〔詔〕封功臣戶口爲食邑，曰十投下，孛魯居其首。”又《尤赤台
傳》：“其先剌真八都，以材武雄諸部。生子曰兀魯兀台，曰忙兀，與札
剌兒、弘吉剌、亦乞烈思等五人。當開創之先，協贊大業。厥後太祖即
位命其子孫，各因其名〔爲〕氏，號五投下。”○《金史·國用安傳》：
“〔用安〕語〔因〕世英曰：‘予向隨大軍（兵）攻汴，嘗於開陽門下與侯摯
議內外夾擊。此時大兵病死者衆，十七頭項皆在京城，若從吾言出軍，
中興久矣。’”許有壬《右丞相怯烈公神道碑》《中州文表》二十二云：“世所謂
十七投下，此其一也。”是頭項者，投下之音訛，此語本出契丹。《遼史
·地理志》“頭下諸（軍）州，皆諸王、外戚、大臣及諸部從征俘略（掠），
或置生口，各團集建州縣以居之”云云。

○勝案，王注所引許有壬文見《圭塘小稿》，文中所記“十七投下”
爲世食賦稅之封戶，與此處軍馬元帥“十七頭項”實無關。[1] 兵馬元帥
稱頭項，《續資治通鑑長編》卷501：“元祐中，種誼、李祥等言：青唐二十
二頭項兵馬，十九頭項欲歸漢，其首領皆齎信旗、銀笠子，赴蘭岷州安撫
司爲質信。”

【2】

○李曰：忒沒真，《元史》及《輟耕錄》作鐵木真，《元秘史》作帖
木真。

---

[1] 參觀蔡美彪：《說頭項、頭下與投下》，收入《遼金元史十五講》，222－223頁。

·欧·亚·历·史·文·化·文·库·

【3】

○李曰:拙職,《元史》作尤赤。

【4】

○李曰:茶合觬,《元史》作察合台。

○勝案,茶合觬,《元史》多作"察合台",又作"察合帶"[1]、"茶合觬大王"[2]、"察哈台"[3]、"察哈台阿哈"[4]。《秘史》多作"察阿歹"(243節等)或"察阿歹阿哈"(269節等),又作"察阿答牙"(242節)。[5]

【5】

○李曰:兀窟觬,即元太宗也,《史》作窩闊台。

【6】

○李曰:馳欒,即憲宗蒙哥及世祖皇帝忽必烈之父、追稱睿宗皇帝者也,《史》作拖雷。

○勝案,"及"字間影樓本誤作"即"。馳欒譯名亦見於《心史》。[6]

【7】

○李曰:忒沒哥窩真,《元史》作斡嗔那顏。《秘史》作帖木格,又作斡赤斤。《西遊記》作斡辰大王。

○王曰:案"忒沒哥窩真"下原注:"又呼爲裊聖大王。""裊",當作"烏"。烏聖大王,即《長春真人西游記》所謂斡辰大王。《元史·宗室世系表》所謂國王斡嗔那顏,亦即窩真之異譯也。

○勝案,忒沒哥窩真,《元史》作"斡赤斤"[7],"斡陳那顏"[8],"斡

---

〔1〕〔明〕宋濂等:《元史》,卷68、69、70《禮樂志》,1695、1718、1754頁。

〔2〕〔明〕宋濂等:《元史》,卷95《食貨志三》,2414頁。

〔3〕〔明〕宋濂等:《元史》,卷120《亦力撒合傳》,2957頁。

〔4〕〔明〕宋濂等:《元史》,卷124《忙哥撒兒傳》,3057頁。

〔5〕參觀方齡貴:《元朝秘史通檢》,中華書局1986年,189-190頁。

〔6〕參觀〔宋〕鄭思肖:《鄭思肖集》,陳福康點校,177頁。

〔7〕〔明〕宋濂等:《元史》,卷1《太祖紀》甲子歲,12頁。

〔8〕〔明〕宋濂等:《元史》,卷1《太祖紀》八年,17頁。

真那顏"[1]，"鐵木哥斡赤斤"、"斡嗔那顏"、"鐵木哥斡赤斤國王"[2]，"斡真"[3]，"斡臣"[4]。《親征錄》又作"斡赤斤那顏"[5]。《秘史》作"帖木格斡惕赤斤"（60節）、"帖木哥斡惕赤斤"（99節）、"帖木格"（60、79節）、"斡惕赤斤"（195節等）、"斡惕赤斤那顏"（190節等）[6]。《心史》作"斡（斡）真"[7]，《南村輟耕錄》卷1"大元宗室世系"條作"鐵木哥斡赤[斤]國王即斡真那顏"[8]。《蒙韃備錄》"太子諸王"條："成吉思皇帝兄弟凡四人。成吉思居長，大皇弟久已陣亡。二皇弟名便古得那，見在國中。三皇弟名忒沒葛真。"王國維《箋證》："《元朝秘史》卷一：'訶額倫生了四箇兒子，一名帖木真，一名合撒兒，一名合赤溫，一名帖木格。'又卷二：'帖木真釣得一箇金色魚兒，他異母弟別克帖兒、別勒古台兩箇奪要了。'是成吉思兄弟共六人，此錄便古得那即別勒古台，忒沒葛真即帖木格，又即《元史·宗室世系表》之鐵木哥斡赤斤者也。"[9]

【8】

○勝案，參觀4.1節注【2】。

【9】

○勝案，《蒙韃備錄》"太子諸王"條："女七人，長公主曰阿其鷩拽，今嫁豹突駙馬。"王國維《箋證》："《元史·公主表》：'昌國大長公主帖木侖，烈祖女，適昌忠武王孛禿。主薨，繼室以［太祖女］昌國大長公主火臣別吉。'火臣別吉，《秘史》作豁真別乞，《聖武親征錄》作火阿真伯姬，此阿其鷩拽，'其'亦'真'之訛也。豹突，即孛禿。"[10]撥都爲豹突、

---

〔1〕〔明〕宋濂等：《元史》，卷95《食貨志三》"歲賜"條，2413頁。
〔2〕〔明〕宋濂等：《元史》，卷107《宗室世系表》，2711－2712頁。
〔3〕〔明〕宋濂等：《元史》，卷124《岳璘帖穆爾傳》，3050頁。
〔4〕〔明〕宋濂等：《元史》，卷162《劉國傑傳》，3807頁。
〔5〕王國維：《聖武親征錄校注》甲子條，372頁。
〔6〕參觀方齡貴：《元朝秘史通檢》，111－112頁。
〔7〕〔宋〕鄭思肖：《鄭思肖集》，陳福康點校，177頁。
〔8〕〔元〕陶宗儀：《南村輟耕錄》，4頁。
〔9〕王國維：《蒙韃備錄箋證》，162－163頁。
〔10〕王國維：《蒙韃備錄箋證》，164－165頁。

孛禿之異譯,撥都馬即 47 節撥都駙馬之簡稱。孛禿,《秘史》又作“不圖”(120 節),《親征錄》癸亥條、《元史·太祖紀》作“孛徒”[1],撥都駙馬即《秘史》不禿古列堅(202 節)。[2]

《元史》卷 118《孛禿傳》略云:“孛禿,亦乞列思氏,善騎射。太祖嘗潛遣尤兒徹丹出使,至也兒古納河。孛禿知其為帝所遣,值日暮,因留止宿,殺羊以享之。尤兒徹丹馬疲乏,復假以良馬。及還,孛禿待之有加。尤兒徹丹具以白帝,帝大喜,許妻以皇妹帖木倫。……既而札赤剌歹札木哈、脱也等以兵三萬入寇。孛禿聞之,遣波樂歹、磨里禿禿來告,乃與哈剌里、札剌兀、塔兒哈泥等討脱也等,掠其輜重,降其民。乃蠻叛,帝召孛禿以兵至,大戰敗之。皇妹薨,復妻以皇女火臣別吉。……從太師國王木華黎略地遼東、西,以功封冠、懿二州。從征西夏,病薨。贈推忠宣力佐命功臣、太師、開府儀同三司、駙馬都尉、上柱國,進封昌王,諡忠武。”[3]

【10】

○勝案,《蒙韃備錄》“太子諸王”條:“二公主曰阿里海百因,俗曰必姬夫人,曾嫁金國亡臣白四部,死寡居。今領白韃靼國事,日逐看經,有婦士數千人事之。”王國維《箋證》:“《公主表》:‘趙國大長公主阿剌海別吉,太祖女,適趙武毅王孛要合。’又《阿剌兀思惕吉忽里傳》:‘太祖留阿剌兀思惕吉忽里歸鎮本部,為其部衆所殺,長子不顏昔班併死之。其妻阿里海(黑)攜幼子孛要合與姪鎮國逃難,夜遁至界垣。’又云:‘孛要合幼從攻西域,還封北平王,尚阿剌海別吉公主。’語本閻復《駙馬高唐忠獻王碑》。是以阿里海(黑)為阿剌兀思之妻,阿剌海別吉為孛要合之妻,屠氏寄曰:‘此錄之阿里海必姬即阿剌海別吉異文,白四部即不顏昔丹(班)之音差。又《黑韃事略》徐霆注云:“白厮馬一名白厮卜,即白韃僞太子武沒真壻、僞公主阿剌罕之前夫。”案,白厮卜為不顏昔班之音差,白厮馬為不顏昔班駙馬之省變,阿剌罕即阿剌海之

〔1〕王國維:《聖武親征錄校注》,362 頁;〔明〕宋濂等:《元史》,11 頁。

〔2〕參觀方齡貴:《元朝秘史通檢》,13－14 頁。

〔3〕〔明〕宋濂等:《元史》,2921－2922 頁。

異文,不顏昔班本阿剌兀思之長子,故曰白韃僞太子,其云僞公主阿剌
罕之前夫者,對後夫而言,霆之奉使在宋嘉熙間,其時阿剌海必姬改嫁
字要合已十餘年矣,孟珙作《備錄》在辛巳歲,正成吉思在西域追札剌
勒丁入印度之年,其時不顏昔班已死;字要合從軍未歸,正阿剌海寡居
時也。’云云。屠說至明確,故具錄之。”[1]

【11】

○李曰:暮花里,《元史》作木華黎,《蒙韃備錄》作沒黑肋。“刀”,
當是“乃”字。

○沈曰:刀博窩,“刀”蓋“即”字之誤,博窩即《備錄》之袍阿。察
剌溫即塔思也。博窩爲察剌溫父,然則是字魯也。

○王曰:自暮花里國王以上,均見《蒙韃備錄箋證》。按只觓見
前箋。

○勝案,《蒙韃備錄》“諸將功臣”條:“國王止有一子名袍阿,美容
儀,不肯剔婆焦,只裹巾帽,著窄服,能諸國語。”袍阿,王國維《箋注》:
“《元史·木華黎傳》作‘字魯’,《黑韃事略》作‘博窩’。”[2]拉施特《史
集》作 būgūl[3],伯希和考此名蒙古語意爲奴僕[4]。案,《華夷譯語·
人物門》:“奴婢曰字斡(boqul)。”[5]察剌溫,《元史·木華黎傳》作“查
剌溫”。[6]

【12】

○王曰:絞忒郡王者,尤赤台之子。《元史·尤赤台傳》:“子怯台,
材武過人,……以勞封德清郡王。”

○勝案,絞忒郡王,即《元史》卷150《郝和尚拔都傳》之“郡王迄
忒”。[7]絞忒,《蒙古秘史》202節作“客台”,《聖武親征錄》與《元史·

〔1〕王國維:《蒙韃備錄箋證》,165-166頁。
〔2〕王國維:《蒙韃備錄箋證》,168-169頁。
〔3〕〔波斯〕拉施特主編:《史集》,余大鈞、周建奇譯,第1卷第1分冊,150頁。
〔4〕cf. Pelliot P, Hambis L, *Histoire des Campaignes de Gengis Khan, Cheng-Wou Ts' in-Tcheng Lou*, Leiden:Brill,1951, p.371.
〔5〕賈敬顏、朱風:《蒙古譯語女真譯語匯編》,42頁。
〔6〕〔明〕宋濂等:《元史》,2937頁。
〔7〕〔明〕宋濂等:《元史》,3553頁。

尤赤台傳》皆作"怯台",《元史·太祖紀》作"可忒"。《太祖紀》云:"[八年(1213)]秋七月,克宣德府,遂攻德興府。皇子拖雷、駙馬赤駒先登,拔之。帝進至懷來,及金行省完顏綱、元帥高琪戰,敗之,追至北口。金兵保居庸,詔可忒、薄刹守之。遂趨涿鹿。金西京留守忽沙虎遁去。帝出紫荊關,敗金師於五回嶺,拔涿、易二州。契丹訛魯不兒等獻北口,遮別遂取居庸,與可忒、薄刹會。"[1]《親征錄》云:"壬申(1212年),破宣德府。至德興府,失利,引卻。四太子也可那顏、赤渠駙馬率兵,盡克德興境內諸堡而還。後金人復收之。癸酉(1213年)秋,上復破之,遂進軍至懷來。金帥高琪將兵與戰,我軍追至北口,大敗之,死者不可勝計。時金人塹山築寨,悉力爲備,上留怯台、薄察頓兵拒守,遂將別衆西行,由紫荊口出。金主聞之,遣大將奧屯拒隘,勿使及平地。比其至,我衆度關矣。乃命哲別率衆攻居庸南口,出其不備破之。進兵至北口,與怯台、薄察軍合。既而又遣諸部精兵五千騎,令怯台、哈台二將圍守中都。上自率兵攻涿、易二州,即日拔之。"[2]

【13】

○沈曰:植案,元初以婦人而統部曲,惟耶律留哥之妻姚里氏。此蕭夫人,當即是姚里氏也。遼以后族爲蕭,概不論其本氏。留哥嘗僭號,故其妻沿遼時后制,不稱姚里而稱蕭。

○王曰:蕭夫人當作蕭大夫,即石抹也先。《輟耕錄》一:"石抹曰蕭。"《元史·石抹也先傳》:"也先[者],遼人[也]。……以御史大夫提控諸路元帥府事。……後從國王木華黎攻蠡州北城,先登,中石死。"姚燧《故提刑趙公夫人楊氏新阡銘》:"太師國王徇地至蠡,其刺(刾)猶城守,礮殺王悍將蕭大夫。"與此注云"死事"合也。沈乙庵先生曰:"植案,元初以婦人而統部曲,惟耶律留哥之妻姚里氏。此蕭夫人,當即是姚里氏。遼以后族爲蕭,概不論其本氏。留哥嘗僭號,故其妻沿遼舊制,不稱姚里而稱蕭。"附記於此,似以鄙說爲較長。

---

〔1〕〔明〕宋濂等:《元史》,16 頁。

〔2〕王國維:《聖武親征錄校注》,392-395 頁。

○勝案,王本原文"死事"二字作"砲車",蓋趙萬里據天一閣本覆勘時所改,然與王注不吻合矣。

蕭也先,亦作蕭阿先。蘇天爵《國朝名臣史略》卷1《太師魯國忠武王(木華黎)》云:"王自中都南攻遂城及蠡州諸城,皆下之。蠡之役,蕭阿先中流矢卒。"注引牧菴姚公(即姚燧)撰《招撫使王興秀碑》略云:"大兵及[蠡]城,城方力完守具,礮死蕭大夫。"又《按察使趙瑝碑》略云:"從太師、國王徇地至蠡,其刺猶城守,砲殺王悍將蕭大夫。"[1]

也先,一作也鮮。黃溍《金華黃先生文集》卷27《沿海上副萬戶石抹公神道碑》:"公諱明里帖木兒,別名繼祖,字伯善。迪烈紀人。其先出於梁蕭氏,隋蕭后以族入於突厥,後歸唐,而其族留突厥。至遼爲述律氏,仕遼多至顯官。金滅遼,改命爲石抹氏。……曰脫羅華察耳者,於公爲五世祖,承先志,亦不仕。其第二子曰也鮮,公高祖也。……特授御史大夫,領北京達魯花赤,別募精銳之士萬二千,號'黑軍',以其籍來上。賜金虎符,加上將軍、提空諸路元帥府,便宜行事。太祖西征,俾統紀、漢、黑軍,偕諸將經略中原,徇地至蠡州死焉。"[2]

【14】

○李曰:耶律阿海,《元史》有傳。

○勝案,《元史》卷150《耶律阿海傳》:"耶律阿海,遼之故族也。金桓州尹撒八兒之孫,尚書奏事官脫迭兒之子也。阿海天資雄毅,勇略過人,尤善騎射,通諸國語。金季,選使王可汗,見太祖姿貌異常,因進言:'金國不治戎備,俗日侈肆,亡可立待。'帝喜曰:'汝肯臣我,以何爲信?'阿海對曰:'願以子弟爲質。'明年,復出使,與弟禿花俱往,慰勞加厚,遂以禿花爲質,直宿衛。阿海得參預機謀,出入戰陣,常在左右。……丙寅(1206年),帝建龍旂,即大位,敕左帥閣別略地漢南,阿海爲先鋒。辛未(1211年),破烏沙堡,鏖戰宣平,大捷澮河,遂出居庸,耀兵

---

〔1〕〔元〕蘇天爵:《元朝名臣事略(國朝名臣事略)》,4-5頁。參觀姚燧:《牧菴集》卷21《懷遠大將軍招撫使王公神道碑》,查洪德編校,人民文學出版社2011年,325頁;卷27《提刑趙公夫人楊君新阡碣》,423頁。

〔2〕參觀〔元〕黃溍:《黃溍全集》,王頲點校,天津古籍出版社2008年,691-692頁。

燕北。癸酉（1213 年），拔宣德、德興，乘勝次北口，闍別攻下紫荊關。……甲戌（1214 年），金人走汴，阿海以功拜太師，行中書省事；封禿花爲太傅、濮國公，每宴享，必賜坐。命禿花從木華黎取中原。阿海從帝攻西域，俘其酋長只闌禿，下蒲華、尋斯干等城，留監尋斯干，專任撫綏之責。未幾，以疾薨於位，年七十三。至元十年，追封忠武公。"[1]

【15】

〇勝案，《元史》卷 149《耶律禿花傳》："耶律禿花，契丹人。世居桓州，太祖時，率衆來歸。大軍入金境，爲嚮導，獲所牧馬甚衆。後侍太祖，同飲班朮河水。從伐金，大破忽察虎軍。又從木華黎收山東、河北，有功，拜太傅、總領也可那延，封濮國公，賜虎符、銀印，歲給錦幣三百六十匹。統萬戶札剌兒、劉黑馬、史天澤伐金，卒於西河（和）州。"[2]

【16】

〇勝案，《元史》卷 150《石抹明安傳》略云："石抹明安，桓州人。……歲壬申（1212 年），太祖率師攻破金之撫州，……［明安］策馬來降，……命領蒙古軍，撫定雲中東西兩路。……乙亥（1215 年）春正月，取通州，金右副元帥蒲察七斤以其衆降，明安命復其職，置之麾下，遂駐軍于京南建春宮。……四月，攻萬寧宮，克之。取富昌、豐宜二關，攻拔固安縣。……五月，明安將攻中都，金相完顏復興飲藥死。辛酉，城中官屬父老緇素，開門請降。……中都既下，加太傅、邵國公，兼管蒙古漢軍兵馬都元帥。丙子（1216 年），以疾卒于燕城，年五十三。子二人：長咸得不，襲職爲燕京行省。次忽篤華，太宗時，爲金紫光禄大夫、燕京等處行尚書省事，兼蒙古漢軍兵馬都元帥。"[3]

憨塔卜，即咸得不之異譯，又作咸得卜，以其居長，故曰"燕京大哥行省"。《元史》卷 146《耶律楚材傳》："燕薊留後長官石抹咸得卜尤貪暴，殺人盈市。"[4]

---

〔1〕〔明〕宋濂等：《元史》，3548 - 3549 頁。

〔2〕〔明〕宋濂等：《元史》，3532 頁。

〔3〕〔明〕宋濂等：《元史》，3556 - 3557 頁。

〔4〕〔明〕宋濂等：《元史》，3456 頁。

【17】

〇勝案,《元史》卷149《劉柏林傳》略云:"劉伯林,濟南人。好任俠,善騎射,金末爲威寧防城千戶。壬申歲(1212年),太祖圍威寧,伯林知不能敵,乃縋城詣軍門請降。太祖許之,……命選士卒爲一軍,與太傅耶律禿懷同征討,招降山後諸州。太祖北還,留伯林屯天成,遏金兵,前後數十戰。進攻西京,録功,賜金虎符,以本職充西京留守,兼兵馬副元帥。癸酉(1213年),從征山東,攻梁門、遂城,下之。乙亥(1215年),同國王木華黎攻破燕京。丁丑(1217年),復從大軍攻下山東諸州。……戊寅(1218年),同攻下太原、平陽。己卯(1219年),破潞、絳及火山、聞喜諸州縣。……辛巳(1221年),以疾卒,年七十二。累贈太師,封秦國公,謚忠順。子黑馬。……驍勇有志略,年幾弱冠,隨父征伐,大小數百戰。……歲壬午(1222年),襲父職,爲萬戶,佩虎符,兼都元帥。……歲己丑(1229年),太宗即位,始立三萬戶,以黑馬爲首,重喜、史天澤次之,授金虎符,充管把平陽、宣德等路管軍萬戶,仍僉太傅府事,總管漢軍。"

案,據傳文所載壬午黑馬襲父職爲萬戶,則伯林此前早爲萬戶矣。然此與下文太宗己丑始立三萬戶相矛盾,羅依果[1]、黃時鑑[2]均以爲劉柏林未任萬戶。

【18】

〇勝案,速不觲[3],《元史》或作速不台[4]、雪不台[5]、速卜帶[6]、唆伯台[7],《秘史》作速別額台,《親征録》作速不台、速不歹,《史集》

〔1〕Rachewiltz, Igor de, "Personnel and Personalities in North China in Early Mongol Period", *Journal of the Economic and Social History of the Orient*, Vol.9. 1966, pp.110 –111.

〔2〕黃時鑑:《關於漢軍萬戶設置的若干問題》,載《元史論叢》第2輯,中華書局1983年,收入《黃時鑑文集》第1冊。

〔3〕[明]宋濂等:《元史》,《李邦瑞傳》同,3620頁。

〔4〕[明]宋濂等:《元史·速不台傳》,又見《苫徹拔都兒傳》3031頁、《耶律楚材傳》3459頁、《郭寶玉傳》3522 –3523頁、《王珍傳》3592頁。

〔5〕[明]宋濂等:《雪不台傳》。

〔6〕[明]宋濂等:《元史·昔里鈐部傳》,3011頁。

〔7〕[明]宋濂等:《元史·按扎兒傳》,3007頁。參觀[清]汪輝祖:《元史本證》卷45《證名九》,中華書局2004年,515頁。

作 sūbādāi。

《元史》卷 121《速不台傳》略云：“速不台，蒙古兀良合人。其先世獵於斡難河上，遇敦必乃皇帝，因相結納，至太祖時，已五世矣。捏里必者生孛忽都，眾目爲折里麻。折里麻者，漢言有謀略人也。三世孫合赤溫，生哈班。哈班二子，長忽魯渾，次速不台，俱驍勇善騎射。……速不台以質子事帝，爲百戶。歲壬申（1212 年），攻金桓州，先登，拔其城。帝命賜金帛一車。滅里吉部強盛不附。……己卯（1219 年），大軍至蟾河，與滅里吉遇，一戰而獲其二將，盡降其眾。其部主霍都奔欽察，速不台追之，與欽察戰於玉峪，敗之。壬午（1222 年），帝征回回國，其主滅里委國而去。命速不台與只別追之，及於灰里河，只別戰不利，速不台駐軍河東，戒其眾人爇三炬以張軍勢，其王夜遁。復命統兵萬人由不罕川必里罕城追之，凡所經歷，皆無水之地。既度川，先發千人爲游騎，繼以大軍晝夜兼行。比至，滅里逃入海，不月餘，病死，盡獲其所棄珍寶以獻。……癸未（1223 年），速不台上奏，請討欽察。許之。遂引兵繞寬定吉思海，輾轉至太和嶺，鑿石開道，出其不意。至則遇其酋長玉里吉及塔塔哈兒方聚於不租河，縱兵奮擊，其眾潰走。矢及玉里吉之子，逃於林間，其奴來告而執之，餘眾悉降，遂收其境。又至阿里吉河，與斡羅思部大、小密赤思老遇，一戰降之，略阿速部而還。……又奏以滅里吉、乃蠻、怯烈、杭斤、欽察諸部千戶，通立一軍，從之。略也迷里霍只部，獲馬萬匹以獻。……丙戌（1226 年），攻下撒里畏吾、特勤、赤閔等部，及德順、鎮戎、蘭、會、洮、河諸州，得牝馬五千匹，悉獻於朝。……己丑（1229 年），太宗即位，以禿滅干公主妻之。……壬辰（1232 年）夏，睿宗還駐官山，留速不台統諸道兵圍汴。癸巳（1233 年），金主渡河北走，追敗之於黃龍岡，斬首萬餘級。金主復南走歸德府，未幾，復走蔡州。汴降，俘其后妃及寶器以獻，進圍蔡州。甲午（1234 年），蔡州破，金主自焚死。……乙未（1235 年），太宗命諸王拔都西征八赤蠻，……遂命爲先鋒，與八赤蠻戰。繼又令統大軍，遂虜八赤蠻妻子於寬田吉思海。八赤蠻聞速不台至，大懼，逃入海中。辛丑（1241 年），太宗命諸王拔都等討兀魯思部主也烈班，爲其所敗，圍禿里思哥城，不克。拔都奏遣速

178

不台督戰,速不台選哈必赤軍怯憐口等五十人赴之,一戰獲也烈班。進攻禿里思哥城,三日克之,盡取兀魯思所部而還。經哈呃里山,攻馬札兒部主怯憐。速不台爲先鋒,與諸王拔都、吁里兀、昔班、哈丹五道分進。衆曰:'怯憐軍勢盛,未可輕進。'速不台出奇計,誘其軍至漷寧河。……諸王以敵尚衆,欲要速不台還,徐圖之。速不台曰:'王欲歸自歸,我不至禿納河馬荼城,不還也。'及馳至馬荼城,諸王亦至,遂攻拔之而還。……丙午(1246年),定宗即位,既朝會,還家於禿剌河上。戊申(1248年)卒,年七十三。贈效忠宣力佐命功臣、開府儀同三司、上柱國,追封河南王,諡忠定。"[1]

按,《元史》卷122《雪不台傳》[2]記攻滅里吉於蟾河在太祖十一年(1216),太宗詔拔都西征在六年(1234),卒後追贈及定諡號則在至大元年(1308)等,與《速不台傳》有異。

又,關於征滅里吉(即蔑里乞)始末,《元史·太祖紀》云:"歲甲子(1204),……遂進兵伐乃蠻。……禽殺太陽罕。……餘衆悉降。已而復征蔑里乞部。其長脫脫奔太陽罕之兄卜欲魯罕;其屬帶兒兀孫獻女迎降,俄復叛去。……元年丙寅(1206)……帝既即位,遂發兵復征乃蠻。時卜欲魯罕獵於兀魯塔山,擒之以歸。太陽罕子屈出律罕與脫脫奔也兒的石河上。……(三年戊辰,1208)冬,再征脫脫及屈出律罕。時斡亦剌部等遇我前鋒,不戰而降,因用爲嚮導。至也兒的石河,討蔑里乞部,滅之。脫脫中流矢死。屈出律罕奔契丹。"[3]

而《親征錄》又記:"丁丑(1217年),上遣大將速不台拔都以鐵裹車輪,征蔑兒乞部,與先遣征西前鋒脫忽察兒二千騎合。至堑河,遇其長大戰,盡滅蔑兒乞還。"[4]堑河,即速不台傳之"蟾河",《秘史》198節作"垂河",《史集》作 jm-mūrān。

〔1〕〔明〕宋濂等:《元史》,2975－2978頁。
〔2〕〔明〕宋濂等:《元史》,3008－3009頁。
〔3〕〔明〕宋濂等:《元史》,12－14頁。參觀王國維《聖武親征錄校注》(372－382頁),〔波斯〕拉施特主編《史集》(余大鈞、周建奇譯,第1卷第2分冊,205－210頁),《蒙古秘史》第158、193－198、202節。
〔4〕王國維:《聖武親征錄校注》,409－410頁。

此役《速不台傳》繫於己卯（1219 年），《親征錄》在丁丑（1217年），《史集》[1]、《秘史》（199 節）同。王惲《大元光祿大夫平章政事兀良氏先廟碑銘》則繫於丙子（1216 年）下、辛巳（1221 年）追滅里吉酋長霍都前。[2]

【19】

○王曰：忒沒�360者，《聖武親征錄》云："速不歹拔都、忒木歹火兒赤、貴由拔都、塔察兒，適與金戰。金遣兄子曹王入質我軍，遂退忒木歹。"即此忒沒�360也。

○勝案，《親征錄》此條王氏《校注》云："《秘史》蒙文《續集》二載太宗初領散班者有帖木迭兒，即此忒木歹火兒赤也。"[3] 帖木迭兒見《秘史》278 節。又，《元史》中與"忒沒�360"同名者，有卷 95《食貨志三》"歲賜"條之"忒木台駙馬"[4]，卷 109《公主表》之"忒不（木）歹駙馬"[5]，卷 131《奧魯赤傳》之"忒木台"[6][7]。

彭大雅所記之忒沒�360嘗與金交兵，與《親征錄》之"忒木歹火兒赤"相合，然與上述諸人能否勘同，尚需分析。忒木台／歹駙馬未詳。《奧魯赤傳》云："奧魯赤，札剌台人。曾祖谿火察。……祖朔魯罕。……父忒木台，從太宗征杭里部，俘部長以獻。復從征西夏有功，特命行省事，領兀魯、忙兀、亦怯烈、弘吉剌、札剌兒五部軍。平河南，以功賜戶二千。嘗駐兵太原、平陽、河南，土人德之，皆為立祠。"[8] 奧魯赤父忒木

〔1〕〔波斯〕拉施特主編《史集》（余大鈞、周建奇譯，第 1 卷第 2 分冊 244 - 245 頁。

〔2〕參觀〔元〕王惲：《秋澗先生大全文集》卷 50，收入《元人文集珍本叢刊》，新文豐出版社（臺北）1985 年，第 2 冊，104 頁。又見《全文元》第 6 冊《王惲集》卷 183，江蘇古籍出版社 1999 年。

〔3〕王國維：《聖武親征錄校注》，431 頁。

〔4〕〔明〕宋濂等：《元史》，2431 頁。

〔5〕〔明〕宋濂等：《元史》，2762 頁。

〔6〕〔明〕宋濂等：《元史》，3190 頁。

〔7〕cf. Pelliot et Hambis, *Histoire des Campaignes de Gengis Khan, Cheng-Wou Ts' in-Tcheng Lou*, p. 354. Olbricht, Peter und Pinks, Elisabeth, *Meng-Ta Pei-Lu und Hei-Ta Shih-Lüeh, Chinesische Gesandtenberichte über die frühen Mongolen 1221 und 1237, nach Vorarbeiten von Erich Haenisch und Yao Ts' ung-wu, Asiatische Forschungen*, pp. 199 - 200.

〔8〕〔明〕宋濂等：《元史》，3190 頁。

台攻金河南地,與彭氏所記情事合。

又《元史》卷122《唵木海傳》云:"唵木海,蒙古八剌忽觸氏,與父孛合出俱事太祖,征伐有功。帝嘗問攻城掠地,兵仗何先,對曰:'攻城以砲石爲先,力重而能及遠故也。'帝悅,即命爲砲手。歲甲戌(1214年),太師國王木華黎南伐,帝諭之曰:'唵木海言攻城用砲之策甚善,汝能任之,何城不破。'即授金符,使爲隨路砲手達魯花赤。唵木海選五百餘人教習之,後定諸國,多賴其力。太宗即位,留爲近侍,以講武藝。歲壬辰(1232年),從攻河南有功。壬子(1252年),憲宗特授虎符,升都元帥。癸丑(1253年),從宗王旭烈兀征剌里西番、斜巨山、桃里寺、河西諸部,悉下之。卒,子忒木台兒以從戰功授金符,襲砲手總管。至元十年(1273),……以功授行省斷事官,復令其子忽都答兒襲砲手總管。……十五年(1278),兼平江路達魯花赤,尋遷徽州、湖州,卒。忽都答兒後升砲手萬戶,改授達魯花赤,卒。"[1]

據傳文可知唵木海家族世代精於砲戰,其子忒木台兒以從父征戰功授金符,則壬辰歲唵木海攻金河南地時,忒木台兒當即在軍中,此與彭氏所記亦合。忒木台兒掌砲事,與此節前記蕭也先專管投拜戶砲事相似。蒙文語尾 -r 與 -i 易混[2],忒木台(Tämütäi)譌爲忒木台兒(Tämütär),此與《秘史》帖木迭兒(Tämüdär)音亦近。故鄙見以此節忒沒觸當唵木海子忒木台兒,或可備一說歟?

【20】

○勝案,《元史》卷119《塔察兒傳》:"塔察兒,一名倚盞,居官山。伯祖父博爾忽,從太祖起朔方,直宿衛爲火兒赤。火兒赤者,佩橐鞬侍左右者也。由是子孫世其職。博爾忽從太祖平諸國,宣力爲多,當時與木華黎等俱以功號四傑。塔察兒,其從孫也,驍勇善戰,幼直宿衛。太祖平燕,睿宗監國,聞燕京盜賊恣意殘殺,直指富庶之家,載運其物,有司不能禁。乃遣塔察兒、耶律楚材窮治其党,誅首惡十有六人,由是巨

---

〔1〕〔明〕宋濂等:《元史》,3010頁。

〔2〕cf. Pelliot et Hambis, *Histoire des Campaignes de Gengis Khan, Cheng-Wou Ts' in-Tcheng Lou*, p. 354.

·欧·亚·历·史·文·化·文·库·

盜屛跡。太宗伐金，塔察兒從師，授行省兵馬都元帥，分宿衛與諸王軍士俾統之，下河東諸州郡，濟河，破潼關，取陝洛。辛卯（1231年），從圍河中府，拔之。壬辰（1232年），從渡白坡。時睿宗已自西和州入興元，由武關出唐、鄧，太宗以睿宗與金兵相持久，乃遣使約期，會兵合進。即詔發諸軍至鈞州，連日大雪，睿宗與金人戰於三峰山，大破之。詔塔察兒等進圍汴城。金主即以兄子曹王訛可爲質，太宗與睿宗還河北。塔察兒復與金兵戰于南薰門。癸巳（1233年），金主遷蔡州，塔察兒復帥師圍蔡。甲午（1234年），滅金，遂留鎮撫中原，分兵屯大河之上，以遏宋兵。丙申（1236年），破宋光、息諸州，事聞於朝，以息州軍民三千戶賜之。戊戌（1238年）卒。"[1]

【21】

○王曰：阿海、禿花、明安、速不觸、塔察兒、按察兒，並《元史》有傳。

○勝案，按察兒，《元史》本傳作"按扎兒"。《元史》卷122《按扎兒傳》略云："按扎兒，拓跋氏，嘗扈從太祖南征。歲丙子（1216），復從定諸部有功，命領蒙古軍爲前鋒，時木華黎暨博爾尤爲左右萬戶長，各以其屬爲翊衛。……歲己卯（1219），河中府降，兵北還，以按扎兒領前鋒總帥，仍統所部兵屯平陽以備金，攝國王事。時金將乞石烈氏擁兵數爲邊患，然畏按扎兒威名，不敢輕犯其境。歲壬午（1222），元帥石天應守河中府，屯中條山，金侯將軍率昆弟兵十余萬夜襲河中，……敵至，聲援弗繼，城遂陷，天應死焉，遂燔其城，屠其民。將趨中條，按扎兒進兵擊之，斬首數萬級，逃免者僅十數。歲癸未（1223）春，至聞喜縣西下馬村，木華黎卒，詔以子孛魯襲其爵，時平陽重地，令按扎兒居守。歲庚寅（1230），……孛魯戰失利，輜重人口皆陷沒，按扎兒妻奴丹氏亦被獲，拘于大梁。……（辛卯，1231）帝率從弟按只吉歹、口溫不花大王、皇弟四太子暨國王孛魯征潞州、鳳翔。至鈞州三峰山，金將完顏合達引兵十五萬來戰，俘其同僉移剌不花等，悉誅之。明年壬辰（1232）春三月，帝

---

〔1〕〔明〕宋濂等：《元史》，2952－2953頁。

班師北還,命偕都元帥唉伯台圍汴。……歲甲午,金亡,詔封功臣,賜平陽戶六百一十有四、驅戶三十、獵戶四。未幾,以疾卒。"〔1〕按,三峰山之役在壬辰(1232)正月,此傳有誤。

46.1

霆見其俗,一夫有數十妻,或百餘妻,一妻之畜產至富。成吉思立法,只要其種類子孫蕃衍,不許有妬忌者[1]。今韃主兀窟觲,丙午生,胡而黑,韃人少鬍,故胡多必貴也[2]。霆在金帳前,忽見韃主同一二人出帳外射弓,只韃主自射四五箭,有二百步之遠,射畢即入金帳。

注

【1】

○沈曰:《本紀》太宗六年,大會諸王百官於達蘭達葩之地,所頒條令有婦人"妬者,乘以騾馬(牛)徇部中,論罪,即聚財爲更娶"一條。嘗疑此細事,何汲汲於大札撒中言之,讀此乃知其故也。

○王曰:蒙古法,婦人妬者離之。《元史·太宗紀》六年夏五月,大會諸王官,諭條令曰:"諸婦人製質孫燕服不如法者,及妬者,乘以騾牛徇部中,論罪,即聚財爲更娶。"

【2】

○李曰:兀窟觲,即《元史》太宗皇帝窩闊台,《[秘]史》作斡歌歹。

○勝案,窩闊台生於1186年,卒於1241年。"丙午"即淳熙十三年丙午(1186)。德譯本此句誤讀爲"丙午生胡,而黑韃人少鬍",故誤將"丙午"當1246年,復以爲"甲午(1234年)"或"丙申(1236年)"之譌。

〔1〕〔明〕宋濂等:《元史》,3006-3007頁。

47　其頭項分成

其頭項分成,則窩真之兵在遼東[1],茶合觧之兵在回回[2],撥都駙馬之兵在河西[3],各有後顧之憂。黑韃萬戶八人[4],人不滿萬,但伯叔、兄弟、子姪、親戚之兵不隸萬戶之數。漢地萬戶四人[1][5],如嚴寔之在鄆州,今東平府是也[6]。則有山東之兵。史天翼即史三。之在真定[2][7],則有河東、河北之兵。張柔之在滿城保州屬縣[3][8],則有燕南之兵。劉黑馬伯林之子。之在天城[4][9],西京屬縣。則有燕薊山後之兵。他雖有領衆者,俱不若此四人兵數之多,事力之強也[5][10]。如遼東、河西、回回諸國之兵,又在漢萬戶之外。

校

〖1〗李本無"漢地"二字。

〖2〗史天翼,沈本、陳本、章本作"史天倪"。

〖3〗滿城,沈本、羅本、六經堪本作"蒲城",蓋形近致譌也。

〖4〗天城,《元史》卷 149《劉柏林傳》作"天成"[1],《遼史》卷 41《地理志》亦作"天成"[2]。《金史·地理志》本作"天城",中華書局版《校勘記》據《蘇保衡傳》、《移剌窩斡傳》及《遼史·地理志》改作"天

---

〔1〕〔明〕宋濂等:《元史》,3516 頁。

〔2〕〔元〕脫脫等:《遼史》,506 頁。

成"〔1〕。

〖5〗事力,王本、六經堪本作"勢力"。

注

【1】

○勝案,《元史》卷1《太祖紀》"八年癸酉(1213年)"條:"是秋,分兵三道。……皇弟哈撒兒及斡陳那顏、拙赤斛、薄刹爲左軍,遵海而東,取薊州、平、灤、遼西諸郡而還。"〔2〕《親征録》作:"哈撒兒及斡陳那顏、拙赤斛、薄刹爲左軍,沿海破洙、沂等城而還。"王國維《校注》:"洙、沂疑爲平、灤之譌。"〔3〕

《史集》云:"成吉思汗派遣拙赤－合撒兒、弘吉剌惕部人阿勒赤那顏、自己的幼子朮兒赤台和弘吉剌惕部人薄察共四人分左右兩路去攻打沿海地區。他們出發后,攻佔并毀壞了薊州(Kī-jiu)和蠡州(lī-jiu)城,還攻佔了沿途的所有堡寨,然後回來了。"〔4〕蠡州,原譯爲易州。薊州、蠡州,俄譯者注據《親征録》以爲涿州、易州之譌。按,《史集》所記分兵統帥所取州郡與《親征録》、《元史·太祖紀》不盡相同。蠡州、沂州,《太祖紀》載爲成吉思汗與拖雷之中軍所取。

《元史》卷2《太宗紀》八年丙申(1236年):"詔以真定民戶奉太后湯沐,中原諸州民戶分賜諸王、貴戚、斡魯朵。……斡陳那顏,平、灤州。"〔5〕卷58《地理志一》:"永平路,下。唐平州。遼爲盧龍軍。金爲興平軍。元太祖十年,改興平府。中統元年,升平灤路,置總管府,設錄事司。大德四年,以水患改永平路。戶一萬三千五百一十九,口三萬五千三百。……灤州,下。在盧龍塞南。金領義豐、馬城、石城、樂亭四縣。"〔6〕

〔1〕〔元〕脱脱等,《金史》,583頁注40。
〔2〕〔明〕宋濂等:《元史》,17頁。
〔3〕王國維:《聖武親征録校注》,397頁。
〔4〕〔波斯〕拉施特主編:《史集》,余大鈞、周建奇譯,第1卷第2分冊,234頁。
〔5〕〔明〕宋濂等:《元史》,35頁。
〔6〕〔明〕宋濂等:《元史》,1352－1353頁。

·歐·亞·歷·史·文·化·文·庫·

【2】

○勝案,《聖武親征録》:"庚辰(1220年),上至也兒的石河住夏。秋,進兵,所過城皆克,至斡脫羅兒城,上留二太子、三太子攻守,尋克之。辛巳(1221)……秋,分遣大太子、[二太子]、三太子率左軍攻玉龍傑赤城,以軍集奏聞,上有旨曰:軍既集,可聽三太子節制也。……上親克迭兒密城,又破班勒紇城。……壬午(1222)……上方攻塔里寒寨,朝覲畢,并兵克之。三太子克玉龍傑赤城,大太子還營所,寨破後,二太子、三太子始歸相覲。……癸未(1123)……夏,上避暑於八魯灣川,候八剌那顏,因討近敵,悉平之。八剌那顏軍至,遂行,至可溫察,三太子亦至。時上既定西域,置達魯花赤於各城監治之。"[1]

《元史》卷1《太祖紀》:"十五年庚辰……秋,攻斡脫羅兒城,克之。十六年辛巳……秋,帝攻班勒紇等城,皇子尤赤、察合台、窩闊台分攻玉龍傑赤等城,下之。……十八年癸未……皇子尤赤、察合台、窩闊台及八剌之兵來會,遂定西域諸城,置達魯花赤監治之。"[2]

《蒙古秘史》第258-260節云:"太祖自回回地面回,命拙赤、察阿歹、斡歌歹三子領右手軍,過阿梅河,至兀籠格赤城下營。命拖雷往亦魯等城下營。拙赤等至兀籠格赤下營了,差人來說:'如今俺三人内,聽誰調遣?'太祖教聽斡歌歹調遣。至是,太祖得了兀都剌兒等城,於回回王過夏的阿勒壇谿兒桓山嶺處過夏了,就等候巴剌。……拙赤、察阿歹、斡歌歹三人得了兀籠格赤城,將百姓分了,不曾留下太祖的分子。及回,太祖三日不許三子入見。"

察合台從攻玉龍赤傑城之戰,可參觀《世界征服者史》第1部XIX章《花剌子模的命運》。[3] 又據拉施特記載,此役因尤赤與察合台不和,成吉思汗遂以窩闊台爲全軍統帥。[4] 關於察合台鎮守西域情況,可參觀劉迎勝《察合台汗國史研究》第2章第4節。

---

〔1〕王國維:《聖武親征録校注》,415-421頁。

〔2〕〔明〕宋濂等:《元史》,21-22頁。

〔3〕〔波斯〕志費尼:《世界征服者史》,何高濟譯、翁獨健校訂,144-149頁。

〔4〕〔波斯〕拉施特主編:《史集》,余大鈞、周建奇譯,第1卷第2分冊,295-298頁。

【3】

○勝案，《字禿傳》云："從征西夏，病薨。"[1]參觀46節注【9】。

【4】

○王曰：云黑韃萬戶八人者。按《元朝秘史》，太祖初即位時，孛斡兒出爲右手萬戶，木合黎爲左手萬戶，納牙爲中軍萬戶，忽難於拙赤下做萬戶，又豁兒赤亦爲萬戶，凡五人。其餘五千汪古惕，四千兀魯兀，三千弘吉剌，二千亦乞列思，皆不滿萬。至庚寅年，汪古部增至萬騎，而兀魯兀、弘吉剌、亦乞列思則尚如故。並見《親征錄》。至太宗九年丁酉，即徐氏疏記此書之年。賜弘吉剌以所俘獲軍民五千二百，仍授萬戶以領之，以弘吉剌之貴彊，至此始爲萬戶，則彭氏撰此書時，黑韃萬戶似不能有八人也。《元史·木華黎傳》：太宗庚寅，"帝親征，遣萬戶因只吉台與塔思復取潞州。"此因只吉台，即太祖弟合出溫子按只觸，乃諸王，非萬戶也。

○勝案，王氏所舉蒙古萬戶五人，分別見於《秘史》第205節："成吉思再對孛斡兒出說：'……如今你的坐次，坐在眾人之上。九次犯罪休罰。這西邊直至金山，你做萬戶管者。'"第206節："成吉思再對木合黎說：'……如今教你做國王，坐次在眾人之上。東邊至合剌溫山，你就做左手萬戶，直至你子孫相傳管者。'"第207節："成吉思再對豁兒赤說：'我年少時，你曾說先兆的言語，與我辛苦作伴。……再將三千巴阿里種，又添塔該、阿失黑二人管的阿答兒乞種等百姓，湊成一萬，你做萬戶管者。順額兒的失水林木內百姓地面，從你自在下營，就鎮守者。凡那裏百姓事務，皆稟命於你，違了的就處治者。'"[2]第210節："成吉思再對孛斡兒出、木合黎等說：'這忽難夜間做雄狼，日裏做黑老鴉，依著我行，不曾肯隨歹人。您凡事可與這忽難、闊闊搠思二人商量

---

[1]〔明〕宋濂等：《元史》，2922頁。

[2]參觀第121節："豁兒赤來著說：'……又有箇無角犍牛，拽著箇大帳房下橛，順帖木真行的車路吼著來，說道："天地商量著，國土主人教帖木真做，我載著國送與他去。神明告於我，教眼裏見了帖木真。"我將這等言語告與你，你若做國的主人呵，怎生教我快活？'帖木真說：'我真箇做呵，教你做萬戶。'"

187

著行。我子拙赤最長,教忽難領著格你格思,就於拙赤下做萬戶者。'"[1]第 220 節:"成吉思再對納牙說:'……如今孛斡兒出做了右手萬戶,木合黎做了左手萬戶,你做中軍萬戶者。'"

　　而拉施特所記蒙古萬戶稍有不同,《史集》第 1 卷第 2 分冊第 2 編《萬戶長千戶長與成吉思汗的軍隊簡述》云:"右翼(箋亦馬涅)也就是右手軍。其統帥爲孛斡兒出那顏,'孫古孫'(意爲副帥)爲孛羅忽勒那顏。共三萬八千人。……孛斡兒出是阿魯剌惕部人,是成吉思汗諸異密中地位最高者,最初他是成吉思汗的怯薛長,後來當了萬戶長,最後統轄了右手[軍]。在窩闊台合罕時代,他死去後,孛欒台襲職。……孛羅忽勒那顏千戶。孛羅忽勒,千夫長,孛斡兒出那顏的副帥,[成吉思]汗的大異密和老友之一,許慎部人。他升到了孛斡兒出那顏的官級。在右翼軍中,再沒有人高過他了。最初他是掌膳者(būkāūl),後來當了寶兒赤(司膳)和怯薛丹,後來又當了萬夫長。在窩闊台合罕時代,其子尤不忽兒-忽必來[擔任這個千戶長]。……巴阿里台-豁兒赤那顏諸千戶。巴阿里台-豁兒赤是八鄰部人,是忙豁勒-禿兒堅的族人。[實質上]這些千戶共十個千戶,[因此]是一個萬戶。諸千戶長之名不知,因爲這支軍隊大部分自古以來就是由八鄰部人組成的,因此照舊算作一個萬戶。"[2]又云:"左翼(箋亦撒列)也即左手軍,蒙語爲准合兒。左翼統帥爲木華黎國王、副帥爲八鄰部納牙那顏。左翼共六萬二千人。"[3]又云:"四千人分給長子尤赤汗。……輕吉惕部人輕吉台忽丹那顏千戶。其子忽蘭在寬撒大王處,是這個國家的大異密之一。"[4]《史集》此節明確記載爲萬戶者僅孛斡兒出、孛羅忽勒、巴阿里台-豁兒赤(即《秘史》豁兒赤)三人,即使左翼正副統帥木華黎、納牙名下亦皆未記二人爲萬戶。尤赤手下輕吉台忽丹那顏與《秘史》"忽

---

　　[1]參觀第 243 節:"太祖於訶額侖母親并斡惕赤斤處,與了一萬百姓。……拙赤處,委付了忽難等三箇官人。"
　　[2][波斯]拉施特主編:《史集》,余大鈞、周建奇譯,365、366、368 頁。
　　[3][波斯]拉施特主編:《史集》,余大鈞、周建奇譯,369 頁。
　　[4][波斯]拉施特主編:《史集》,余大鈞、周建奇譯,375-376 頁。

難"或爲一人，然二者部族不同，則未敢遽定[1]。

又案，孛斡兒出即《元史》之"博爾朮"、《長春真人西遊記》之"萬戶播魯只"。《西遊記》壬午（1222 年）記成吉思汗"敕萬戶播魯只以甲士千人衛［真人］過鐵門關"[2]、"預傳聖旨令萬戶播魯只領蒙古、回紇軍千人，護送過鐵門"[3]。《元史》卷 119《博爾朮傳》云："丙寅歲（1206），太祖即皇帝位，君臣之分益密，嘗從容謂博爾朮及木華黎曰：'今國內平定，多汝等之力，我之與汝猶車之有輵，身之有臂，汝等宜體此勿替。'遂以博爾朮及木華黎爲左右萬戶，各以其屬翊衛，位在諸將之上。皇子察哈歹出鎮西域，有旨從博爾朮受教。……未幾，賜廣平路戶一萬七千三百有奇爲分地。以老病薨，太祖痛悼之。大德五年（1301），贈推忠協謀佐運功臣、太師、開府儀同三司，追封廣平王，諡武忠。子孛欒台，襲爵萬戶。"[4]博爾朮卒年不可確知，然據《西遊記》當在壬午（1222）之後[5]，而其子孛欒台襲爵萬戶當在此後亦可推知矣。然上引《史集》記其博爾朮卒在窩闊台時代，則又當在 1229 年之後矣。

《元史》卷 119《木華黎傳》云："歲丙寅（1206），太祖即皇帝位，首命木華黎、博爾朮爲左右萬戶。從容謂曰：'國內平定，汝等之力居多。我與汝猶車之有輵，身之有臂也。汝等切宜體此，勿替初心。'……癸未春（1223）……三月，渡河，還聞喜縣，疾篤。……薨，年五十四。……至治元年（1321），詔封……木華黎體仁開國輔世佐命功臣、太師、開府儀同三司、上柱國、魯國王，諡忠武。子孛魯嗣。孛魯，……年二十七，入朝行在所。……戊子（1228）夏五月薨，年三十二。至治元年，詔封純誠開濟保德輔運功臣、太師、開府儀同三司、上柱國、魯國王，諡忠定。子七人：長塔思……。塔思，一名查剌溫。……年十八襲爵。……己亥（1239）春三月薨，年二十八。"[6]據孛魯卒年推算，其 27 歲入朝在

---

〔1〕忽丹之子忽蘭雖與忽難音近，然既云在寬撒大王處，則時代晚矣。

〔2〕王國維：《長春真人西遊記校注》，534－535 頁。

〔3〕王國維：《長春真人西遊記校注》，536 頁。

〔4〕〔明〕宋濂等：《元史》，2946 頁。

〔5〕參觀蕭啟慶：《元代四大蒙古家族》，525－526 頁。

〔6〕〔明〕宋濂等：《元史》，2930、2936－2938、2940 頁。

1223 年（即木華黎卒之當年），時孛魯當已襲爵爲萬戶。而塔思 18 歲襲爵萬戶則在 1229 年（即孛魯卒後之翌年）。王氏舉《木華黎傳》太宗庚寅（1230 年）"帝親征，遣萬戶因只吉台與塔思復取潞州"，以"因只吉台"爲諸王非萬戶誠是，頗疑此爲史文譌倒，實當作"遣因只吉台與萬戶塔思"耳。如是，則彭大雅作此記時孛魯、塔思及博爾朮子孛欒台皆有萬戶之名，合計前揭 5 人恰爲 8 人。至於《史集》載孛羅忽勒（即《元史》博爾忽）曾升至博爾朮同等官階即萬戶，則不見於他史，姑置勿論。

【5】

○勝案，關於此時蒙古所授漢地萬戶，參觀唐長孺、李涵[1]、黃時鑑[2]、王頲[3]、趙文坦[4]論文。

【6】

○李曰：《金史·地理志》山東西路："東平府，上，天平軍節度。宋東平郡，舊鄆州。"《元志》："東平路，[下]。唐鄆州，又改東平郡，又號天平軍。宋改東平府，隸河南道。金隸山東路。元太祖十五年，嚴實以彰德、大名、磁、洺、恩、博、濬、滑等戶三十萬來歸，以實行臺東平，領州縣五十四。實沒，子忠濟爲東平路管軍萬戶總管，[行總管府事，州縣如舊。]至元五年，[以東平]爲散府。"

○勝案，問影樓本"子忠濟"之"子"誤作"於"（蓋"子"與"于"形近而譌），"至元五年"脫"五"字。《元好問全集》卷 26《東平行臺嚴公神道碑》："又四年（即宋端平元年甲午，1234），朝于和林城，授東平路行軍萬戶。"[5]

〔1〕唐長孺、李涵：《金元之際漢地七萬戶》，載《文史》第 11 輯，中華書局，1981 年，收入《唐長孺文集·山居存稿三編》，中華書局 2011 年。

〔2〕黃時鑑：《關於漢軍萬戶設置的若干問題》，載《元史論叢》第 2 輯，收入《黃時鑑文集》第 1 冊。

〔3〕王頲：《蒙古國漢軍萬戶問題管見》，載《元史論叢》第 4 輯，中華書局 1992 年。

〔4〕趙文坦：《元史劉黑馬傳"七萬戶"蠡測》，載《歷史研究》2000 年第 6 期。

〔5〕〔金〕元好問：《元好問全集》，姚奠中、李正民點校，山西古籍出版社 2004 年，549 頁。參觀〔元〕蘇天爵輯：《元朝名臣事略（國朝名臣事略）》卷 6《萬戶嚴武惠公》，姚景安點校，93 頁；〔明〕宋濂等：《元史》卷 148《嚴實傳》，3506 頁。

【7】

○王曰：史天翼當作天澤，《元史·史天倪傳》："父秉直。……三子，長天倪，次天安，次天澤。"故稱史三。

○勝案，《元史》卷119《木華黎傳》："癸酉（1213年），攻居庸關，壁堅，不得入，遣別將闍別統兵趨紫荊口，金左監軍高琪引兵來拒，不戰而潰，遂拔涿州。因分兵攻下益都、濱、棣諸城，遂次霸州，史天倪、蕭勃迭率衆來降，並奏爲萬戶。"[1]卷147《史天倪傳》："父秉直，讀書尚氣義。癸酉（1213年），太師、國王木華黎統兵南伐，所向殘破，秉直聚族謀曰：'方今國家喪亂，吾家百口，何以自保！'既而知降者皆得免，乃率里中老稚數千人，詣涿州軍門降。木華黎欲用秉直，秉直辭而薦其子，乃以天倪爲萬戶，而命秉直管領降人家屬，屯霸州。"[2]卷122《槊直腯魯華傳》："子撒吉思卜華，嗣將其軍。太宗元年己丑（1229），錫金符，安輯河北、山東諸州。先是真定同知武仙攻滅都元帥史天倪家，其弟天澤擊仙走，復真定。以天澤爲真定、河間、濟南、東平、大名五路萬戶。"[3]卷155《史天澤傳》："从其兄天倪帥真定。乙酉（1225），天倪遣護送其母歸北京，既而天倪爲武仙所害。……己丑（1229年），太宗即位，議立三萬戶，分統漢兵。天澤適入覲，命爲真定、河間、大名、東平、濟南五路萬戶。"[4]案，史天倪未授萬戶，錢大昕已辨之。[5]

《元史》卷58《地理志一》："真定路，唐恆山郡，又改鎮州。宋爲真定府。元初置總管府，領中山府，趙、邢、洺、磁、滑、相、濬、衛、祁、威、完十一州。後割磁、威隸廣平，濬、滑隸大名，祁、完隸保定，又以邢入順德，洺入廣平，相入彰德，衛入衛輝；又以冀、深、晉、蠡四州來屬。"[6]

【8】

○勝案，《元史》卷147《張柔傳》："戊寅（1218），國兵出紫荊口，柔

---

〔1〕〔明〕宋濂等：《元史》，2930頁。
〔2〕〔明〕宋濂等：《元史》，3478頁。
〔3〕〔明〕宋濂等：《元史》，3014頁。
〔4〕〔明〕宋濂等：《元史》，3657－3658頁。
〔5〕參觀〔清〕錢大昕：《廿二史考異》卷86，收入《嘉定錢大昕全集》第3冊，1618頁。
〔6〕〔明〕宋濂等：《元史》，1356頁。

率所部逆戰於狼牙嶺,馬蹶被執,遂以衆降,太祖還其舊職,得以便宜行事。柔招集部曲,下雄、易、安、保諸州,攻破賈瑀於孔山,誅瑀,剖其心祭道潤。瑀党郭收亦降,盡有其衆,徙治滿城。……壬辰(1232),從睿宗伐金。……入朝,太宗歷數其戰功,班諸帥上,賜金虎符,升軍民萬戶。……庚子(1240),詔柔等八萬戶伐宋。……辛亥(1251),憲宗即位,換授金虎符,仍軍民萬戶。"[1]《國朝名臣事略》卷6《萬戶張忠武王》引王鶚撰墓誌:"甲午(1234),入覲,上勞之,歷數戰勳……乃論功行賞,陞萬戶,易金虎符。"[2]

《元史》卷58《地理志一》:"保定路,上。本清苑縣,唐隸鄭州。宋升保州。金改順天軍。元太宗十一(三)年,升順天路,置總管府。至元十二年,改保定路,設錄事司。……縣八:清苑,滿城,唐縣,慶都,行唐,曲陽,新安,博野。"[3]

【9】

○李曰:按此《略》作於亡金之後,而金制未改。《金史·地理志》西京路大同府:"天城(縣),遼析雲中置。"今案,《遼史》西京大同府下作"天城(成)縣,……遼析雲中置,在京[北]一百八十里。"

○勝案,《元史》卷149《劉柏林傳》:"太祖北還,留伯林屯天成,遏金兵,前後數十載。進攻西京,錄功,賜金虎符,以本職充西京留守,兼兵馬副元帥。……子黑馬……歲壬午(1222),襲父職,爲萬戶,佩虎符,兼都元帥。……歲己丑(1229),太宗即位,始立三萬戶,以黑馬爲首,重喜、史天澤次之,授金虎符,充管把平陽、宣德等路管軍萬戶,仍僉太傅府事,總管漢軍。……庚寅(1230),睿宗入自大散關,假道于宋以伐金。命黑馬先由興元、金、房東下。至三峰山,遇金大將合達,與戰,大破之,虜合達,斬首數萬級,乘勝攻破香山寨及鈞州,賜西錦、良馬、貂鼠衣,以旌其功。會增立七萬戶,仍以黑馬爲首,重喜、史天澤、嚴實等次之。……辛丑(1241),改授都總管萬戶,統西京、河東、陝西諸軍萬

---

[1][明]宋濂等:《元史》,3472、3475頁。
[2][元]蘇天爵輯:《元朝名臣事略(國朝名臣事略)》,姚景安點校,98-99頁。
[3][明]宋濂等:《元史》,1354頁。

戶,夾谷忙古歹、田雄等並聽節制。"[1]

《元史》卷58《地理志一》："興和路,上。唐屬新州。金置柔遠鎮,後升爲縣,又升撫州,屬西京。元中統三年,以郡爲內輔,升隆興路總管府,建行宮。……縣四:……天成。下。元初隸宣德府,中統三年來屬。"[2]

【10】

○勝案,事力,猶言武力、實力、勢力。《後山談叢》卷1:"姚束之曰:'宋之事力、契丹之士馬皆盛,然北軍用於阻隘,不能敵南;平原馳突,南軍亦不能支也。'"[3]《容齋三筆》卷2《國家府庫》:"今之事力,與昔者不可同日而語,所謂緡錢之入,殆過十倍。"[4]《桂海虞衡志·志蠻·三獠》:"一村中惟有事力者曰郎火,餘但稱火。"[5]

47.1

霆在草地,見其頭目、民戶,車載輜重及老小畜產,盡室而行,數日不絕。亦多有十三四歲者,問之,則云:"此皆韃人調往征回回國,三年在道,今之年十三四歲者,到彼則十七八歲,皆已勝兵。回回諸種盡已臣服,獨此一種回回[1],正在西川後門相對,其國之城三百里,出產甚富,地煖,產五穀、果木,瓜之大合抱,至今不肯臣服,茶合觧征之數年矣,故此更增兵也。"

〔1〕〔明〕宋濂等:《元史》,3516-3517頁。
〔2〕〔明〕宋濂等:《元史》,1352頁。
〔3〕〔宋〕陳師道:《後山談叢》,李偉國點校,中華書局,2007年,22頁。
〔4〕〔宋〕洪邁:《容齋隨筆》,440頁。
〔5〕〔宋〕范成大:《桂海虞衡志》,孔凡禮點校,收入《范成大筆記六種》,中華書局2002年,145頁。

注

【1】

〇李曰：此所云"一種回回"，當即尋斯干所統之碣石城，今之克什米爾也。云"國城三百里出產甚富"者，即尋思干也。

〇勝案，尋斯干即撒馬爾干（Samarkand），其故址在今烏茲別克斯坦撒馬爾罕城東。碣石城爲西遼城名，在今烏茲別克斯坦沙赫里夏勃茲（Shahri-Sebz）一帶，李注與克什米爾勘同，不確。此種回回，蓋指欽察。[1]

48　其殘虐諸國

其殘虐諸國【1】，已破而無爭者〖1〗，東南曰白韃、金虜〖2〗。女真【2】。西北曰柰蠻，或曰乃滿【3】。曰烏鴿〖3〗【4】，曰速里【5】，曰撒里達〖4〗【6】，曰抗里。回回國名【7】。正北曰達塔，即兀魯速之種【8】。曰蔑里乞【9】。正南曰西夏【10】。已爭而未竟者，東曰高麗【11】；曰遼東萬奴，即女真大真國〖5〗【12】。厥相王賢佐【13】，年餘九十，有知來之明。東北曰妮叔【14】，曰那海益律干〖6〗，即狗國也。男子面目拳塊而乳有毛，走可及奔馬，女子姝麗，韃攻之而不能勝【15】。曰斛速益律干〖7〗。水韃靼也【16】。西南曰木波。西蕃部領，不立君【17】。西北曰克鼻梢〖8〗。回回國，即回紇之種【18】。初順韃，後叛去，阻水相抗。忒沒真生前常曰："非十年工夫，不可了手，若待了手，

〔1〕參觀 Olbricht, Peter und Pinks, Elisabeth, *Meng-TaPei-Lu und Hei-Ta Shih-Lüeh*, *Chinesische Gesandtenberichte über die frühen Mongolen 1221 und 1237*, *nach Vorarbeiten von Erich Haenisch und Yao Ts'ung-wu*, *Asiatische Forschungen*, p. 207

則殘金種類又繁盛矣。不如留荼合辭鎮守，且把殘金絕了，然後理會。"癸巳年，荼合辭嘗爲其太子所劫[9]【19】。曰脛篤。黑回回，其地不雨，賣水以爲國【20】。正北曰呷辣吸紿[10]。黑契丹，一名契丹，一名大丹，即大石林牙國[11]【21】。或削其國[12]，或俘其衆，如高麗、萬奴、狗國、水韃靼、木波皆可置而不問，惟克鼻梢一國稍武[13]，餘燼不撲，則有燎原之憂，此韃人所必爭者。

校

〖1〗爭，李本作"事"。

〖2〗底本無"曰"字，據羅本、六經堪本、王本補。

〖3〗鴰，沈本、陳本、章本作"鶪"。

〖4〗達，問影樓本作"韃"。

〖5〗大真國，李本、陳本作"大金國"。

〖6〗益律干，底本、王本、六經堪本作"益律于"，李本、沈本作"益律子"。今據王注改。

〖7〗"曰"字前諸本皆有"西南"二字，然水韃靼在東北，此二字當係誤植，應移至下文"曰木波"之前，參觀註【16】。益律干，底本、王本作"益律于"，李本、沈本、六經堪本作"益律子"。今據王注改。

〖8〗克鼻梢，沈本、羅本、六經堪本作"克鼻稍"。

〖9〗其太子，李本作"其子"，問影樓本、王本作"太子"。或將"所劫"二字與下文連屬，讀爲"所劫曰脛篤"，非是。

〖10〗"呷辣吸紿"，底本、沈本、羅本、六經堪本、王本皆作"呷辣吸紹"，李本作"吸辣吸紿"（校改爲"呷辣吸紿"）、問影樓本作"辣吸紿"，茲據王注改。

〖11〗大石林牙國，底本、李本、王本作"大石林國"，羅本、六經堪本作"大名林國"，章本作"大石林牙"，據沈本、陳本改。

〖12〗國,章本作"地"。

〖13〗克鼻梢,沈本、羅本、六經堪本作"克鼻稍"。

注

【1】

○勝案,柏朗嘉賓亦嘗記爲蒙古征服及尚未征服之民族與地區,可與本節參觀。《柏朗嘉賓蒙古行紀》第7章第9—10節:"下面就是韃靼人所征服地區的名字:契丹(Kitai)、乃蠻(Naiman)、肅良合(Solangi)、哈喇契丹(Kara Kitai)或黑契丹(Kitai Noirs)、庫蠻尼亞(Coumanie)、禿馬惕(Tumat)、斡亦剌(Voyrat)、哈剌尼惕(Karanit)、畏吾兒(Huiur)、速蒙古(Sumoal)、蔑兒乞(Merkit)、蔑克里(Mecrit)、撒里畏吾兒(Sarihuiur)、巴失乞耳(Bascart,即大匈牙利 Grande Hongrie)、乞兒吉思(Kergis)、怯失米兒(Cosmir)、薩拉森(Sarrasins)、木速蠻(Bisermin)、突厥蠻(Turcomans,土庫曼)、必列兒(Byler,即大不里阿耳 Grande Bulgarie)、火羅剌(Catora)、火木黑(Comici)、波黎吐蕃(Buritabet)、巴羅昔惕(Parossit)、合思(Cassi)、阿蘭(Alan)或阿速(As)、斡別思(Obesi)或谷兒只(Géorgie)、景教徒(Nestoriens)、阿蠻(Ameniens,亞美尼亞人)、康里(Kangit)、庫蠻(Coman)、不兒塔思(Brutach,猶太人)、莫爾多瓦(Morduan)、脫魯黑(Torc)、可薩(Gazar)、薩莫耶德(Samoged)、波斯(Perses)、塔特(Tat)、小印度(Inde Mineur)或埃塞俄比亞(Ethiopie)、薛兒客速(Circassiens)、羅塞尼亞(Ruthènes)、報達(Baldach)、撒兒塔(Sart)。此外還有許多地區,但我們不知道其名。然而我們卻遇到過上述各地區的男男女女。下面是曾經英勇地抵抗過韃靼人和至今尚未被他們征服的地區名稱:大印度(Grande Inde)、阿蘭人的一部分、契丹人的一部分、撒哈辛(Saxi)。"[1]

【2】

○勝案,《蒙韃備録》"立國"條:"韃靼始起,地處契丹之西北,族出

---

[1]〔意〕柏朗嘉賓:《柏朗嘉賓蒙古行紀》,〔法〕貝凱、韓百詩譯注,耿昇譯,73－74頁。

於沙陀別種,故於歷代無聞焉。其種有三,曰黑、曰白、曰生。所謂白韃靼者,顏貌稍細,爲人恭謹而孝,遇父母之喪,則剺其面而哭。嘗與之聯轡,每見貌不醜惡、其腮有刀痕者,問曰:'白韃靼否?'曰:'然。'凡掠中國子女,教成,卻使之與人交,言有情。今彼部族之後其國,乃韃主成吉思之公主必姬權管國事。"白韃靼即生活於漠南之汪古部。[1]

【3】

○李曰:奈蠻,《元史》本紀作乃蠻。

○王曰:案西北諸國中奈蠻即乃蠻。

○勝案,奈蠻,又譯爲乃滿[2]、乃馬[3]、迺蠻[4]。

【4】

○沈曰:烏鴿者,畏吾兒也。曰回回者,二字皆開口音;曰畏吾者,上開下合;曰烏鴿者,二字皆合口也。

○王曰:烏鴿即回鶻。

○勝案,烏鴿在高昌北庭,古籍又稱之爲畏兀兒、畏吾兒、偉吾兒、畏兀、畏吾、偉兀、委吾、瑰古、外五、輝和爾、衛郭爾等。[5] 韓儒林考烏鴿與柏朗嘉賓(PlanoKarpini)書之 Huiur 音相近。[6]

《元史》卷1《太祖紀》:"四年己巳(1209)春,畏吾兒國來歸。……六年辛未(1211)春,帝居怯綠連河。……畏吾兒國主亦都護來覲。"[7] 卷122《巴而朮阿而忒的斤傳》:"歲己巳,聞太祖興朔方,遂殺契丹所置監國等官,欲來附。未行,帝遣使使其國。亦都護大喜,即遣使入奏曰:

〔1〕參觀周清樹:《汪古的族源》,收入《元蒙史札》,內蒙古大學出版社 2001 年,93 – 102 頁。

〔2〕〔明〕宋濂等:《元史》卷 63《地理志六·西北地附錄》"吉利吉思"條注(1574 頁);卷 149《郭寶玉傳》作乃滿國(3522 頁)。

〔3〕〔明〕宋濂等:《元史》卷 123《月里麻思傳》,3036 頁。

〔4〕〔元〕蘇天爵:《國朝文類》卷 23 元明善《太師淇陽忠武王(月赤察兒)碑》,九葉下。cf. Pelliot, Paul et Hambis, Louis. *Histoire des Campaignes de Gengis Khan, Cheng -Wou Ts' in -Tcheng Lou*, Leiden: E. J. Brill, 1951, pp. 215 – 216.

〔5〕參觀王日蔚:《維吾爾(纏回)民族名稱演變考》,載《禹貢》第 7 卷第 4 期,1937,27 – 45 頁。

〔6〕參觀韓儒林:《西北地理劄記》之五《烏鴿、Huiur 及 Hor》(收入《穹廬集——元史及西北民族史研究》,91 – 92 頁;《韓儒林文集》,758 – 759 頁)。

〔7〕〔明〕宋濂等:《元史》,14 – 15 頁。

'臣聞皇帝威德,即棄契丹舊好,方將通誠,不自意天使降臨下國,自今而後,願率部衆爲臣僕。'是時帝征大陽可汗,射其子脫脫殺之。脫脫之子火都、赤刺溫、馬札兒、禿薛干四人,以不能歸全屍,遂取其頭涉也兒的石河,將奔亦都護,先遣使往,亦都護殺之。四人者至,與大戰於禽河。亦都護遣其國相來報,帝復遣使還諭亦都護,遂以金寶入貢。辛未,朝帝于怯綠連河,奏曰:'陛下若恩顧臣,使臣得與陛下四子之末,庶幾竭其犬馬之力。'帝感其言,使尚公主也立安敦,且得序于諸子。與者必那演征罕勉力、鎖潭回回諸國,將部曲萬人以先。紀律嚴明,所向克捷。又從帝征你沙卜里,征河西,皆有大功。"[1]

卷124《岳璘帖穆爾傳》:"岳璘帖穆爾,回鶻人,畏兀國相暾欲谷之裔也。其兄仳理伽普華,年十六,襲國相、答刺罕。時西契丹方強,威制畏兀,命太師僧少監來臨其國,驕恣用權,奢淫自奉。畏兀王患之,謀於仳理伽普華曰:"計將安出?"對曰:"能殺少監,挈吾衆歸大蒙古國,彼且震駭矣。"遂率衆圍少監,斬之。"[2]

【5】

○沈曰:"速"當作"遺",遺里諸回紇部名,見烏古孫仲端《北使記》。

○速里者,撒里畏吾兒也。其後爲明之阿端四衛。

○勝案,沈氏兩條注前後有所不同,王國維僅見前一條注。

○王曰:速里無考,沈乙庵先生曰:"速里當作遺里,見烏古孫仲端北使記。"案此書列速里於烏鵒之後、撒里達之前,蓋指回鶻別部也。《元史·速不台傳》:"從征河西,帝命度大磧以往。丙戌,攻下撒里畏

---

〔1〕〔明〕宋濂等:《元史》,3000頁。

〔2〕〔明〕宋濂等:《元史》,3049－3050頁。參觀《聖武親征録》"己巳"、"辛未"條(王國維:《聖武親征録校注》,382－385、387－388頁);虞集《道園類稿》卷39《高昌王世勳碑》(見〔元〕虞集:《虞集全集》,王頲点校,1015－1016頁);耿世民:《回鶻文亦都護高昌王世勛碑研究》,載《考古學報》1980年第4期,收入《新疆文史論集》,中央民族大學出版社2001年;歐陽玄:《圭齋文集》卷11《高昌偰氏家傳》(〔元〕歐陽玄:《歐陽玄集》,魏崇武、劉建立校點,150－151頁);〔波斯〕志費尼(Juvaini):《世界征服者史》,何高濟譯、翁獨健校訂,第1部Ⅴ《畏吾兒地的征服和亦都護的歸順》,49－54頁);〔波斯〕拉施特主編:《史集》,余大鈞、周建奇譯,第1卷第2分冊,211－213、226頁。

吾、特勒、赤閌等部，及德順、鎮戎、蘭、會、洮、河諸州。"《雪不台傳》作
馭里。《蒙古源流》六歲次癸酉，阿勒坦汗行兵薩哈連圖伯特地方，將
上下沙喇衛郭兒二部等盡行收服。又卷八鄂爾多斯之博碩克圖濟農
行兵西圖伯特地方，招服古嚕索納穆札勒之沙喇衛郭爾。沙喇衛郭爾
即《速不台傳》之撒里畏吾也。由此觀之，則撒里畏吾當指西夏以西土
蕃以北各部落，當時或略稱速里也。卷三青吉斯汗殺札里雅特之蘇勒
德汗，據有五部之沙喇、薩爾塔郭勒人衆，沙喇即此速里，薩爾塔郭勒即
此撒里達。

○《明史·西域傳》："安定衛，距甘州西南一千五百里……其地本
名撒里畏兀兒。廣袤千里，東近罕東，北邇沙州，南接西番。居無城郭，
以氈帳爲廬舍，多駝馬牛羊。"

○《續資治通鑑長編》三百三十五："［元豐六年五月］丙子朔，于闐國
貢方物，見於延和殿，上問經涉何國？曰：道由黃頭回紇、草頭達靼、董
氈諸國。"案董氈者，唃斯羅之子。《宋史·唃斯羅傳》："唃斯羅居鄯
州。今西寧。西有臨谷城通青海，高昌諸國皆趨鄯州貿賣，以故富强。于
闐使來，即由此道。"然則黃頭回紇即《元史·速不台傳》之撒里畏吾，
《蒙古源流》之沙喇衛郭兒，《明史·西域傳》之撒里畏兀兒也。蒙古語
"撒里"爲黃，黃頭回紇即撒里畏兀兒無疑。

【6】

○沈曰：撒里達即回回也。《秘史》蒙文凡回回皆作撒兒塔兀惕，
《元史·本紀》西域諸國木乃奚素丹來朝，素丹者，撒兒塔兀惕之簡言
撒里達也。○撒里達，即《秘史》蒙文之撒兒塔兀惕，即回回之在西域
者，《西遊記》所謂算端，《史·憲宗紀》來朝之素丹國，《蒙古源流》之
薩爾塔［郭］勒、之札里雅特蘇勒德汗也。

○王曰：撒里達即回回。《元朝秘史》蒙文撒兒塔黑惕，譯文作回
回，《蒙古源流》作薩爾塔郭勒。

○勝案，沈注、王注引《秘史》"撒兒塔兀惕"、"撒兒塔黑惕"實皆
作"撒兒塔兀勒"。王注撒里達參觀注【5】。

又，湯開建考"撒里達"意即"黃韃靼"，西夏二號皇陵漢文殘石

199

（M2D：393）有"黃怛怛部"[1]，而《續資治通鑑長編》卷335"草頭韃靼"當爲"黃頭韃靼"之譌，亦即黃韃靼，其活動區域在河西走廊之北。[2]

【7】

○沈曰：抗里即康里，《北使記》作航里。

○王曰：抗里即康里。

○勝案，抗里爲突厥一部，居烏拉爾河東、鹹海之北。通作康里[3]，又作康禮[4]、杭斤[5]、杭里[6]、康鄰[7]。康里，突厥語意爲車[8]，《元史》卷130《不忽木傳》云："康里，即漢高車國也。"[9]《秘史》262節："再命速別額台勇士征迤北康鄰等十一部落，度亦的勒（今伏爾加河）、札牙黑（今烏拉爾河）二水，直至乞瓦綿客兒綿（今烏克蘭首都基輔）。"270節："再有康里（原文作康鄰）、乞卜察等十一種城池百姓，曾命速別額台征進去了。在那裏城池難攻拔的上頭，如今再命各王長子巴禿、不里、古余克、蒙格等，做後援征去。"274節："速別額台的後援巴禿大王等，降其康里（原文作康鄰）、乞卜察等三種，破其斡魯思種城，悉殺虜其人。"《元史》卷120《曷思麥里傳》："尋征康里，至孛子八里城，與其主霍脫思罕戰，又敗其軍。"[10]卷131《奧魯赤傳》："父忒木台，從太宗征杭里部，俘部長以獻。"[11]

---

〔1〕參觀寧夏博物館發掘整理、李範文編釋：《西夏陵墓出土殘碑粹編》，文物出版社1984年，圖版54。

〔2〕參觀湯開建：《解開"黃頭回紇"及"草頭韃靼"之謎——兼談宋代的"青海路"》，收入《宋金時期安多吐蕃部落史研究》，上海古籍出版社2007年，320－327頁。原文西夏殘石編號有誤。

〔3〕見《元史》、《秘史》、《金史》等。

〔4〕〔明〕宋濂等：《元史》卷97《兵志二》，2528頁。

〔5〕〔明〕宋濂等：《元史》卷121《速不台傳》，2976頁。

〔6〕〔明〕宋濂等：《元史》卷131《奧魯赤傳》，3190頁。

〔7〕《秘史》262、270、274節原文。

〔8〕參觀〔波斯〕拉施特主編：《史集》，余大鈞、周建奇譯，第1卷第1分冊，137頁。

〔9〕〔明〕宋濂等：《元史》，3163頁。cf. Pelliot et Hambis, *Histoire des Campaignes de Gengis Khan*, *Cheng-Wou Ts'in-Tcheng Lou*, pp. 112－116.

〔10〕〔明〕宋濂等：《元史》，2970頁。

〔11〕可參觀〔明〕宋濂等：《元史》，3190頁。

【8】

○李曰：達塔，《元秘史》作塔塔兒。

○沈曰：達塔即《秘史》塔塔兒。

○王曰：達塔謂塔塔兒。云"即兀魯速之種"者，兀魯速謂《秘史》之兀兒速惕、《親征錄》之烏思。此又關塔塔兒種族之一異說，與《五代史》謂韃靼出於靺鞨，《蒙韃備錄》謂出於沙陀者不同。

○勝案，兀魯速，《元史》作兀兒速[1]、兀速[2]、烏斯[3]。兀兒速惕見《秘史》239節。《親征錄》戊寅（1218年）條："先吐麻部叛，上遣徵兵於乞兒乞思部，不從，亦叛。遂命大太子往討之，以不花爲前鋒，追乞兒乞思，至亦馬兒河而還。大太子領兵涉謙河水，順下招降之，因克烏思、憾哈納思、帖良兀、克失的迷、火因亦兒干諸部。"[4]王國維《校注》："《元史·西北地附錄》：烏思（斯）在謙河之北。"[5]

【9】

○李曰：蔑里乞，《秘史》作篾里乞。

○勝案，蔑里乞參觀第46節注【18】。

【10】

○勝案，《元史》卷1《太祖紀》："歲癸亥（1203年），……亦剌哈走西夏，日剽掠以自資。既而亦爲西夏所攻走，至龜茲國，龜茲國主以兵討殺之。"[6]卷150《耶律阿海傳》："癸亥冬，進攻西夏諸國，累有功。"[7]

《元史·太祖紀》："歲乙丑（1205年），帝征西夏，拔力吉里寨，經

〔1〕〔明〕宋濂等：《元史》卷27《英宗紀》至治元年八月條，613頁。

〔2〕〔明〕宋濂等：《元史》卷169《劉哈剌八都魯傳》，3975頁。

〔3〕〔明〕宋濂等：《元史》卷63《地理志六·西北地附錄》，1574頁。

〔4〕王國維：《聖武親征錄校注》，413－415頁。

〔5〕參觀〔波斯〕拉施特主編：《史集》，余大鈞、周建奇譯，第1卷第1分冊第2編，《兀剌速惕、帖良古惕和客思的迷部落》，201－202頁；陳得芝：《元嶺北行省諸驛道考》，收入《蒙元史研究叢稿》，人民出版社2005年，15－17頁；韓儒林：《元代的吉利吉思及其鄰近諸部》（《穹廬集——元史及西北民族史研究》，341頁；《韓儒林文集》，310頁）。

〔6〕〔明〕宋濂等：《元史》，9－12頁。

〔7〕〔明〕宋濂等：《元史》，3549頁。

落思城,大掠人民及其橐駝而還。"[1]

《元史·太祖紀》:"二年丁卯(1207)秋,再征西夏,克斡羅孩城。
……三年戊辰(1208)春,帝至自西夏。……四年己巳(1209)春,畏吾
兒國來歸。帝入河西,夏主李安全遣其世子率師來戰,敗之,獲其副元
帥高令公。克兀剌海城,俘其太傅西壁氏。進至克夷門,復敗夏師,獲
其將嵬名令公。薄中興府,引河水灌之,堤決,水外潰,遂撤圍還。遣太
傅訛答入中興,招諭夏主,夏主納女請和。"[2]卷129《李恒傳》:"李恆,
字德卿,其先姓於彌氏,唐末賜姓李,世為西夏國主。太祖經略河西,有
守兀納剌城者,夏主之子也,城陷不屈而死。子惟忠,方七歲,求從父
死,主將異之,執以獻宗王合撒兒,王留養之。及嗣王移相哥立,惟忠從
經略中原,有功。淄川王分地,以惟忠為達魯花赤,佩金符。惟忠生恆,
恆生有異質,王妃撫之猶己子。"[3]卷169《謝仲溫傳》:"謝仲溫,字君
玉,豐州豐縣人。父睦歡,以貲雄鄉曲間,大兵南下,轉客兀剌城。太祖
攻西夏,過其城,睦歡與其帥迎降。"[4]案,《元史》卷60《地理志三》:
"兀剌海路。闕。太祖四年,由黑水城北兀剌海西關口入河西,獲西夏將高令公,克兀剌海
城。"[5]斡羅孩城即兀剌海城,兀納剌城、兀剌城疑皆為兀剌海城之譌。

《元史·太祖紀》:"十一年丙子(1216)……秋,撒里知兀觶、三摸
合拔都魯率師由西夏趨關中。……十三年戊寅(1218)……伐西夏,圍
其王城,夏主李遵頊出走西涼。"[6]《金史》卷15《宣宗紀》興定二年
(1218)正月:"乙酉,陝西行省獲歸國人,言大元兵圍夏王城,李遵頊命
其子居守而出走西涼。"[7]

《元史》卷119《木華黎傳》坿子《孛魯傳》:"癸未(1223年)……

〔1〕〔明〕宋濂等:《元史》,13頁。參觀王國維:《聖武親征錄校注》"乙丑"條,379頁;〔波斯〕
拉施特主編:《史集》,余大鈞、周建奇譯,第1卷第2冊,207頁。

〔2〕〔明〕宋濂等:《元史》,14頁。參觀參觀王國維:《聖武親征錄校注》"庚午"條,386－387
頁;《秘史》249節;〔波斯〕拉施特主編:《史集》,余大鈞、周建奇譯,第1卷,第2分冊,213頁。

〔3〕〔明〕宋濂等:《元史》,3155－3156頁。

〔4〕〔明〕宋濂等:《元史》,3977頁。

〔5〕〔明〕宋濂等:《元史》,1452頁。

〔6〕〔明〕宋濂等:《元史》,19－20頁。

〔7〕〔元〕脫脫等:《金史》,334頁。

薨,年五十四。……子孛魯嗣。……時太祖在西域,夏國主李王陰結外援,蓄異圖,密詔孛魯討之。甲申(1224)秋九月,攻銀州,克之,斬首數萬級,獲生口馬駝牛羊數十萬,俘監府塔海,命都元帥蒙古不華將兵守其要害而還。"[1]卷147《史天祥傳》:"癸未……冬,徇西夏,破賀蘭山。"[2]卷149《劉柏林傳》坿《劉黑馬傳》:"癸未……從孛羅(魯)攻西夏唐兀。"[3]卷150《何實傳》作:"甲申,孛魯征西夏。"[4]

《元史·太祖紀》:"二十一年〔丙戌〕(1226)春正月,帝以西夏納仇人亦臘喝翔昆(即亦剌合)及不遣質子,自將伐之。二月,取黑水等城。夏,避暑於渾垂山。取甘、肅等州。秋,取西涼府搠羅、河羅等縣,遂逾沙陀,至黃河九渡,取應里等縣。……冬十一月庚申,帝攻靈州,夏遣嵬名令公來援。丙寅,帝渡河擊夏師,敗之。丁丑,五星聚見於西南。駐蹕鹽州川。"[5]卷120《察罕傳》:"察罕,初名益德,唐兀烏密氏。父曲也怯律,爲夏臣。其妾方懷察罕,不容於嫡母,以配掌羊群者及里木。察罕稍長,其母以告,且曰:'嫡母已有弟矣。'……從攻西夏,破肅州。師次甘州,察罕父曲也怯律居守城中,察罕射書招之,且求見其弟。時弟年十三,命登城於高處見之。且遣使諭城中,使早降。其副阿綽等三十六人合謀,殺曲也怯律父子,并殺使者,併力拒守。城破,帝欲盡坑之,察罕言百姓無辜,止罪三十六人。進攻靈州,夏人以十萬衆赴援,帝親與戰,大敗之。"[6]卷122《昔里鈐部傳》:"昔里鈐部,唐兀人,昔里氏。鈐部亦云甘卜,音相近而互用也。太祖時,西夏既臣服,大軍西征,復懷貳心。帝聞之,旋師致討。命鈐部同忽都鐵穆兒招諭沙州,州將僞降,以牛酒犒師,而設伏兵以待之。首帥至,伏發馬躓,鈐部以所乘馬與首帥使奔,自乘所躓馬而殿后,擊敗之。……進兵圍肅州,守者乃鈐部

〔1〕〔明〕宋濂等:《元史》,2936頁。
〔2〕〔明〕宋濂等:《元史》,3488頁。
〔3〕〔明〕宋濂等:《元史》,3516頁。
〔4〕〔明〕宋濂等:《元史》,3552頁。
〔5〕〔明〕宋濂等:《元史》,23-24頁。參觀《秘史》265、267節,〔波斯〕拉施特主編:《史集》,余大鈞、周建奇譯,第1卷第2分冊,317-318頁。
〔6〕〔明〕宋濂等:《元史》,2955-2956頁。

之兄,懼城破害及其家,先以爲請。帝怒城久不下,有旨盡屠之,惟聽鈴部求其親族家人於死所,於是得免死者百有六戶,歸其田業。"[1]卷146《耶律楚材傳》:"丙戌冬,從下靈武,諸將爭取子女金帛,楚材獨收遺書及大黃藥材。既而士卒病疫,得大黃輒愈。"[2]卷153《王檝傳》:"丙戌(1226年),從征西夏。及秦州,夏人盡撤橋樑爲備,軍阻不得前,帝問諸將,皆不知計所出。檝夜督士卒運木石,比曉,橋成,軍乃得進。"[3]

《元史》太祖紀:"二十二年丁亥(1227)春,帝留兵攻夏王城,自率師渡河攻積石州。二月,破臨洮府。三月,破洮、河、西寧二(三)州。……閏月,避暑六盤山。六月,……夏主李睍降。……帝深沉有大略,用兵如神,故能滅國四十,遂平西夏。"[4]卷121《按竺邇傳》:"丁亥,從征積石州,先登,拔其城。"[5]卷123《阿朮魯傳》:"[太祖]命總兵征西夏,與敵兵大戰於合剌合察兒之地。西夏勢蹙,其主懼,乞降,執之以獻,太宗殺之,賜以所籍貲產。"[6]卷131《懷都傳》:"祖父阿朮魯,……帥師討西夏,大戰於合剌合察兒,擒夏主,太祖(宗)命盡賜以夏主遺物。"[7]卷152《楊傑只哥傳》:"從元帥阿朮魯定西夏諸部,有功。"[8]卷120《察罕傳》:"還次六盤,夏主堅守中興,帝遣察罕入城,諭以禍福。眾方議降,會帝崩,諸將擒夏主殺之,覆議屠中興,察罕力諫止之,馳入,安集遺民。"[9]

【11】

○勝案,《元史》卷119《木華黎》坿孫《塔思傳》:"甲午(1234)秋七

---

　　[1][明]宋濂等:《元史》,3011頁。
　　[2][明]宋濂等:《元史》,3456頁。
　　[3][明]宋濂等:《元史》,3612頁。
　　[4][明]宋濂等:《元史》,24-25頁。參觀《秘史》268節,[波斯]拉施特主編:《史集》,余大鈞、周建奇譯,第1卷第2分冊,319-321頁。
　　[5][明]宋濂等:《元史》,2982頁。
　　[6][明]宋濂等:《元史》,3024頁。
　　[7][明]宋濂等:《元史》,3196頁。
　　[8][明]宋濂等:《元史》,3592頁。
　　[9][明]宋濂等:《元史》,2956頁。參觀余大鈞:《一代天驕成吉思汗——傳記與研究》,內蒙古人民出版社2002年,211-219頁、313-319頁。

月,朝行在所。時諸王大會,帝顧塔思曰:'先皇帝肇開大業,垂四十年。今中原、西夏、高麗、回鶻諸國皆已臣附,惟東南一隅,尚阻聲教。朕欲躬行天討,卿等以爲何如?'"[1]其實蒙古初期,高麗時降時叛,并未徹底臣服。

《元史》卷1《太祖紀》:"十三年戊寅(1218)……契丹六哥據高麗江東城,命哈真、札剌率師平之;高麗王暾遂降,請歲貢方物。"[2]卷2《太宗紀》:"三年辛卯(1231)……秋八月……以高麗殺使者,命撒禮塔率師討之,取四十餘城。高麗王暾遣其弟懷安公請降,撒禮塔承制設官分鎮其地,乃還。……四年壬辰(1232)……夏四月……高麗叛,殺所置官吏,徙居江華島。……八月,撒禮塔復征高麗,中矢卒。……七年乙未(1235)春……唐古征高麗。……十三年辛丑(1241)……秋,高麗國王王暾以族子綧入質。"[3]

卷208《高麗傳》:"入元,太祖十一年(1216),契丹人金山、元帥六哥等領衆九萬餘竄入其國。十二年(1218)九月,攻拔江東城據之。十三年(1219),帝遣哈只吉、劄剌等領兵征之。國人洪大宣詣軍中降,與哈只吉等同攻圍之。高麗王 名缺 奉牛酒出迎王師,且遣其樞密院使、吏部尚書、上將軍、翰林學士承旨趙沖共討滅六哥。劄剌與沖約爲兄弟。沖請歲輸貢賦,劄剌曰:'爾國道遠,難於往來,每歲可遣使十人入貢。'十二月,劄剌移文取兵糧,送米一千斛。十四年(1219)正月,遣其權知閤門祗候尹公就、中書注書崔逸以結和牒文送劄剌行營,劄剌遣使報之。高麗王以其侍御史朴時允爲接伴使迎之。帝又遣蒲里帒也(完)持詔往諭之,高麗王迎拜設宴。九月,皇太弟、國王及元帥合臣、副元帥劄剌等各以書遣宣差大使慶都忽思等十人趣其入貢,尋以方物進。十五年(1220)九月,大頭領官堪古苦、著古歟等復以皇太弟、國王書趣之,仍進方物。十六年(1221)七月,有旨,諭以伐女直事,始奉表陳賀。八月,著古歟使其國。十月,喜速不瓜等繼使焉。十七年(1222)十月,

〔1〕〔明〕宋濂等:《元史》,2938頁。
〔2〕〔明〕宋濂等:《元史》,20頁。
〔3〕〔明〕宋濂等:《元史》,31-32、34、37頁。

·欧·亚·历·史·文·化·文·库·

詔遣著古歟等十二人至其國,察其納款之實。十八年(1223)八月,宣差山亣觫等十二人復以皇太弟、國王書趣其貢獻。十九年(1224)二月,著古歟等復使其國;十二月,又使焉,盜殺之於途,自是連七歲絕信使矣。太宗三年(1231)八月,命撒禮塔征其國,國人洪福源迎降於軍,得福源所率編民千五百戶,旁近州郡亦有來師者。撒禮塔即與福源攻未附州郡,又使阿兒禿與福源抵王京,招其主王暾,暾遣其弟懷安公王侹請和,許之。置京、府、縣達魯花赤七十二人監之,遂班師。十一月,元帥蒲桃、迪巨、唐古等領兵至其王京,暾遣使奉牛酒迎之。十二月一日,復遣使勞元帥于行營。明日,其使人與元帥所遣人四十餘輩入王城,付文牒。又明日,暾遣王侹等詣撒禮塔屯所犒師。四年(1232)正月,帝遣使以璽書諭暾。三月,暾遣中郎將池義源,錄事洪巨源、金謙等齎國贐牒文送撒禮塔屯所。四月,暾遣其將軍趙叔昌、御史薛慎等奉表入朝。五月,復下詔諭之。六月,暾盡殺朝廷所置達魯花赤七十二人以叛,遂率王京及諸州縣民竄海島。洪福源集餘民保聚,以俟大兵。八月,復遣撒禮塔領兵討之,至王京南,攻其處仁城,中流矢卒。別將鐵哥以軍還。其已降之人,令福源領之。十月,暾遣其將軍金寶鼎、郎中趙瑞章上表陳情。五年(1233)四月,詔諭暾悔過來朝,且數其五罪:'自平契丹賊、殺劄刺之後,未嘗遣一介赴闕,罪一也。命使齎訓言省諭,輒敢射回,罪二也。爾等謀害著古歟,乃稱萬奴民戶殺之,罪三也。命汝進軍,仍令汝弼入朝,爾敢抗拒,竄諸海島,罪四也。汝等民戶不拘集見數,輒敢妄奏,罪五也。'十月,暾復遣兵攻陷已附西京等處降民,劫洪福源家。六年(1234),福源得請,領其降民遷居東京,賜佩金符。七年(1235),命唐古與洪福源領兵征之。九年(1237),拔其龍岡、咸從等十餘城。十年(1238)五月,其國人趙玄習、李元祐等率二千人迎降,命居東京,受洪福源節制,且賜御前銀符,使玄習等佩之,以招未降民戶。又李君式等十二人來降,待之如玄習焉。十二月,暾遣其將軍金寶鼎、御史宋彥琦等奉表入朝。十一年(1239)五月,詔征暾入朝,暾以母喪辭。六月,乃遣其禮賓卿盧演、禮賓少卿金謙充進奉使、副,奉表入朝。十月,有旨諭暾,征其親朝于明年。十二月,暾遣其新安公王佺與寶鼎、彥琦等百四十八人奉表入貢。十二年（1240）三月，又遣其右諫議大夫趙修、閤門祗候金成寶等奉表入貢。五月，復下詔諭之。十二月，暾遣其禮賓少卿宋彥琦、侍御史權躚充行李使入貢。是歲，攻拔昌、朔等州。十三年（1241）秋，暾以族子綧爲己子人質。當定宗、憲宗之世，歲貢不入，故自定宗二年（1247）至憲宗八年（1258），凡四命將征之，凡拔其城十有四。憲宗末，暾遣其世子倎入朝。"[1]

《元史》卷120《吾也而傳》："［太宗］三年（1231），又與撒里答征高麗，下受（安）、開、龍、宣、泰、葭（嘉）等十餘城。高麗懼，請和。吾也而諭之曰：'若能以子爲質，當休兵。'十三年（1241），遣其子綧從吾也而來朝。帝大悅，厚加賜予。"[2]

卷149《耶律留哥傳》："庚寅（1230年），帝命與撒兒台東征，收其父遺民，移鎮廣寧府，行廣寧路都元帥府事。自庚寅至丁酉（1237年），連征高麗、東夏萬奴國，復戶六千有奇。戊戌（1238年），薛闍卒，年四十六。子收國奴襲爵，行廣寧府路總管軍民萬戶府事，易名石剌，征高麗，有功。辛亥（1251），睿宗以石剌爲國宣力者三代，命益金更造所佩虎符賜之，佐諸王也苦及札剌台控制高麗。己未（1259）卒，年四十五。"[3]

同上卷《移剌捏兒傳》坿子《移剌買奴傳》："庚寅（1230年），命攻高麗花涼城，監軍張翼、劉霸都殞於敵，買奴怒曰："兩將陷賊，義不獨生！"趨出戰，破之，誅首將，撫安其民。進攻開州，州將金沙密逆戰，擒之。城中人出童男女及金玉器以獻，卻不受。遂下龍、宣、雲、泰等十四城。……乙未（1235年），從征高麗，入王京，取其西京而還，賜金鎖甲，加鎮國上將軍、征東大元帥，佩金符。覆命出師高麗，將行，以疾卒，年四十。"[4]

同上卷《王珣傳》坿子《王榮祖傳》："己丑（1229），授北京等路征

〔1〕〔明〕宋濂等：《元史》，4607－4610頁。參觀〔高麗〕鄭麟趾：《高麗史》卷22－24《高宗世家》，韓國首爾大學奎章閣藏刻本。

〔2〕〔明〕宋濂等：《元史》，2968頁。

〔3〕〔明〕宋濂等：《元史》，3514－3515頁。

〔4〕〔明〕宋濂等：《元史》，3530－3531頁。

·歐·亞·歷·史·文·化·文·庫·

行萬戶,換金虎符。伐高麗,圍其王京,高麗王力屈,遣其兄淮安公奉表納貢。進討萬奴,擒之。趙祁以興州叛,從諸王按只台平之。祁党猶剽掠景、薊間,復從大將唐兀台討之,將行,榮祖曰:'承詔討逆人耳,豈可戮及無辜,宜惟抗我者誅。'大將然之,由是免死者衆。再從征高麗,破十餘城,高麗遣子綧入質。帝賜錦衣,旌其功。又從諸王也忽略地三韓,降天龍諸堡,皆禁暴掠,民悅服之。破五里山城,請於主將,全其民,遂下甕子城、竹林寨、苦苫數島。帝嘉其功,賜以金幣,官其子興千戶,仍賞其部曲。移鎮高麗平壤,帝遣使諭之曰:'彼小國負險自守,釜中之魚,非久自死,緩急可否,卿當熟思。'榮祖乃募民屯戍,辟地千里,盡得諸島嶼城壘。高麗遣其世子倎出降,遂以倎入朝。"[1]

　　卷154《洪福源傳》:"洪福源,其先中國人,唐遣才子八人往教高麗,洪其一也。子孫世貴于三韓,名所居曰唐城。父大宣,以都領鎮麟州,福源爲神騎都領,因家焉。歲丙子(1216),金源、契丹九萬餘衆竄入高麗。丁丑(1217)九月,奪江東城池據之。戊寅(1218)冬十二月,太祖命哈赤吉、扎剌將兵追討,大宣迎降,與哈赤吉等共擊之,降其元帥趙沖。壬午(1222)冬十月,又遣著古與等十二人窺覘納款虛實,還,遇害。辛卯(1231)秋九月,太宗命將撒里答討之,福源率先附州縣之民,與撒禮塔並力攻未附者,又與阿兒禿等進至王京。高麗王瞰乃遣其弟懷安公請降,遂置王京及州縣達魯花赤七十二人以鎮之,師還。壬辰(1232)夏六月,高麗復叛,殺所置達魯花赤,悉驅國人入據江華島,福源招集北界四十余城遺民以待。秋八月,太宗復遣撒禮塔將兵來討,福源盡率所部合攻之,至王京處仁城,撒禮塔中流矢卒,其副帖哥引兵還,唯福源留屯。癸巳(1233)冬十月,高麗悉衆來攻西京,屠其民,劫大宣以東。福源遂盡以所招集北界之衆來歸,處於遼陽、瀋陽之間,帝嘉其忠。甲午(1234)夏五月,特賜金符,爲管領歸附高麗軍民長官,仍令招討本國未附人民。又降旨諭高麗之民,有執王瞰及元撝難之人來朝者,與洪福源同於東京居之,優加恩禮擢用,若大兵既加,拒者死,降者生,

〔1〕〔明〕宋濂等:《元史》,3536－3537頁。

其降民令福源統之。乙未（1235），帝命唐古拔都兒與福源進討，攻拔龍岡、咸從二縣，鳳、海、洞三州山城及慈州，又拔金山、歸、信、昌、朔州。己亥（1239）春二月，入朝，賜以鎧甲弓矢，及金織文段、金銀器、金鞍勒等。乙巳（1245），定宗命阿母罕將兵與福源共拔威州平虜城。辛亥（1251），憲宗即位，改授虎符，仍爲前後歸附高麗軍民長官。癸丑（1253），從諸王耶虎攻禾山、東州、春州、三角山、楊根、天龍等城，拔之。甲寅（1254），與札剌台合兵攻光州、安城、忠州、玄鳳（風）、珍原、甲向、玉果等城，又拔之。戊午（1258），福源遣其子茶丘從扎剌台軍。會高麗族子王綧入質，陰欲併統本國歸順人民，譖福源於帝，遂見殺，年五十三。"[1]

【12】

○李曰：《元史·地理志》開元路："金末，其將蒲鮮萬奴據遼東。［元初］癸巳歲，出師伐之，生禽萬奴。"○勝案，問影樓本脫"金末"之"末"字。

○王曰：彭氏於"已爭未竟"諸部中列遼東萬奴。案，《元史·太宗紀》，萬奴之禽在五年癸巳，正彭氏北使之歲。蓋彭氏尚未知此事實也。然鄭麟趾《高麗史》，多紀東真即大真與高麗交涉事。自太宗癸巳以後，至世祖至元之末，凡二十見。意萬奴既擒之後，蒙古仍用之以鎮撫其地，其後子孫承襲，如藩國然，故尚有東真之稱。此書所云，或反得其實也。

○勝案，《元史·太祖紀》："十年乙亥（1215）……冬十月，金宣撫蒲鮮萬奴據遼東，僭稱天王，國號大真，改元天泰。十一月，耶律留哥來朝，以其子斜闍入侍。……十一年丙子（1216）……冬十月，蒲鮮萬奴降，以其子帖哥入侍。既而復叛，僭稱東夏。"[2]《元史·太宗紀》："五年癸巳（1233）……二月，……詔諸王議伐萬奴，遂命皇子貴由及諸王按赤帶將左翼軍討之。……九月，禽萬奴。"[3]

〔1〕〔明〕宋濂等：《元史》，3627－3628 頁。
〔2〕〔明〕宋濂等：《元史》，19 頁。
〔3〕〔明〕宋濂等：《元史》，32 頁。

歐·亞·歷·史·文·化·文·庫

卷119《木華黎傳》坿孫《塔思傳》:"癸巳(1233)秋九月,從定宗于潛邸東征,擒金咸平宣撫完顏萬奴於遼東。萬奴自乙亥歲(1215)率衆保東海,至是平之。"[1]卷121《速不台傳》坿子《兀良合台傳》:"歲乙(癸)巳,領兵從定宗征女真國,破萬奴於遼東。"[2]

卷149《耶律留哥傳》:"自庚寅(1230年)至丁酉(1237年),連征高麗、東夏萬奴國。"[3]同卷《移剌捏兒傳》坿子《移剌買奴傳》:"癸巳,從諸王按赤台征女直萬奴部,有功。"[4]同卷《王珣傳》坿子《王榮祖傳》:"從嗣國王孛魯入朝,帝聞其勇,選力士三人送與之搏,皆應手而倒。欲留置宿衛,會金平章政事葛不哥行省於遼東,咸平路宣撫使蒲鮮萬奴僭號於開元,遂命榮祖還,副撒里台進討之。……進討萬奴,擒之。"[5]

卷150《石抹也先傳》坿子《石抹查剌傳》:"癸巳,從國王塔思征金帥宣撫萬奴於遼東之南京,先登,衆軍乘之而進,遂克之,王解錦衣以賜。"[6]卷152《石抹阿辛(即也先)傳》坿子《石抹查剌傳》:"從國王軍征萬奴,圍南京,城堅如立鐵,查剌命偏將先警其東北,親奮長槊大呼,登西南角,摧其飛櫓,手斬陣卒數十人,大軍乘之,遂克南京。詰旦,木華黎(案,當作塔思)解錦衣賞之。"[7]卷151《石抹孛迭兒傳》:"辛卯(1231),從國王塔思征河南。癸巳,從討萬奴於遼東,平之。"[8]

【13】

○沈曰:影元本《中州樂府》王元佐小傳:"賢佐,一名(字)元佐,名澮,咸平人。爲人沈默寡欲,邃于易學,若有神授之。又通星曆讖緯之學。明昌初,[以]德行才能召至京師,命以官,不拜。朝廷重其人,授信州教授。未幾,自免去。至授博州教授,郡守以下皆師尊之。一日,

〔1〕〔明〕宋濂等:《元史》,2938頁。
〔2〕〔明〕宋濂等:《元史》,2979頁。
〔3〕〔明〕宋濂等:《元史》,3515頁。
〔4〕〔明〕宋濂等:《元史》,3530頁。
〔5〕〔明〕宋濂等:《元史》,3536頁。
〔6〕〔明〕宋濂等:《元史》,3543頁。
〔7〕〔明〕宋濂等:《元史》,3603頁。
〔8〕〔明〕宋濂等:《元史》,3576頁。

守客滄，適中使至，中使漠然少年，重賢佐名，強之酒，守從旁救之，曰：
'王先生不茹葷酒，勿苦之也。'中使乃止。是夕，賢佐棄官，遁歸鄉里。
宣宗即位，聞其名，議驛召之，以道梗不果。車駕南渡，人有自咸平來
者，說賢佐年六十餘，起居如少壯人。宣宗重其人，常以字呼。遣王曼
卿授遼東宣撫使，不拜。又詔宰相以書招之，有'道尊德重，名動天朝，
推其緒餘，足利天下'，'聖上明發不寐，軫念元元，屈己下賢，尊師重
道'，'豈先生建策於明昌之初，獨無一言於貞祐之日乎？想惠然而來，
審定大計'之語。書達，竟不至。遼東破時，年餘九十矣。"按，《[金]
史·宣宗本紀》貞祐二年正月："乙酉，徵處士王滄，不至。"四年三月：
"己卯，處士王滄以右諫議大夫復遷中奉大夫、翰林學士，仍賜詔
褒諭。"

　　○王曰：王賢佐者，《中州集》十一云："賢佐，一字玄佐，名滄，咸平
人。爲人沈默寡欲，遂于易學，若有人（神）授之。又通星曆讖緯之學。
明昌初，以德行才能召至京師。命以官，不拜。授信州教授。再授博州
教授，棄官遁歸。宣宗即位，議驛召之，以道梗不果。車駕南渡，人有自
咸平來者，說賢佐年六十餘，起居如少壯人。宣宗重其人，常以字呼。
遣王曼卿授遼東宣撫使，不拜。又詔宰相以書招之云云。書達，竟不
至。遼東破時，年餘九十矣。"案《金史·宣宗本紀》貞祐二年正月："徵
處士王滄，不至。"三年九月："詔授隱士王滄太中大夫、右諫議大夫，充
遼東宣撫使（司）參謀官。"四年三月："處士王滄以右諫議大夫復遷中
奉大夫、翰林學士，仍賜詔褒諭。"屠敬山作《蒲鮮萬奴傳》，已疑此書之
王賢佐即《金史》之王滄，今據《中州集》乃得定之。

　　○勝案，沈、王箋注引元好問《〈中州樂府〉詞人小傳·王賢佐》，皆
有節略。[1]

【14】

　　○勝案，妮叔，中古音可構擬爲*ni-çǐuk（ > *nǐuk），與尼夫赫
（nivkh）音頗近。尼夫赫人（Nivkhs）爲蒙古人種，操尼夫赫語，從事漁

---

〔1〕參觀〔金〕元好問：《元好問全集》卷41，姚奠中、李正民點校，969－971頁。

獵。分佈於黑龙江下游、庫頁島(即今俄羅斯哈巴羅夫斯克邊疆區與薩哈林州),即唐黑水靺鞨之郡利部、窟說部[1]、遼之阿里眉[2]、金之吉里迷[3]、元之吉里迷與骨嵬[4]之境[5]。

《元史》卷5《世祖紀二》至元元年(1264)十一月條:"辛巳,征骨嵬。先是,吉里迷內附,言其國東有骨嵬、亦里于(干)兩部,歲來侵疆,故往征之。"[6]亦里干在吉里迷東,疑即奴兒干,在黑龍江入海口一帶[7]。奴兒干,一作弩兒哥[8],亦即《元史》卷17《世祖紀十四》"出征女直納里哥"之"納里哥"[9]。《永寧寺碑銘》蒙古語作 nurgel[10],女真語作 nu-ru-(g)ǝ[11]。奴兒干(*nurgan)、弩兒哥(*nurg)、納里哥(*narg)與亦里干(*yargan)音近,弩兒哥(*nurg)與妮叔(*nǐuk)、尼夫赫(nivkh)音亦近。亦里干之"歲來侵疆",與妮叔之"已爭而未盡"亦相符。至忽必烈時,始設征東招討司於奴兒干之地,管理東北部女真諸部[12]。然則,妮叔殆即奴兒干歟?

【15】

○李曰:那海即奴兒干三字之合音,見《元史・地理志》合蘭府。

○沈曰:《元秘史》蒙語:"那孩,狗也。"《至元譯語》:"狗曰訥合

---

〔1〕〔宋〕歐陽修、宋祁:《新唐書》卷219《黑水靺鞨傳》,6178頁。

〔2〕〔宋〕葉隆禮:《契丹國志》,賈敬顏、林榮貴點校,卷22,213頁。

〔3〕〔元〕脫脫等:《金史》卷24《地理志》上,549頁。

〔4〕〔明〕宋濂等:《元史》卷5《世祖紀二》,100頁;《元史・世祖紀三》作吉里迷部、骨嵬國,106頁。吉里迷,《元史》卷98《兵志一》作乞烈賓(2512頁),〔元〕黃溍《黃溍全集》卷25《別里哥帖穆爾神道碑》(669頁)作吉烈滅。

〔5〕參觀維基百科網"尼夫赫人"條;馬一虹:《靺鞨、渤海與周邊國家、部族關係史研究》,中國社會科學出版社2011年,77頁。

〔6〕〔明〕宋濂等:《元史》,100頁。

〔7〕參觀〔清〕曹廷傑:《東三省輿地圖說》,收入叢佩遠、趙鳴岐編:《曹廷傑集》,中華書局1985年。

〔8〕見〔元〕蘇天爵編:《元文類(國朝文類)》卷41《招捕》"辽陽嵬骨"條,嵬骨蓋骨嵬之倒文。

〔9〕〔明〕宋濂等:《元史》,360頁。

〔10〕鍾民巖、那森柏、金啟孮:《明代奴兒干永寧寺碑記校釋》,載《考古學報》1975年第2期,40頁。

〔11〕金啟孮:《女真文辭典》,文物出版社1984年,21、100、226頁。

〔12〕參觀程妮娜:《古代中國東北民族地區建置史》,中華書局2011年,385-389頁。

（和）。"《史·本紀五》："至元元年,吉里迷來言,其國東有骨嵬、亦里干兩部,歲來侵,故征之。"亦里干即益律子,"亦里"、"益律"與今言"烏拉"、"鄂倫"同,日本所謂"愛農",寔皆古"挹婁"音轉也。

〇勝案,《華夷譯語》、《韃靼譯語·鳥獸門》:"狗曰那孩"[1],與《秘史》蒙語同。《登壇必究》卷22《譯語·走獸門》:"狗曰奴害。"[2]《盧龍塞略·譯部》獸畜類:"狗曰奴孩。"[3]《新刻校正買賣蒙古同文雜字》:"犬曰諾海(nogay)。"[4]《譯語》:"虜謂犬曰那讀作上聲。害。"[5]

〇王曰:沈乙庵先生曰:"'益律于'疑'益律干'之誤。《元史·本紀》五:'至元元年,吉里迷來言,其國東有骨庽(嵬)、亦里干兩部,歲來侵,故征之。'亦里'、'益律'與今言'烏拉'、'鄂倫'同,皆古'挹婁'音轉也。"案沈先生以"益律于"爲"益律干"之訛是也。謂"益律干"爲之挹婁音轉則非。益律干,《秘史》作"亦兒堅",《親征錄》作"亦兒干",乃蒙古語"百姓"之義。"那海益律干"、"斛速益律干",謂"狗國民"、"水國民",猶"林木中百姓"之(猶)"槐因亦兒堅",或"火因亦兒干"也。日本箭内博士所見本,"益律于"作"益律子",以"益律子"爲蒙古語"奧魯思"之對音,不如讀爲"益律干"之善也。

〇勝案,今所見沈本亦作"益律子"。王箋引沈注當別有所本。伯希和不同意沈曾植、王国维改"益律子(或于)"爲"益律干",嘗疑"益律子"爲"耶律"或"亦剌"之複數,然亦未能自信[6]。

《新五代史·四夷附錄二》引胡嶠《陷虜記》略云:"其國三面皆室韋,一曰室韋,二曰黃頭室韋,三曰獸室韋。其地多銅、鐵、金、銀,其人工巧,銅鐵諸器皆精好,善織毛錦。地尤寒,馬溺至地成冰堆。又北,狗國,人身狗首,長毛不衣,手搏猛獸,語爲犬嗥。其妻皆人,能漢語,生男

---

[1]賈敬顏、朱風:《蒙古譯語女真譯語匯編》,31、100頁。

[2]賈敬顏、朱風:《蒙古譯語女真譯語匯編》,138頁。

[3]賈敬顏、朱風:《蒙古譯語女真譯語匯編》,180頁。

[4]賈敬顏、朱風:《蒙古譯語女真譯語匯編》,208頁。

[5][明]岷峨山人:《譯語》,收入薄音湖、王雄主編《明代蒙古漢籍史料匯編》第1輯,230頁。

[6]參觀Pelliot,*Notes on Marco Polo II*,230. FEMELES(ISLAND OF WOWEN),1963,p.685.

·欧·亚·历·史·文·化·文·库·

爲狗,女爲人,自相婚嫁,穴居食生,而妻女人食。云嘗有中國人至其國,其妻憐之使逃歸,與其節十餘隻,教其每走十餘里遺一節,狗夫追之,見其家物,必銜而歸,則不能追矣。"[1]《元史‧世祖本紀》至元二十一年(1284)四月:"命開元等路宣慰司造船百艘,付狗國戍軍。"[2]

《柏朗嘉賓蒙古行紀》第 5 章 13 節:"當我們在皇宮時,據一些長期生活在韃靼人中的羅塞尼亞人(Ruthènes)神甫和其他人向我們證實,當韃靼軍隊橫穿大漠歸國途中,他們曾經過一個地區,在那裏發現了一些奇形怪狀的人,外貌都如同婦女一般。經過十分費力地翻譯,韃靼兵卒詢問她們,當地的男子到哪裏去出了。她們回答說:在這一地區,女性生下來之後具有人形,而男性生下來之後則呈犬狀。然而,正當他們在該地停留的時候,大群狗從江河的彼岸聚攏過來。雖然正值隆冬寒天,狗卻舉身赴水,然後又立即在塵埃中打滾,以至於使變成泥濘的塵土凍在了它們身上。多次重複這種動作之後,在它們身上形成了厚厚的一層堅冰,它們便兇猛地撲上前去與韃靼人搏鬥。但當韃靼人向它們射出了幾支箭之後,箭像射到頑石上一般而反彈了回來,其它武器也不能命中它們。狗羣撲向韃靼人,咬傷或咬死了許多人,這樣一來狗羣便把外來人從自己的領土上驅逐了出去。所以在韃靼人中還有這樣一句俗語:'爾父或爾兄是被狗咬死的。'然而,韃靼人所俘虜的女子卻被裹脅到自己地區,一直在那裏居住到死爲止。"[3]

《海屯行紀》:"他告訴我們他耳聞目睹的有關蠻族的奇事,他說:'在契丹那邊有個國家,其中女的是人形,天賦理智,但男人卻是狗形,缺乏理智,大而有毛。狗不許人進入他們的國土。他們狩獵,他們和婦女就靠此爲生。狗和婦女交配,生男爲狗形,生女爲女形。"[4]或疑狗國即今北極之愛斯基摩人,參觀何高濟《海屯行紀‧前言》。

---

〔1〕〔宋〕歐陽修:《新五代史》,907 頁。參觀〔宋〕葉隆禮:《契丹國志》卷 25《胡嶠陷北記》,賈敬顏、林榮貴點校,239 頁。

〔2〕〔明〕宋濂等:《元史》,265 頁。

〔3〕〔意〕柏朗嘉賓:《柏朗嘉賓蒙古行紀》,〔法〕貝凱、韓百詩譯注,耿昇譯,50 頁。

〔4〕〔亞美尼亞〕乞剌可思‧剛扎克賽(Kirakos Ganjakeci)著,〔英〕波伊勒(J. A. Boyle)譯、何高濟譯:《海屯行紀》,中華書局 2002 年,23 頁。

【16】

○李曰：斛速，疑即阿速，《元史·西［北地］附錄》作烏斯，其地在吉利吉思東，以水爲名。《地理志》肇州下又作兀速。

○沈曰："斛速"今書作"烏蘇"。

○勝案，此處"斛速"意爲水。《至元譯語》地理門："水曰沃速。"[1]《華夷譯語》、《韃靼譯語》地理門："水曰兀孫。"[2]《登壇必究》卷22《譯語》地理門："水曰五速。"[3]《盧龍塞略·譯部》地理門："水曰兀孫，一曰五素。"[4]《新刻校正買賣蒙古同文雜字》："水曰烏素（usu）。"[5]又"水閣曰兀孫忒拉其隔勒（usu dehere-higer）。"[6]

水韃靼，《元史》作"水達達"。卷59《地理志二》："合蘭府水達達等路，土地曠闊，人民散居。元初設軍民萬戶府五，撫鎮北邊。……其居民皆水達達、女直之人，各仍舊俗，無市井城郭，逐水草爲居，以射獵爲業。故設官牧民，隨俗而治，有合蘭府水達達等路，以相統攝焉。有俊禽曰海東青，由海外飛來，至奴兒干，土人羅之，以爲土貢。"[7]

《魯布魯克東行紀》第29章《在蒙哥宮廷的見聞》："從我見到蒙哥汗的地方到契丹，南和東之間是二十天路程，而到蒙古人的老家、成吉思罕耳朵所在的斡難、怯綠連，正東行有十天旅程。往東一路上沒有城鎮。不過據說有叫做速（Su）蒙古的人，就是'水蒙古'，因爲Su的意思是'水'。他們靠捕魚和狩獵爲生，因他們沒有牛羣和羊羣。北面同樣沒有城鎮，只有一支牧羊的民族，叫乞兒乞思。還有兀良海，他們足底縛著磨光的骨頭，在凍結的冰雪上行走，速度之快可及飛禽走獸。"[8]

〔1〕賈敬顏、朱風：《蒙古譯語女真譯語匯編》，1頁。
〔2〕賈敬顏、朱風：《蒙古譯語女真譯語匯編》，26、96頁。
〔3〕賈敬顏、朱風：《蒙古譯語女真譯語匯編》，132頁。
〔4〕賈敬顏、朱風：《蒙古譯語女真譯語匯編》，171頁。
〔5〕賈敬顏、朱風：《蒙古譯語女真譯語匯編》，216頁。
〔6〕賈敬顏、朱風：《蒙古譯語女真譯語匯編》，196頁。
〔7〕〔明〕宋濂等：《元史》，1400頁。
〔8〕〔法〕魯布魯克：《魯布魯克東行紀》，〔美〕柔克義譯注，何高濟譯，279頁。

水蒙古又見《世界征服者史》。[1]

【17】

○王曰:《金史·宣宗紀》貞祐二年:"十月甲午,詔遣官市木波、西羌馬。"又興定元年:"八月戊申,陝西行省報,木波賊犯洮州,敗績遁去。"又《移剌成傳》:"喬家族首領播逋與鄰族木波隴逋、厖拜、丙離四族耆老大僧等,立結什角董氈之曾孫。爲木波四族長,號'王子'。其地北接洮州、積石軍。其南隴逋族,南限大山,八百餘里不通人行。東南與疊州羌接。其西丙離族,西與盧甘羌接。其北厖拜族,與西夏容魯族接。地高寒,無絲枲五穀,惟產青稞,與野菜合酥酪食之。其疆境共八千里,合四萬餘戶。其居隨水草畜牧,遷徙不常。……大定九年……詔以結什角姪趙師古爲木波喬家、丙離、隴逋、厖拜四族都鈐轄,加宣武將軍。"

【18】

○沈曰:克鼻稍即乞卜察。

○王曰:克鼻稍,耶律文正《西游録謂》之可弗叉,皆乞卜察克之對音,通稱欽察。

○勝案,王本作"克鼻梢",與《箋證》所云"克鼻稍"不符,蓋趙萬里據天一閣本校改。欽察,爲突厥部落之一,遊牧於烏拉爾河至黑海以北。《秘史》262 節作"乞卜察兀惕",《元史》卷 63《地理志·西北地附録》"欽察"條注又作"欽叉"[2]。卷 149《郭寶玉傳》作"可弗叉":"辛巳(1221 年),可弗叉國唯算端罕破乃滿國,引兵據掃思干,聞帝將至,棄城南走,入鐵門,屯大雪山,寶玉追之,遂奔印度。"[3]卷 122《雪不台傳》:"十八年(1222),討定欽察。"[4]卷 121《速不台傳》:"己卯(1219

---

〔1〕〔波斯〕志費尼:《世界征服者史》,何高濟譯、翁獨健校訂,229 頁、231 頁注 19。元代對水達達地區之統轄,參觀譚其驤:《元代的水達達路和開元路》,載《歷史地理》創刊號(1981),收入《長水集》(下),人民出版社 1987 年,309 - 314 頁;李治安、薛磊:《中國行政區劃通史·元代卷》,復旦大學出版社 2009 年,95 - 99 頁;程妮娜:《古代中國東北民族地區建置史》,377 - 394 頁。

〔2〕〔明〕宋濂等:《元史》,1570 頁。

〔3〕〔明〕宋濂等:《元史》,3522 頁。

〔4〕〔明〕宋濂等:《元史》,3008 頁。

年),大軍至蟾河,與滅里吉遇,一戰而獲其二將,盡降其眾。其部主霍都奔欽察,速不台追之,與欽察戰於玉峪,敗之。……癸未(1223),速不台上奏,請討欽察。許之。遂引兵繞寬定吉思海,輾轉至太和嶺,鑿石開道,出其不意。至則遇其酋長玉里吉及塔塔哈兒方聚於不租河,縱兵奮擊,其眾潰走。矢及玉里吉之子,逃於林間,其奴來告而執之,餘眾悉降,遂收其境。……乙未(1235年),太宗命諸王拔都西征八赤蠻,且曰:'聞八赤蠻有膽勇,速不台亦有膽勇,可以勝之。'遂命為先鋒,與八赤蠻戰。繼又令統大軍,遂虜八赤蠻妻子於寬田吉思海。八赤蠻聞速不台至,大懼,逃入海中。"[1]卷2《太宗紀》:"九年丁酉(1237)……蒙哥征欽察部,破之,擒其酋八赤蠻。"[2]卷3《憲宗紀》:"憲宗桓肅皇帝,諱蒙哥,睿宗拖雷之長子也。……嘗攻欽察部,其酋八赤蠻逃於海島。帝聞,亟進師,至其地,適大風刮海水去,其淺可渡。帝喜曰:'此天開道與我也。'遂進屠其眾,擒八赤蠻,命之跪,八赤蠻曰:'我為一國主,豈苟求生?且身非駝,何以跪人為?'乃命囚之。八赤蠻謂守者曰:'我之竄入於海,與魚何異,然終見擒,天也。今水回期且至,軍宜早還。'帝聞之,即班師,而水已至,後軍有浮渡者。"[3]卷128《土土哈傳》:"土土哈,其先本武平北折連川按答罕山部族,自曲出徙居西北玉里伯里山,因以為氏,號其國曰欽察。其地去中國三萬餘里,夏夜極短,日暫沒即出。曲出生唆末納,唆末納生亦納思,世為欽察國王。太祖征蔑里乞,其主火都奔欽察,亦納思納之。太祖遣使諭之曰:'汝奚匿吾負箭之麋?亟以相還,不然禍且及汝。'亦納思答曰:'逃鸇之雀,叢薄猶能生之,吾顧不如草木耶?'太祖乃命將討之。亦納思已老,國中大亂,亦納思之子忽魯速蠻遣使自歸於太祖(宗)。 而憲宗受命帥師,已扣其境,忽魯速蠻之子班都察舉族迎降。 從征麥怯斯有功。率欽察百人從世祖征大理,伐宋,以強勇稱。嘗侍左右,掌尚方馬畜,歲時挏馬乳以

---

〔1〕〔明〕宋濂等:《元史》,2976 – 2977 頁。

〔2〕〔明〕宋濂等:《元史》,35 頁。

〔3〕〔明〕宋濂等:《元史》,43 – 44 頁。參觀〔波斯〕志費尼:《世界征服者史》第 3 部 II《八赤蠻及其滅亡》,何高濟譯、翁獨健校訂,659 – 660 頁。

進,色清而味美,號黑馬乳,因目其屬曰哈剌赤。"[1]《國朝名臣事略》卷3"樞密句容武毅王"條引閻復《土土哈紀績碑》略云:"其先本武平北折連川按答罕山部族,後徙居西北絕域,有山曰玉理伯里,襟帶二河,左曰押亦(案,即烏拉爾河),右曰也的里(案,突厥人稱伏爾加河爲Etil),遂定居焉,自號欽察。其地去中國三萬餘里,夏夜極短,日暫沒輒出。川原平衍,草木盛茂,土產宜馬,富者有馬至萬計。俗衹金革,勇猛剛烈,蓋風土使然。公之始祖曲年,高祖唆末納,曾祖亦訥思,世爲欽察國王。"[2]虞集《道園類稿》卷38《句容郡王世績碑》略云:"欽察之先,武平北折連川按答山部族也。後遷西北,即玉黎北里之山居焉。土風剛悍,其人勇而善戰。曲年生唆末納,唆末納生亦納思。……歲丁酉(1237年),亦納思之子(孫)忽魯速蠻自歸於太宗。"[3]

【19】

○勝案,癸巳(1233年)察合台爲其太子所劫事未詳。Olbricht und Pinks譯注本亦已質疑。[4]

【20】

○李曰:脛篤即印毒。

○沈曰:脛篤者,印度也。

○勝案,印度不在西北,而在西南。疑抄寫有誤,"曰脛篤"或當在"曰木波"下。印度,《漢書·西域傳》作"天篤"、"捐毒"。印度之漢譯名稱甚夥,可參觀 P. C. Bagchi(師覺月),"Ancient Chinese Names of India"[5],錢文忠《印度的古代漢語譯名及其來源》[6]。

〔1〕〔明〕宋濂等:《元史》,3131–3132頁。

〔2〕〔元〕蘇天爵輯:《元朝名臣事略(國朝名臣事略)》,姚景安點校,47頁。

〔3〕〔元〕虞集:《虞集全集》,王頲点校,1018頁。cf. Pelliot et Hambis, *Histoire des Campaignes de Gengis Khan*, *Cheng-Wou Ts' in-Tcheng Lou*, pp. 96–97.

〔4〕Olbricht, Peter und Pinks, Elisabeth, *Meng-Ta Pei-Lu und Hei-Ta Shih-Lüeh*, *Chinesische Gesandtenberichte über die frühen Mongolen 1221 und 1237*, *nach Vorarbeiten von Erich Haenisch und Yao Ts' ung-wu*, *Asiatische Forschungen*,見218頁注18。

〔5〕P. C. Bagchi, *India and China*, 2011, pp. 3–11.

〔6〕收入《天竺與佛陀》,上海書店出版社2007年,49–61頁。

1221 年,成吉思汗追擊花剌子模國王札闌丁至印度河流域。[1] 印度河,《秘史》257 節作"申河"、《親征録》作"辛目連河"。

《聖武親征録》:"辛巳(1221 年)……夏,上駐軍於西域速里壇避暑之地,命忽都忽那顏爲前鋒。……壬午(1222 年)……夏,避暑於塔里寒寨高原。時西域速里壇札闌丁遁去,遂命哲別爲先鋒追之,再遣速不台拔都爲繼,又遣脱忽察兒殿其後。哲別至蔑里可汗城,不犯而過,速不台拔都亦如之,脱忽察兒至,與其外軍戰,蔑里可汗懼,棄城走。忽都忽那顏聞知,率兵進襲。時滅里可汗與札闌丁合,既戰,我不利,遂遣使以聞。上自塔里寒寨率精衛親擊之,追及辛目連河,獲蔑里可汗,屠其衆。札闌丁脱身入河,泳水而遁,遂遣八剌那顏將兵急追之,不獲,因大擄忻都人民之半而還。癸未(1223 年)春,上兵循辛目連河而上,命三太子循河而下,至昔思丹城,欲攻之,遣使來稟命,上曰:'隆暑將及,宜別遣將攻之。'夏,上避暑於八魯灣川,候八剌那顏,因討近敵,悉平之。八剌那顏軍至,遂行,至可溫寨,三太子亦至。時上既定西域,置達魯花赤於各城,監治之。甲申(1224 年),旋師,住冬避暑,且止且行。"[2]

《元史》卷 1《太祖紀》:"十七年壬午(1222)……夏,避暑塔里寒寨。西域主札闌丁出奔,與滅里可汗合,忽都忽與戰不利。帝自將擊之,擒滅里可汗。札闌丁遁去,遣八剌追之,不獲。……十八年癸未(1223)……夏,避暑八魯彎川。……十九年甲申(1224)……帝至東印度國,角端見,班師。"[3]

【21】

○李曰:吸辣吸台(紿),蓋即《元史·西北地附録》之吉利吉思也。

---

〔1〕《親征録》、《元史》所載在 1222 年,不確。參觀〔波斯〕志費尼:《世界征服者史》第 1 部(156 – 168 頁)、第 2 部(471 – 501 頁),何高濟譯、翁獨健校訂。又〔波斯〕拉施特主編:《史集》,余大鈞、周建奇譯,第 1 卷第 2 分冊,306 – 310 頁;又王國維:《長春真人西遊記校注》,收入《王國維遺書》第 8 冊,513 – 514 頁,見本節注【21】;〔俄〕巴托爾德:《蒙古入侵時期的突厥斯坦》,張錫彤、張廣達譯,上海古籍出版社 2007 年,495 – 514 頁。

〔2〕王國維:《聖武親征録校注》,415 – 421 頁。

〔3〕〔明〕宋濂等:《元史》,22 – 23 頁。

蒙古多以種類稱"歹","紿"即"歹"之對聲。西域多以種類稱"斯","思"又"斯"之對聲也。注中大石林國當作大石林牙國。

○王曰：呷辣吸紹，"紹"當作"紿"，乃哈剌契丹之對音。注中"大名林國"當作"大石林牙"。

○勝案，今王本作"大石林國"，與《篓證》所云"大名林國"不符，蓋趙萬里據天一閣本校改。

黑契丹即西遼。大丹，疑爲大契丹之省，猶東丹國亦名大東丹國[1]。東丹國爲遼初所立屬國，以其在契丹之東，故名東丹，是"契丹"亦可省作"丹"也。

大石林牙即耶律大石（1094 — 1143），大石林牙國即西遼。《遼史》卷30《天祚帝本紀四》："耶律大石者，世號爲西遼。大石字重德，太祖八代孫也。通遼、漢字，善騎射，登天慶五年進士第，擢翰林應奉，尋陞承旨。遼以翰林爲林牙，故稱大石林牙。……西至起兒漫，文武百官冊立大石爲帝，以甲辰歲二月五日即位，年三十八，號葛兒罕。……延慶三年，班師東歸，馬行二十日，得善地，遂建都城，號虎思斡耳朵，改延慶爲康國元年。……仁宗次子直古魯即位，改元天禧，在位三十四年。時秋出獵，乃蠻王屈出律以伏兵八千擒之，而據其位。遂襲遼衣冠，尊直古魯爲太上皇，皇后爲皇太后，朝夕問起居，以俟終焉。直古魯死，遼絕。"[2]卷45《百官志一》："大林牙院，掌文翰之事。"[3]

《蒙古秘史》237 節："初命者別追古出魯克，追至撒里黑崑地面，將古出魯克窮絕了回來。"《親征録》戊寅（1218 年）："別遣哲別攻曲出律可汗，至撒里桓地，克之。"[4]

《長春真人西遊記》："〔辛巳（1221）〕十月二日，乘舟以濟，南下至

---

〔1〕《遼史》卷45《百官志一》："大東丹國中書臺。太祖天顯元年置，乾亨四年聖宗省。"（〔元〕脫脫等：《遼史》，710 頁）。

〔2〕〔元〕脫脫等：《遼史》，355 – 358 頁。

〔3〕〔元〕脫脫等：《遼史》，695 頁。參觀孫伯君、聶鴻音：《契丹語研究》，76 頁。

〔4〕王國維：《聖武親征録校注》，412 頁。參觀〔波斯〕志費尼：《世界征服者史》，第 1 部 VIII《屈出律和脫黑脫罕》，71 – 80 頁；〔波斯〕拉施特主編：《史集》，余大鈞、周建奇譯，第 1 卷第 2 分冊，247 – 253 頁。

一大山,山北有一小城。又西行五日,宣使以師奉詔來,去行在漸邇,先往馳奏,獨鎮海公從師。西行七日,度西南一山,逢東夏使回,禮師於帳前,因問來自何時。使者曰:'自七月十二日辭朝,帝將兵追算端汗至印度。'明日遇大雪,至回紇小城。雪盈尺,日出即消。十有六日,西南過板橋渡河,晚至南山下,即大石林牙。大石學士,林牙小名。其國王遼後也,自金師破遼,大石林牙領衆數千走西北,移徙十餘年,方至此地。其風土氣候與金山以北不同,平地頗多,以農桑爲務。釀蒲萄爲酒,果實與中國同,惟經夏秋無雨,皆疏河灌漑,百穀用成。東北西南,左山右川,延袤萬里,傳國幾百年。乃滿失國,依大石士馬復振,盜據其土。繼而算端西削其地。天兵至,乃滿尋滅,算端亦亡。"[1]

48.1

霆見王檝云:"某向隨成吉思攻西夏[1]。西夏國俗,自其主以下皆敬事國師[1][2]。凡有女子,必先以薦國師,而後敢適人。成吉思既滅其國[2],先虜國師。國師者,比丘僧也[3][3]。某後隨成吉思攻金國鳳翔府[4],城破而成吉思死[5][4]。嗣主兀窟解含哀[6],云:'金國牢守潼關、黃河,卒未可破,我思量鳳翔通西川,西川投南[7],必有路可通黃河。'後来,遂自西川迤邐入金、房,出浮光[5],徑造黃河之裏,竟滅金國。[8]" 蓋韃人專求馬蹄實路,又使命臨發草地,楚材說與大使:"你聽只恃着大江[6],我朝馬蹄所至,天上天上去,海裏海裏去。"

〔1〕王國維:《長春真人西遊記校注》,512 – 522 頁。

校

〔1〕敬事,李本作“敬”。

〔2〕李本無“既”字。

〔3〕丘,沈本、羅本、六經堪本、王本避諱作“邱”。

〔4〕某,陳本作“其”。

〔5〕城破,王本、六經堪本作“城未破”。

〔6〕含哀,沈本、羅本、六經堪本作“合寰”。○沈曰:李本作“含哀”。“合寰”二字蓋“令眾”之誤。○勝案,“含哀”自可通,沈說不确。

〔7〕李本無“西川”二字。

〔8〕金國,李本作“金”。

注

【1】

○李曰:王檝,《西遊記》稱曰“宣撫王巨川檝”,其官銜自稱曰“宣撫使御史大夫”,又云:“宣撫王公,關右人也。因話咸陽、終南竹木之盛云。”

○勝案,《長春真人西遊記》卷下云:“權省宣撫王公巨川,咸陽巨族也。”[1] 王檝從征西夏見《元史》本傳。[2]

【2】

○勝案,西夏高僧有帝師、上師、國師、德師、仁師、大師、法師、禪師等封號。皇帝之師曰國師,《天盛改舊新定律令》第十司序行文門:“皇帝國院、皇太子、諸王等之師名。皇帝之師監承處:上師、國師、德師。皇太子之師:仁師。諸王之師,忠師。”[3] 西夏國師見於西夏文、漢文文獻記載者目前考得 28 人,國師像則有甘肅安西榆林窟第 29 窟壁畫真義國師西壁(鮮卑)智海像[4],俄藏黑水城西夏文《鮮卑國師勸世集》、

---

〔1〕參觀第 31.1 節注【5】。

〔2〕參觀第 48 節注【10】。

〔3〕史金波、聶鴻音、白濱譯注:《天盛改舊新定律令》,法律出版社 2000 年,365 頁。

〔4〕參觀敦煌研究院:《中國石窟·安西榆林窟》,圖 117,說明 241 頁。

《鮮卑國師賢智集》卷前各半幅木版畫綴合而成之《鮮卑國師說法圖》。[1]

【3】

○勝案,此類國師當爲吐蕃僧,以女子薦國師則爲藏傳佛教修行密法,如所謂"演揲兒法"、"秘密大喜樂法"等。成吉思汗所釁國師乃西夏末代國師,其姓氏今無考,或當於藏文文獻中求之。[2] 馬祖常《石田集·河西歌效長吉體》:"賀蘭山下河西地,女郎十八梳高髻,茜根染衣光如霞,卻召瞿曇作夫壻。"[3] 蓋西夏國俗之孑遺。

【4】

○李曰:《輟耕録》:"宋寶慶三年丁亥己丑,太祖成吉思崩於薩里川。此《略》所云撒里達疑即薩里川。"

○勝案,李注"此《略》所云撒里達疑即薩里川"一句不見於問影樓本。所謂"撒里達疑即薩里川"亦不確。[4]

此節所記有誤。成吉思汗攻鳳翔在攻西夏之前,成吉思汗卒於1227年攻西夏時,而王檝實於1230年從太宗攻鳳翔。[5]

《元史》卷1《太祖紀》:"十七年壬午(1222)……木華黎軍克乾、涇、邠、原等州,攻鳳翔,不下。"[6] 卷2《太宗紀》:"二年庚寅(1230)……秋七月,帝自將南伐,皇弟拖雷、皇侄蒙哥率師從,拔天成等堡,遂渡河攻鳳翔。……三年辛卯(1231)春二月,克鳳翔。"[7]

《金史》卷26《地理志》下"鳳翔路"條:"鳳翔府,中。宋扶風郡鳳翔軍節度。皇統二年(1142)升爲府,軍名天興,大定十九年(1179)更

〔1〕參觀史金波:《西夏佛教史略》,寧夏人民出版社1988年,137–150頁;史金波:《西夏社會》,上海人民出版社2007年,579–590頁,31頁圖版11、588頁圖版205。

〔2〕參觀〔明〕宋濂等:《元史》卷205《哈麻傳》,4583頁;羅振玉:《演揲兒法殘卷三種跋》,收入《羅振玉學術論著》第10集《松翁近稿》,上海古籍出版社2010年,38–39頁;沈衛榮:《西藏歷史和佛教的語文學研究》,上海古籍出版社2010年,347–406頁、440–459頁。

〔3〕〔清〕顧嗣立:《元詩選》初集,中華書局1987年,716頁。

〔4〕參觀第48節注【6】。

〔5〕見〔明〕宋濂等:《元史·王檝傳》,3613頁。參觀第31.1節注【5】。

〔6〕〔明〕宋濂等:《元史》,22頁。

〔7〕〔明〕宋濂等:《元史》,30頁。

軍名爲鳳翔。大定二十七年（1187）升總管府。"[1]《元史》卷60《地理志三》"陝西等處行中書省"條："鳳翔府,唐爲扶風郡,又爲鳳翔府,號西京。宋、金因其名。元初割平涼府、秦、隴、德順、西寧、鎮原州隸鞏昌路,廢恆州,以所領盩厔縣隸安西府路,尋立鳳翔路總管府。至元九年,更爲散府。"[2]

【5】

○李曰：《貴耳集》下："浮光未破以前,開城濠得一鐵佛。端平四年,韃園（圍）城,砲聲震天。後韃攻定城,以砲坐罩鐵佛于其下,光州遂失。"又俞炎（琰）《席上輔（腐）談》："紹興間,淮壩鐵牛道人在浮光數月。"云云。

○勝案,李注此節僅見於上圖鈔本,問影樓本無。所注皆節引,《席上腐談》卷下："紹興間,淮壩有一道人求乞,手持一鐵牛,高呼鐵牛道人,在浮光數月。"[3]《貴耳集》卷下："均州武當山,真武上昇之地,其靈應如響。均州未變之前,韃至,聖降筆曰：'北方黑煞來,吾當避之。'繼而真武在大松頂現身三日,民皆見之。次年,有范用吉之變。韃犯武當,宮殿爲之一空,有一百單五歲道人首殺之,則知神示人有去意矣。浮光未破以前,開城濠得一鐵佛,佛高三丈。城東元有鐵佛寺,其僧請歸本寺,百餘軍舁之不動。軍帥禱之,許以草創小寺安奉,只用三五十輩小兒舁之即行。後差老巫媼奉事,凡有病告者,飲佛水即安。端平四年（1237）,韃圍城,砲聲震天,鐵佛爲之撼戰。後韃攻定城,以砲坐罩鐵佛于其下,光州遂失。"[4]

《元史》卷2《太宗紀》："八年丙申（1236）……冬十月,闊端入成都。詔諭秦、鞏等二十餘州,皆降。張柔等攻郢州,拔之。襄陽府來附,以游顯領襄陽、樊城事。九年丁酉（1237）……是冬,口溫不花等圍光州,命張柔、鞏彥暉、史天澤攻下之。遂別攻蘄州,降隨州,略地至黃州。

---

[1]〔元〕脫脫等：《金史》,644頁。

[2]〔明〕宋濂等：《元史》,1427頁。

[3]〔宋〕俞琰：《席上腐談》,收入《叢書集成初編》,第322冊,34頁。

[4]〔宋〕張端義：《貴耳集》,收入《叢書集成初編》,第2783冊,56頁。又李保民點校本,上海古籍出版社2012年,133–134頁。

宋懼請和,乃還。……十一年己亥(1239)春……皇子闊端軍至自西川。"[1]。金、房二州疑在降闊端之二十餘州中。

浮光當爲光州之別名。《貴耳集》所記蒙古破浮光(光州)事,可與《元史》參觀。卷119《木華黎傳》坿《塔思傳》:"丁酉……冬十月,復與口溫不花攻光州,主將黃舜卿降。"[2]卷120《察罕傳》:"歲乙未,克棗陽及光化軍。未幾,召口溫不花赴行在,以全軍付察罕。丁酉,復與口溫不花進克光州。"[3]卷123《苫徹拔都兒傳》:"帝嘉其能,命從皇子攻棗陽。繼從宗王口溫不花攻光州,一日五戰,光州下。"[4]卷147《張柔傳》:"乙未,從皇子闊出拔棗陽……丁酉,……會諸軍取光州。"[5]卷155《史天澤傳》:"乙未,從皇子曲出攻棗陽,天澤先登,拔之。……丁酉,從宗王口溫不花圍光州,天澤先破其外城,攻子城,又破之。"[6]卷163《張德輝傳》:"歲乙未,從[史]天澤南征,籌畫調發,多出德輝。天澤將誅逃兵,德輝救止,配令穴城。光州蕪山農民為寨以自固,天澤議攻之,德輝請招之降,全活甚衆。"[7]卷166《鞏彥暉傳》:"戰光州,[張]柔軍于東北,夜二鼓,命彥暉率勁卒二百伏西南,五鼓,東北聲振天地,彥暉植梯先登,衆繼之,破其外城,遂急攻,并其子城破之。"[8]

《宋史》卷85《地理志一》:"金州,上,安康郡,乾德五年,改昭化軍節度。……房州,下,房陵郡,保康軍節度。開寶中,廢上庸、永清二縣。雍熙三年并爲軍。"[9]卷88《地理志四》:"光州,上,弋陽郡,光山軍節度。本軍事州。宣和元年,賜軍額。紹興二十八年,避金太子光瑛諱,改蔣州。嘉熙元年,兵亂,徙治金剛臺,尋復故。"[10]卷89《地理志五》:

〔1〕〔明〕宋濂等:《元史》,34－36頁。
〔2〕〔明〕宋濂等:《元史》,2939頁。
〔3〕〔明〕宋濂等:《元史》,2956頁。
〔4〕〔明〕宋濂等:《元史》,3031頁。
〔5〕〔明〕宋濂等:《元史》,3474頁。
〔6〕〔明〕宋濂等:《元史》,3659－3640頁。
〔7〕〔明〕宋濂等:《元史》,3823頁。
〔8〕〔明〕宋濂等:《元史》,3898頁。
〔9〕〔元〕脫脫等:《宋史》,2113頁。
〔10〕〔元〕脫脫等:《宋史》,2184頁。

"成都府,次府,本益州,蜀郡,劍南西川節度。太平興國六年,降爲州。端拱元年,復爲劍南西川成都府。……金州,上,安康郡,昭化軍節度。前宋隸京西南路,惟此一州未沒于金。建炎四年,屬利州。紹興元年,置金、均、房州鎮撫使。六年,復隸京西南路。九年,隸西川宣撫司。十年,置金、房、開、達安撫使。十三年,隸利州路,又以商州上津、豐陽兩縣來屬。乾道四年,兼管內安撫。"[1]

《元史》卷60《地理志三》:"金州,下。唐改西城郡爲金州。宋升爲金房開達四州路。元爲散州。"[2]卷59《地理志二》:"光州,下。唐初爲光州,後改弋陽郡,又復爲光州。宋升光山軍。元至元十二年歸附,屬蘄黃宣慰司。二十二年,同蘄、黃等州,直隸行省。三十年,隸汝寧府。領三縣:定城,固始,下。宋末兵亂,徙治無常。至元十一年復舊治。光山。下。兵亂地荒,至元十二年復立舊治。"[3]

【6】

○勝案,你懣,又寫作"你懣"或"你瞞",即你們。們,宋人或作懣、瞞。此處懣爲俗字,殆合瞞與懣而成者。《愛日齋叢鈔》卷5"上梁文"條略云:"樓大防參政又考'兒郎偉'始於方言,其說云:'上梁文必言兒郎偉,或以爲唯諾之唯,或以爲奇偉之偉,皆未安。在勅局時,見元豐中獲盜推賞,刑部例皆即元案,不改俗語。有陳棘云:"我部領你懣廝遂去深州。"邊吉云:"我隨你懣去。"懣,本音悶,俗音門,猶言輩也。獨秦州李德一案云"自家偉不如今夜云",余啞然笑曰:"得之矣。"所謂兒郎偉者,猶言兒郎懣,蓋呼而告之,此關中方言也。'"[4]《齊東野語》卷5"端平襄州本末"條:"朝廷遣鎮江都統李虎,號無敵軍,偕光州都統王福所部軍,至襄策應,而克敵軍不能自安矣。……無敵軍即宣言欲剿除

〔1〕〔元〕脫脫等:《宋史》,2210、2224 頁。
〔2〕〔明〕宋濂等:《元史》,1427 頁。
〔3〕〔明〕宋濂等:《元史》,1406–1407 頁。
〔4〕〔宋〕葉寘:《愛日齋叢抄》,孔凡禮點校,115 頁。

克敵,云:'不是你瞞番人在此,如何我瞞四千里路來。'"〔1〕

49　其從軍而死

其從軍而死也,馳其屍以歸〔1〕,否則罄其資橐而瘞之。

校

〔1〕馳,王本作"馳",當爲"馳"之譌。

49.1

覘見其死於軍中者,若奴婢能自馳其主屍首以歸〔1〕,則止給以畜產;他人致之,則全有其妻奴畜產。

校

〔1〕馳,王本作"馳",當爲"馳"之譌。
〔2〕妻奴,李本作"妻子"。

〔1〕〔宋〕周密:《齊東野語》,張茂鵬點校,82 頁。參觀龍潛庵:《宋元語言詞典》們字條,上海辭書出版社 1985 年,246 頁;袁賓、段曉華、徐時儀、曹澂明:《宋語言詞典》瀝字條,上海教育出版社 1997 年,198 頁。

·欧·亚·历·史·文·化·文·库·

50　其墓

其墓無塚，以馬踐躁，使如平地^[1]。若忒沒真之墓，則插矢以爲垣，闊踰三十里^[1]。邏騎以爲衛。

〔1〕闊踰，李本誤作"闊餘"，沈本、羅本誤作"闊緰"。

【1】

○王曰：《草木子》："歷代送終之禮……元朝宮裏，用梡木二片，鑿空其中，類人形大小合爲棺，置遺體其中。加髹漆畢，則以黃金爲圈。三圈定，送至其直北園寝之地深埋之，則用萬馬蹴平。俟草青方解嚴，則已漫同平坡，無復考誌遺跡。"

○勝案，明蕭大亨《北虜風俗》"葬埋"條："初虜王與台吉之死也，亦署有棺木之具，併其生平衣服、甲胄之類，俱埋於深僻莽蒼之野。死之日，盡殺其所愛僕妾良馬，如秦穆殉葬之意。若有盜及塚中所埋衣甲，及塚外馬肉併一草一木者，獲即置之死，子女盡入爲奴，而資財無論矣。即盜散夷之塚者，亦罰九九之數。故每於他所，別立一帳，令人守之，且揚言曰'此某王某台吉之塚也'，儻亦效曹瞞之餘智乎？俗無三年之喪，唯於七日內，自妻子至所部諸夷，皆去其姑姑帽頂而已。七日外復如故也。"^{〔1〕}可參觀。

---

〔1〕《四庫全書存目叢書》255 冊，328 頁。

50.1

霆見忒沒真墓在瀘溝河之側[1][1]，山水環繞。相傳云，忒沒真生於此[2]，故死葬於此[3]，未知果否[4]。

校

〔1〕瀘溝河，沈本作"瀘渚河"，羅本、六經堪本作"瀘清河"（"清"字蓋"渚"或"溝"之譌），陳本作"瀘局河"。

〔2〕此，問影樓本作"斯"。

〔3〕此，問影樓本作"斯"。

〔4〕底本此處另起一行，有"黑韃事略終"5字。

注

【1】

○李曰：此所云瀘溝河者，指漠南之臚駒河也。《元史》："太祖諱鐵木真，葬起輦谷。"今案，"起輦"二字即"祁連"之對音，《漢書》所云祁連山者也。以明永樂《北征録》考之，古梵場有山，類江南諸山，元氏諸王葬其下，云歷長清塞、順安鎮，即臚朐河也。張鵬翮《俄羅斯行程録》："葉不孫郭兒有九十九泉，其水發源官山，云是蒙古祖塚。"

○勝案，問影樓本"梵場"誤作"梵陽"，"即臚朐河也"作"即其地也"，無"張鵬翮《俄羅斯行程録》"以下文字。金幼孜《北征録》："［永樂八年四月］二十八日早，發古梵場。行數十里，東北有山甚高廣，峰巒聳拔，蒼翠奇秀，類江南諸山。山之下孤峰高起，上多白石，元氏諸王葬其下。晚至長清塞。……三十日早，發長清塞，至順安鎮。……五月初一早，微雨，發順安鎮。行十餘里，山多白雲。……又行數里，……度一岡，遙見臚朐河。又過一岡，上攬轡登其頂，四望而下。又行數里，臨

229

臚朐河。"張氏書全稱《奉使俄羅斯行程録》[1],又名《奉使俄羅斯日記》[2]。

○沈曰:瀘渚河,即臚朐河也。起輦谷所在,惟此書著之。

○勝案,沈曾植《蒙古源流箋證》卷 4 云:"太祖葬地所謂起輦谷者,必在漠北㐲業之地。張石州指爲鄂爾多斯地,誤無疑也。起輦亦怯绿連之合音。"

《史集》第 1 卷第 1 分冊第 4 編:"成吉思汗[死]後,他的子孫們帶著自己的一個千戶,在稱爲不兒罕合勒敦的地方,守衛著成吉思汗偉大遺骸所在的他們的森嚴禁地(gurūq),不參加軍隊,并且直到今天,他們還固定受命[守衛著]遺骸。在成吉思汗的子孫中,拖雷汗、蒙哥汗以及忽必烈合罕的子孫和他的氏族的偉大遺骨,也安置於上述地方。據說,有一次成吉思汗來到了這個地方,在平原上長著一棵很綠的樹。他十分喜歡這棵樹的翠緑清新。[成吉思汗]在樹下消磨了一個時辰,他產生了一種內心的喜悅。在這種情況下,他對衆異密和近侍們說道:'我們的最後歸宿應當在這裏!'因爲他們[曾經]聽他說過這些話,所以在他逝世後,在那裏,在那棵樹下,營建了他的宏大禁地。據說,就在那年,這片平原由於大量生長的樹木而變成了一座大森林,以致完全不可能辨認出那頭一棵樹,任何人也不知道[它]究竟是哪一棵了。成吉思汗其他子孫的偉大遺骨則在別的地方。"[3]第 1 卷第 2 分冊第 2 編:"蒙古有一座名叫不兒罕合勒敦的大山。從這座山的一個坡面流出許多河流。這些河流沿岸有無數樹木和森林。泰亦赤兀惕部就住在這些森林裏。成吉思汗將那裏選做自己的墳葬地,他降旨道:'我和我的兀魯黑的墳葬地就在這裏!'成吉思汗的駐夏和駐冬地就在那一帶;他出生在斡難河下游的不魯克字勒答黑地方,距不兒罕合勒敦有六天路程。那里住著兀孩合剌尤氏族的一千名斡亦剌惕人,守護著那片土地。茲將[從不兒罕合勒敦山坡下流出的]那些河流詳舉如下:[山]南

---

〔1〕見《滿蒙叢書》第 2 卷。

〔2〕見《小方壺齋輿地叢鈔》第 3 帙。

〔3〕[波斯]拉施特主編:《史集》,余大鈞、周建奇譯,第 1 卷第 1 分冊,260 頁。

中部—怯綠連,東—斡難,大東北—乞列克禿,大北—乞兒合出,大北—
赤苦,大西北—合剌忽,西南居中—哈剌,西南居中—不剌赤禿,大西
南—土剌。有這樣一件事情:有一次成吉思汗出去打獵,有個地方長著
一棵孤樹。他在樹下下了馬,在那裏心情喜悅。他遂說道:'這個地方
做我的墓地倒挺合適! 在這裏做上個記號吧!'舉哀時,當時聽他說過
這話的人,重複了他所說的話。諸王和異密們遂按照他的命令選定了
那個地方。據說,在他下葬的那年,野地上長起了無數樹木和青草。如
今那裏森林茂密,已無法通過;最初那棵樹和他的埋葬地已經辨認不
出了。甚至守護那個地方的老守林人,也找不到通到那裏去的路了。
在成吉思汗諸子之中,幼子拖雷就葬在那裏,拖雷的兒子蒙哥合罕、忽
必烈合罕、阿里-不哥及死在那邊的其他後裔們的埋葬地也在那裏。
成吉思汗的其他後裔,如尤赤、察合台、窩闊台和他們的兒子們及兀魯
黑,則葬在其他地方。這塊偉大的禁地(gurūq)由兀良合惕部的異密們
擔任守護。"[1]第 2 卷:"[蒙哥合罕]去世以後,阿速帶斡忽勒把軍隊
交給渾答海那顏統率,[親自]帶著父親的靈柩,把他運送到了斡耳朵。
……然後,他們把他葬在被稱為也可-忽魯黑(即大禁地)的不勒罕合
勒敦地方的成吉思汗和拖雷汗[的陵寢]的旁邊。"[2]

《馬可波羅行紀》第 1 卷第 68 章:"君等并應知一切大汗及彼等第
一君主之一切後裔,皆應葬於一名阿勒台(Altai)之山中。無論君主死
於何地,皆須運葬於其中,雖地遠在百日程外,亦須運其遺骸葬於
此山。"[3]

《漢譯蒙古黃金史綱》:"於是輀車轔轔徐動,衆庶歡欣,運往汗山
大地,在那裏營建了萬世的陵寢,作了大宰相們的佑護支柱,成了全體
人民的奉祀之神,修築了永世堅固的八白室。因為主聖途經此地之時,
表示過讚美和欣賞,所以輀車深沒輪轂。據說,向衆臣庶降下了疑似之
詔,把身穿的衫子、居住的房子和一隻襪子,留在那裏。而其真身,有人

〔1〕〔波斯〕拉施特主編:《史集》,余大鈞、周建奇譯,第 1 卷第 2 分冊,321-323 頁。

〔2〕〔波斯〕拉施特主編:《史集》,余大鈞、周建奇譯,第 2 卷,271 頁。

〔3〕〔法〕沙海昂注:《馬可波羅行紀》,237 頁。

·欧·亚·历·史·文·化·文·库·

講,葬於不峏罕哈里敦;有人說,葬在阿爾泰山之陰、肯特山之陽名爲大
鄂托克的地方。"〔1〕

亦鄰真考證起輦谷(ki-lien-gu)與《蒙古秘史》古連勒古(kürelgü,
即《聖武親征録》曲鄰居山)爲對音,位於今蒙古人民共和國肯特省曾
克爾滿達勒一帶。〔2〕

徐霆跋

霆初歸自草地,嘗編敘其土風習俗【1】,及至鄂渚,與
前綱書狀官彭大雅解后【1】,各出所編,以相參考,亦無
大遼絶,遂用彭所編者爲定本,間有不同,則霆復疏於下
方,然此亦止述大略〔2〕,其詳則見之《北征日記》云。嘉
熙丁酉孟夏朔【2】,永嘉徐霆長孺書【3】。

校

〔1〕李本無"習"字。
〔2〕止,沈本、陳本作"只"。

注

【1】

○勝案,解后,不期而遇,亦作"邂逅"、"解逅"、"邂遘"、"邂覯",

---

〔1〕〔明〕佚名:《漢譯蒙古黃金史綱》,朱風、賈敬顔譯,內蒙古人民出版社 1985 年,35 頁。
cf. Bawden, *The Mongol Chronicle Altan Tobci*, Göttinger Asiatische Forschungen, band 5, Wiesbaden:
Otto Harrassowitz, 1955, pp. 145 – 146.
〔2〕參觀亦鄰真:《起輦谷和古連勒古》,收入《亦鄰真蒙古學論文集》,內蒙古人民出版社
2001 年,747 – 753 頁。

232

今通作"邂逅"。《詩·鄭風·野有蔓草》:"有美一人,清揚婉兮,邂逅相遇,適我願兮。"毛傳:"邂逅,不期而會。"[1]宋魏了翁《念奴嬌·劉左史_{光祖}夫人生日》:"解后相逢同一笑,此會幾年難覓。"[2]

【2】

○李曰:嘉熙爲南宋理宗第五(四)號。丁酉者,理宗嘉熙元年也,是年元太宗九年。

【3】

○勝案,明凌迪知《萬姓統譜》卷7:"徐霆,字長孺。永嘉人。少爲母舅陳塤所鞠,勵以講學,由是得聞性理之要。長游四方,所見益廣,連中漕舉。紹定中,李全亂淮楚。霆從趙善相(湘)於制幕,軍謀檄筆,實參其事。全斃,以功補官。端平初,軺車初通,霆以選介信使奉幣入行闕。又歲餘,覆命授江東路兵馬鈐轄。移江西,再移廣。歷守欽、復州、漢陽軍,以武功大夫致仕卒。"

---

〔1〕〔唐〕孔穎達:《毛詩正義》,321 頁。
〔2〕唐圭璋編:《全宋詞》,中華書局 1965 年,2380 頁。

題跋

明姚咨跋二篇

是編爲蓼生借王太史家藏宋刻本抄寄。嘉靖壬寅（1542年）秋八月上旬。

是編爲故太史王懋中氏家藏，余近於其弟上舍君處借録，秋日苦短，繼之焚膏始訖，同志者當諒余衷云。嘉靖丁巳（1557年）秋九月望夜，勾吳茶夢道人姚咨識於華秋館之寒緑軒。

案，姚咨跋第一篇僅見於底本，爲姚氏手書，并鈐有"姚舜咨圖書"白文印。第二篇諸本後皆有，而底本無。"余衷"之"衷"，李本作"苦衷"。

清李文田跋

黑韃事略一卷，宋彭大雅撰、徐霆疏證而成此書。霆南宋理宗時人，嘗奉使蒙古，歸而編其風土爲此書。據其自跋，尚有《北征日記》一書，今已久佚，即此書亦爲藏家所罕有矣。姚咨跋稱嘉靖丁巳鈔自太史王懋中家云。光緒庚寅（1890年），見此於廠肆，亟收之，以慰物聚之好爾。順德李文田記。

清沈曾植跋

此本借抄於繆小山編脩，編脩歸自江南，新得書也。李詹事春間從廠肆得一舊抄本,復借之校一過。繆本勝李本,然所出之源不同。繆本誤脫而李本是者,亦若干條,此書大略可讀矣。乙盒識。

案,沈曾植此跋當作於光緒十六年庚寅(1890)。[1]

清熙元跋

丁酉(1897 年)正月,達甫弟得鈔本於廠肆,余愛其敍事詳實,命書僕翟浦録副藏之。此書惟《述古堂》、《持靜齋》二目著録,他不多見,誠秘笈也。太初記。

日本內藤湖南跋

此書壬寅歲游清國時得之羅叔藴,歸後借那珂先輩藏本對校一過。那珂本得之清國陳士可,所以稱陳本。癸卯(1903 年)四月念九,炳卿。

茅元儀《武備志》引此書牧馬一節,書名《黑韃遺事》。癸卯六月初二,取而一校。

清胡思敬跋

右書自元以來展轉傳抄,罕見刻本。明人號搜輯古今佚乘,考諸家叢目,亦未著録。唯吳縣曹中翰注《蒙韃備録》,徵引十餘條,未知所據何本,就其所引者兩相校對,各有脫誤。曹注沒去彭大雅之名,竟以此書爲徐霆所著。度其所見,亦非校刻精本可知。此本熙太初祭酒家故物。祭酒殉難後,余游曉市得之。其

---

〔1〕參觀許全勝:《〈西遊録〉、〈黑韃事略〉的版本與研究——兼論中日典籍交流與新見沈曾植箋注本》,載《復旦學報》2009 年第 2 期。

李侍郎所跋原書,則不知流落何所,侍郎攻西北輿地學最專,書眉評語,考證精博,足與徐疏互相發明,疑即侍郎之筆,存而不削,異時當與《元祕史》、《西遊錄》注並傳。末附校勘記,多係以意懸度,不敢徑改,用存古書之舊,讀者審之。光緒戊申(1908年)秋九月,新昌胡思敬跋。

民國王國維跋

此書後有嘉熙丁酉永嘉徐霆長孺跋云:"霆初歸自草地,嘗編敘其土風習俗,及至鄂渚,與前綱書狀官彭大雅解后,各出所編,以相參考,亦無大遼絕,遂用彭所編者爲定本,間有不同,則霆復疏於下方"云云。今書中頂格書者大雅原書,其低一字者長孺所疏也。

長孺隨使蒙古在宋理宗端平初年,當蒙古窩闊台汗之七八年。本書云:"霆至草地時立金帳,想是以本朝皇帝親遣使臣來,故立之以示壯觀。前綱鄒奉使至不曾立,後綱程大使、更後綱周奉使至皆不立。"考《宋史·理宗紀》紹定五年壬辰十二月:"大元再遣使議攻金,史嵩之以鄒伸之報謝。"端平元年甲午:"十二月己卯,大元遣王楫來。……辛卯,遣鄒伸之、李復禮、喬仕安、劉溥報謝。"二年乙未正月:"以御前寧淮軍統制、借和州防禦使程芾爲大元通好使,從義郎王全副之。"嘉熙二年戊戌:"三月己丑,命將作監周次說爲大元通好使。"本書所謂鄒奉使即鄒伸之,程大使即程芾,周奉使即周次說。是長孺隨使當在鄒伸之之後,程芾之前,而鄒、程奉命使北,相距才一月,中間未必更遣他使。本書所謂前綱鄒奉使至時不立金帳者,疑謂伸之壬辰初使時事,而長孺則與於伸之再使之役。蓋伸之初使實銜史嵩之之命,而再使則奉朝命,故曰"霆至草地時立金帳,想是以本朝皇帝親遣使臣來",可互證也。

顧伸之再使雖奉命於甲午十二月，然其至草地已在丙申之夏，本書云"霆在燕京見差胡丞相來黷貨更可畏，下至教學行及乞兒行，亦出銀作差發"云云。考《皇元聖武親征錄》："甲午太宗七年，遣忽都忽主治漢民。乙未夏，忽都忽籍到漢民一百一十一萬有奇。"《元史·耶律楚材傳》亦紀其事，則云"丙申七月，忽都虎以民籍至"云云。視《親征錄》差後一年，案"忽都忽"、"忽都虎"，《元史·太宗紀》亦作"胡土虎"，本書"胡丞相"即謂此人。其至燕京定差發，當在乙未、丙申間，而長孺適以是時留燕，則亦當在乙丙間矣。後至草地住月餘，其回程宿野狐嶺在七月十五日，則其至草地時正當盛夏。

又跋中稱彭大雅爲前綱書狀官，則大雅當在鄒伸之壬辰一行中，大雅後爲四川制置副使，以貪黷獲咎。《宋季三朝政要》二："嘉熙四年，彭大雅使北。"是大雅於此書成後，又膺專對之命。又《宋史》多記大雅獲罪事，而《政要》則頗稱大雅守蜀之功，云："彭大雅守重慶時，蜀已殘破，大雅披荊棘，冒矢石，竟築重慶城，以禦利閬、蔽夔峽，爲蜀之根柢。自此支吾二十年，大雅之功也。然取辦迫促，人多怨之。其築重慶也，委幕僚爲記，不愜意，乃自作之，曰：'某年月日，守臣彭大雅築此，爲國西門。'謁武侯廟，自爲祝文云云。其文老成簡健，聞者莫不服之。後不幸遭敗而卒，蜀人懷其思，爲之立廟。"故其爲此書，敍述簡該，足徵覘國之識。長孺所補亦頗得事實。蒙古開創時史料最少，此書所貢獻，當不在《秘史》、《親征錄》之下也。乙丑季冬二十日（1926 年 2 月 2 日）海寧王國維。

案，跋末署"乙丑季冬二十日"，《王國維遺書》本作"乙丑十二月"，此據國家圖書館藏手稿本。[1]

---

〔1〕參觀袁英光、劉寅生：《王國維年譜長編》，天津人民出版社 1996 年，467－468 頁。

·欧·亚·历·史·文·化·文·库·

民國章鈺題記

上虞羅氏重印《黑韃事略》,鈺有傳録本與之略同,鈺本曾由吳縣曹君直舍人_{元忠}以舊寫本校過,多可取者。因得校記若干條,附羅本之後,曹校列上,羅本列下。丙寅(1927)正月,長洲章鈺。

民國趙萬里題王國維《黑韃事略箋證》

甲戌(1934 年)冬日,門人趙萬里以天一閣舊藏姚舜咨校本覆勘記。

宋四川安撫制置副使知重慶府
彭大雅事輯

張政烺

有宋鄱陽彭大雅,英雄豪傑之士也,智周兵略,洞察韃情,剛毅堅忍,果敢有為。而事業不諒於生前,聲名無聞於後世,豈不惜哉!往者余讀王國維《黑韃事略箋證》,始識其姓名。檢《宋史》,載其事殊疏闊,編年雜史所記益復不同。特就所見者輯而錄之。一九三八年春至重慶,履彭公之故治,發思古之幽情,尋拾遺跡,若修城碑記若摹刻漢碑四十種者,俱無可得。惟見江干山半城垣斷續,而多歷興廢,何者為當日手創,莫可究詰。退乃考之《四川通志》、《重慶府志》、《巴縣志》,若《潼川府志》,則或載或否,其記述寥寥不過二十言,年代不合,又多存疑之詞。是知彭氏之澤蜀人懷之者蓋尠矣。遂欲就所輯者草具事略,質諸方雅,以期博文之士進而為之傳。徒以播遷未已,見書不廣,思得國立北平圖書館、江蘇省立國學圖書館所藏宋季雜史、明代方志考之,庶無遺憾。今苒荏三載,再入西蜀,觀書之願,卒不可期,爰出所輯先以問世,撐陋之誚,知所未免,辭繁不殺,甄抉在人。

一九四一年七月五日記於南溪板栗坳。

一、家世

《宋史》無彭大雅傳(檢哈佛燕京學社引得編纂處近年出版之《四十七種宋代傳記綜合引得》亦無彭傳)。史籍記其事者率為編年體,皆不詳其籍貫。往年余編本所方志目,始無意中於《鄱陽縣志》得之。大雅傳記今所知最早者殆推郭子章《豫章書》中之列傳,約作於明萬曆間,為後來《江西通志》、《饒州府志》、《鄱陽縣志》等之所本,原書當有傳本,而余惜未見,僅從上舉諸方志中見其轉引者。各志辭句微異,宜有竄易,蓋踵事增華,方志之纂修例多如此也。今以雍正《江西通志》時代較早,同治《鄱陽縣志》文字稍繁,分錄如下。

雍正《江西通志》卷八十八《人物》:

> 彭大雅字子文,鄱陽人,進士,官朝請郎,出為四川制置副使,甚有威名。嘉熙四年使北。淳祐三年守重慶。時蜀地殘破,大雅披荊棘,冒矢石,築重慶城,以禦利閬,蔽夔峽,為蜀根柢。人德之為立廟。卒謚忠烈。孫克紹,博學能詩,有《學餘稿》。(《豫章書》)

同治《鄱陽縣志》卷十《人物志·勳業》:

> 彭大雅字子文,祖汝執,汝礪從昆弟也。嘉定甲戌進士,官朝請郎,出為四川制置副使,甚有威名。嘉熙四年使北。純(淳)祐三年守重慶。時蜀地殘破,大雅披荊棘,冒矢石,築重慶城,以禦利閬,蔽夔峽,為蜀根柢,自此支吾二十年,大雅之功也。蜀人德之,為立廟祀焉。純(淳)祐十二年追謚忠烈。孫克紹,博學能詩,有《學餘稿》。(《豫章書》)

兩傳皆註出《豫章書》,而字句頗有出入,如《通志》有"鄱陽人"三字,無"祖汝執,汝礪從昆弟也"句,《縣志》反是。蓋省縣志範圍不同,文字鍛鍊宜爾。其餘異同數事亦各有增删,皆非《豫章書》原文。何以言之? 雍正《江西通志》實以康熙五十九年所修《西江志》為底本(據序文,原書未見),而此傳亦仍其舊,非自《豫章書》中直接錄出,故篇末猶附《西江志》"原跋"云:

> 按彭大雅集中有致仕得請七律二章,非卒官重慶者。又按大雅於嘉熙、淳祐中已入官矣,《鄱陽縣志》以為寶祐進士者訛。

據此知原文記大雅卒官重慶，故特駁斥之。今兩志所引皆無此語，蓋已經修志者刪削。又尋繹跋意，原文殆無大雅舉進士之年，而當時所見《鄱陽縣志》又以為實祐進士，則同治《志》"嘉定甲戌"四字自必後來修志之所增入無疑。《豫章書》本傳大體取材於《宋季三朝政要》，自"進士"至"為立廟"六七十字全與《政要》雷同，如"嘉熙四年使北，淳祐三年守重慶"兩語繫年訛誤，其抄襲形迹尤顯。《政要》不記大雅何年進士，有守重慶不幸遭敗而卒云云，與前舉跋意亦合，可以互證。《政要》記"自此支吾二十年，大雅之功也"，及"淳祐十二年追錄彭大雅創築渝城功"，則《縣志》此等處亦當是《豫章書》原文，而《通志》刪之。觀《豫章書》此傳，最要者在首末數句，大雅家世非此不明，蓋據方志或譜牒為之，他書不經見。若其餘事迹可據諸史鉤稽而得者，率較此為詳，故文字繁簡亦無足深辨。所猶可注意者端在縣志增出之"嘉定甲戌"四字耳。

雍正《江西通志》《選舉門》無彭大雅名，蓋以舊說年代不合刪之也。同治《鄱陽縣志》卷八選舉進士，嘉定七年甲戌科袁甫榜，凡三人，而大雅居末，似最後增入。同治《饒州府志》晚出，記載相同，注云"照邑志更正"，其舊本如何余今未見。嘉慶《四川通志》卷一一四職官政績，"彭大雅，嘉祐初進士"注："舊通志不知本於何書，今姑仍之。"烺按大雅事迹別無可考，疑本江西舊志。蓋嘉定一訛為嘉祐，乃北宋仁宗年號，時代不相及，再妄改訂為寶祐，又時代差後，始訛下字，繼改上字，致誤之迹大抵如此。而非惟時代不合，且皆無"七年甲戌"，同治修志時，於大雅時代知之較詳，自明其非，見各志紛歧錯亂，悉為元號一字之誤，遂據"七年"或"甲戌"之文而訂正之，其事亦至易。宋自孝宗以降至理宗淳祐，改元頻煩，有"七年"者僅一嘉定，有"甲戌"者亦僅一嘉定。然則舊志有一於此，自必可得而更正之矣。余為此說推論過多，然其理至順，其道至易，宜可不遠於事實。如謂同治修志時曾有關於大雅之新史料發現，吾不信也。

大雅壯年事迹，《宋季三朝政要》卷二及《重刊湖海新聞夷堅續志》前集卷二《彭帥報恩》（澄江河東思善堂）皆有記載而以後者為詳，節錄

如下:

> 宋寧宗朝,彭大雅最豪傑而極貧者也。……適其年科舉,州府監出大雅,入貢院就試,是秋發解,次春登科,榮授官職,……後官至朝請郎,出為四川制置,甚有威名。識者謂其義氣滿胸,前程遠大。

此書係小說家者流,其作約在元初。時代不遠,事迹未湮,故雖文辭鄙俚,而敘述特詳。考《江西通志》、《饒州府志》,嘉定中葉太守為史定之。風塵識拔,於大雅宜有知己之感。定之與嵩之同祖,事迹見《鄞縣志》。則大雅後日為史嵩之幕屬者非無故矣。

二、使北

《宋季三朝政要》卷二:

> 庚子嘉熙四年,彭大雅使北。

《豫章書·彭大雅傳》因之,云:

> 嘉熙四年使北。

此外正史、雜史不見有記載此事者。按大雅隨使北韃事誠有之,然僅充書狀官,非膺奉使之命。各史不載,亦固其所。《政要》大書特書,已嫌非體,而繫年差後,尤屬不合。

大雅至蒙古,嘗記所經歷土俗人情為《黑韃事略》一書,文字簡略,不記年月,然孤本僅存,為今日考證其使北之惟一根據。傳本每條下皆附徐霆疏記,末並有霆跋云:

> 霆初歸自草地,嘗編叙其土風習俗。及至鄂渚,與前綱書狀官彭大雅解后,各出所編,以相參考,亦無大遼絕。遂用彭所編者為定本,間有不同,則霆復疏於下方。然此亦止述其大略,其詳則見之《北征日記》云。嘉熙丁酉孟夏朔,永嘉徐霆長孺書。

此跋作於嘉熙元年,已稱大雅為前綱書狀官,則其北行必更在嘉熙以前可知。霆之赴北,在宋理宗端平元年十二月,王靜安先生考之甚詳,見《黑韃事略箋證跋》：

> 長孺隨使蒙古，在宋理宗端平初年，當蒙古窩闊台汗之七八年。本書云"霆至草地時立金帳，想是以本朝皇帝親遣使臣來，故立之以示壯觀。前綱鄒奉使至不曾立，後綱程大使、更後綱周奉使至皆不立"。考《宋史·理宗紀》，紹定五年（壬辰）十二月，大元再遣使議攻金，史嵩之以鄒伸之報謝。端平元年（甲午）十二月己卯，大元遣王檝來，辛卯遣鄒伸之、李復禮、喬士安、劉溥報謝。二年（乙未）正月，以御前寧淮軍統制借和州防禦使程芾為大元通好使，從義郎王全副之，嘉熙二年（戊戌）三月己丑，命將作監周次說為大元通好使。本書所謂鄒奉使即鄒伸之，程大使即程芾，周奉使即周次說。是長孺隨使當在鄒伸之之後，程芾之前。而鄒、程奉命使北，相距才一月，中間未必更遣他使。本書所謂前綱鄒奉使至時不立金帳者，疑謂伸之壬辰初使時事，而長孺則與於伸之再使之役。蓋伸之初使，實銜史嵩之命，而再使時則奉朝命，故曰"霆至草地時立金帳，想是以本朝皇帝親遣使臣來"，可互證也。

經此考證，因推斷云：

> 又跋中稱彭大雅為前綱書狀官，則大雅當在鄒伸之壬辰一行中。

今按王氏辨析精微，雖無顯證，而其說則確不可移也。

鄒伸之初使蒙古，嘗撰《使韃日録》一卷，今無傳本。明高孺《百川書志》卷五《史部·傳記》：

> 《使韃日録》一卷。宋理宗端平改元甲午歲，朝奉大夫京湖制置大使司參議官鄒伸之同史嵩之六臣使元國報謝所紀也。載彼風俗、地理及使節行跡為詳。

絳雲樓、千頃堂、傳是樓等家書目皆有此書。《四庫全書總目》入雜史類存目，以諱"韃"字，易名為《使北日録》，蓋因內容改不勝改，擯不著

243

錄。然記載可供考史之處尚多,故《提要》叙之頗詳。《總目》此書據浙江巡撫採進本,而《浙江採集遺書總錄》不載,亦猶《總錄》有《敦煌雜錄》一卷,記晚唐張義潮事,而誤以爲使金之作,《四庫》亦擯棄不載。韃虜專制,禁忌如毛,遂使此種祕笈已流傳數百年者竟亡於一旦,余每爲此二書惜也。向讀元白珽《湛淵静語》,卷二有引《使燕日録》一段,約二千五六百字,斷即出自鄒伸之《使韃日録》,其以“燕”爲“韃”,《知不足齋叢書》、《武林往哲遺書》兩本皆然,當亦由於忌諱,然全條未删,則亦未始非厚幸也。《湛淵静語》卷二所引,首數語係隱括其辭言之,非即原文,然與《四庫提要》參證,於使事始末年月歷程可以見梗概矣。今分録於下:

　　《使燕日録》載紹定癸巳北朝遣王檝來通好,朝廷劄京湖制司就差官鄒沖之等六員使北朝審實。於次年六月回抵汴。中途,崔丞相名立遣人下迎狀,以南京丞相繫銜。向者癸巳春,金主守緒親提兵自黃龍岡轉戰敗走歸德,汴圍不解,崔立以城降,守緒一家盡没。立自稱鄭王,又自稱丞相。是日立出城迎,酒數行,同入城,館人使於都堂。(《湛淵静語》。烺按:鮑、丁兩刻本皆作“沖之”,蓋出抄本,行書潦草故爾。)

　　《使北日録》一卷(浙江巡撫採進本),宋鄒伸之撰。理宗紹定六年癸巳,史嵩之爲京湖制置使,與蒙古會兵攻金。(案是時尚未建大元之號,故史仍以國名爲稱。)會蒙古遣王檝來通好,因假伸之朝奉大夫京湖制置使參議官,往使。以是歲六月偕王檝自襄陽啟行,至明年甲午二月,始見蒙古主於行帳,尋即遣回,以七月抵襄陽。計在途者十三月。因取所聞見及往復問答,編次紀録,以爲此書。案《宋史·理宗本紀》,宋與大元合圍汴京(案此大元爲史臣追書之辭)。金主奔蔡州,大元再遣使,議攻金,史嵩之以鄒伸之報謝。蓋即此事。特《宋史》稱王檝來議攻金,而此《録》祇言通好,又《宋史》載伸之出使在紹定五年十二月,而此《錄》實以六年六月出疆,皆當以此《錄》所紀為得其實。時孟珙已會蒙古滅金,廷議遂欲出師取河南,蒙古復遣王檝來責敗盟,因再進伸之二秩,遣之報謝。史載同使為李復禮、喬仕安、劉溥等,據此《錄》皆先曾副行之人。復禮假京西路副總管,溥假京西兵馬都監,仕安以東南第七正將神勁馬軍統制充防護官,其官爵亦史所未詳云。(《四庫全書總目》卷五十二)

據此知鄒伸之初使時同行者凡六人,皆由史嵩之僚屬中遴選。李復禮、喬仕安、劉溥外尚有三人,惜《提要》未舉其姓名,度必有彭大雅厠於其中。《宋史》兩記鄒伸之使北,皆書其奉命之始,至實際行程則略後於此。徐霆一行"至草地已在丙申之夏",王先生考之頗詳,而於初使時日則惜無說。今知其實以癸巳六月自襄陽北行,至甲午二月始見蒙古主於行帳,以六月返抵汴,七月歸襄陽。計在途者十三月。考之《黑韃事略》所記時政、人事、氣候、動植,無一與此不合,參見王氏《箋證》,不可殫舉。如云:

> 其殘虐諸國:已破而無爭者,東南曰白韃金虜(女真)。……已爭而未竟者,東曰……遼東萬奴(即女真大真國)。……西北曰克鼻稍(回回國,即回紇之種),初順韃,後叛去,阻水相抗。忒沒真生前常曰:"非十年工夫不可了手,若待了手,則殘金種類又繁盛矣,不如留茶合䚟鎮守,且把殘金絕了,然後理會。"癸巳年,茶合䚟嘗為其太子所劫。……惟克鼻稍一國稍武,餘燼不撲,則有燎原之憂,此韃人所必爭者。

破金事已見前舉《使燕日錄》。遼東萬奴之平,據《元史》卷二《太宗紀》在癸巳九月,蓋是時尚無確報。至記茶合䚟之劫於克鼻稍,則大雅聞當時國際情勢如此,以為有機可窺者,故隨時筆之於書,而著其年為癸巳也。

許應龍《東澗集》卷六有"彭大雅出疆籌略,多合事宜,補從事郎、淮西准備差遣制”（景印《四庫全書珍本》）云：

> 制垣任重而責專，有請必行，庶英豪樂為之用。以爾名
> 中賢書，智周兵略，出疆逾歲，洞察敵情。戎閫薦敦，特賜真
> 命，文階幕屬，並為爾榮。尚克欽承，毋忘報稱！

此係四庫館自《永樂大典》中輯出，是否原有“韃”字經館臣竄易，今不
可知。要之即酬此次隨使蒙古之功，殆無疑問。《東澗集》卷五有“史
嵩之除淮西制置使沿江制置副使兼知鄂州制”，在此制之前，疑是原來
次第如此。而此云“淮西准備差遣”，則“戎閫薦敦”必屬史嵩之無疑。
考《宋史》嵩之以端平元年秋罷京湖安撫制置使知襄陽府，三年二月除
淮西制置使兼沿江制置副使兼知鄂州（卷四一四本傳及卷四二《理宗
紀》），當鄒伸之等返襄陽之日，正嵩之乞黜罷之時，中間奉祠歸養，未
任制垣，蓋幕屬之酬賞久曠，及是起復，有所保薦，而大雅遂獲是制歟？
自此至翌年嘉熙丁酉，大雅皆淹留鄂渚，故徐霆得於此邂逅之也。

《宋季三朝政要》今所見者皆出元建安陳氏餘慶堂刊本，不著撰人
名氏，蓋麻沙肆估所為。其書彭大雅使北於嘉熙庚子，誤後八年。割裂
一史料以就編年體，錯誤往往而然。王靜安先生《黑韃事略跋》據此謂
“是大雅於此書成後又膺專對之命”，未免習於調停之論。其誤觀《宋
史》大雅帥蜀獲罪年月自明，此不深辨。

三、帥蜀

大雅帥蜀及獲罪事，《宋史》卷四二、卷四三《理宗紀》凡五見，而史
有闕文，始末不具。其仕歷及除授年月，皆無明文。然實錄僅存可供考
據之資，非憑傳聞及揣擬者比，今輯錄之：

> 嘉熙四年三月辛未，詔四川安撫制置副使彭大雅削
> 三秩。

> 夏四月壬寅，前潼川運判吳申進對，因論蜀事，為上言：
> “鄭損棄邊郡不守，桂如淵啟潰卒為亂，趙彥吶忌忠勇不救，
> 彭大雅險譎變詐，殊費關防。宜進孟珙於夔門，夔事力固

乏，東南能助之，則夔足以自立。"

　　淳祐元年，十二月丁丑，侍御史金淵言，彭大稚貪黷殘忍，蜀人銜怨，罪重罰輕，乞更竄責。詔除名，贛州居住。五年三月庚子，詔嚴臟吏法，仍命有司舉行彭大雅、程以升、吳淇、徐敏子納賄之罪。準淳熙故事。戒吏貪虐，預借，抑配，重催，取贏。

　　十二年十二月己未，詔追録彭大雅刱城渝州功，復承議郎，官其子。

據此知嘉熙四年三月已為四川安撫制置副使。《宋史》卷四一二《孟珙傳》云：

　　四川制置使陳隆之與副使彭大雅不協，交章於朝。珙曰："國事如此，合智并謀，猶懼弗克，而兩司方勇於私鬥。豈不愧廉、藺之風乎？"馳書責之。隆之、大雅得書大慚。

珙以嘉熙四年一月除四川宣撫使，淳祐元年二月改京湖制置大使，其移書責讓大雅，正在此時。蓋陳隆之為制置使，而大雅副之，與《理宗紀》合。《十駕齋養新録》卷八《四川制置》條，廁大雅名於孟珙與陳隆之間，云：

　　除制置使。未詳年月，或在孟珙之前。

以今考之，知其不然矣。

　　《宋史·理宗紀》記追録大雅創城渝州功，而不詳其知重慶府事。按宋季四川安撫制置副使例兼知重慶府（王應麟《四明文獻集》有《賜張珏詔》）。《宋史》卷四一三《趙必愿傳》云：

　　時邊事急，必愿應詔言，宜敕彭大雅自重慶領王青之兵東下以復夔。

足徵其駐重慶。《宋季三朝政要》卷二載之頗詳：

　　彭大雅守重慶。時蜀已殘破，大雅披荊棘，冒矢石，竟築重慶城，以禦利閬，蔽夔峽，為蜀之根柢。自此支吾二十年，大雅之功也。然取辦促迫，人多怨之。

惟繫於淳祐三年則非。《政要》記大雅事皆差後數年,至不可解,按篇首云,"理宗國史載之過北,無復可考",是作者未見國史,殆偶得一史料,年月不完,遂參伍書之,致與實際歲月不合。《四庫提要》卷四七謂"理宗以後國史,修《宋史》者實見之,故本紀所載反詳於是書。又是書得於傳聞,不無舛誤。然宋末軼事頗詳,有史所不載者,存之亦可備參考也"。其論允矣。

嘉熙二年李遇龍以四川制置守重慶(詳吳廷燮《南宋制撫年表》)。大雅知重慶府事當在其後。薛應旂《宋元通鑒》:

> 嘉熙三年八月,蒙古塔海將兵入蜀,制置使丁黼聞之,……自誓死守。至是,塔海自新井入,……力戰而死。蒙古遂取漢、邛、簡、眉、閬、蓬州;遂寧、重慶、順慶府。尋引還。(此當本陳桱《通鑒續編》。《宋史》《忠義》王翊、丁黼等傳略同。)

重慶殘破當在此時。《說郛》卷五七宋羅志仁《姑蘇筆記》:

> 彭大雅文子帥蜀,築重慶城。幕客門士各撰記頌功,俱不當其意。文子乃自記十七字云:"大宋嘉熙庚子,制臣彭大雅城渝,為蜀根本。"大書深刻之。諸人嘆服。

是大雅城渝在嘉熙四年初。《宋史全文續資治通鑒》卷三十三:

> 淳祐元年二月甲子,詔忠順軍副統制孫揀陞都統制,仍賜金帶,賞重慶之功也。其餘將士第賞有差。

當亦指此役言。時大雅已被議削三秩,故恩賞不及,而未久且有遷謫之命矣。

吳潛《許國公奏議》卷三《奏條畫上流守備數事》(嘉熙三年):

> 竊見韃為不道,侵突蜀江,雖督府倍道進師,京湖制臣竭力赴援,峽口近已肅靜,施黔似無疎虞,然臣竊觀此賊用兵,無不取,無必取,而無必取者乃所以行其無不取之計。安知其目前之謀不且並包巴蜀,佔據江面上游,而遲至秋冬,方自瞿塘以下歸峽,道施黔以窺鼎澧,出黎雅以瞰交廣

乎?使彭大雅、陳隆之尚能立脚,則此賊猶有後顧之虞,若二帥或音問中絕,或奔迸東下,則臣之所料恐將十中七八。今屈指日力,自一月以至七月,僅有半年,如救頭然,猶懼不濟,若復視以為安,則天下之事自此恐有不可諱者矣。

此奏論當時情勢最詳,故全錄之。

大雅去蜀當在淳祐元年八月之後十二月之前。其致仕時日約略可考。杜範《清獻公集》卷十二經筵已見奏劄(原注"辛丑八月"):

時已秉紅,邊遽正急。淮東西及襄蜀之報大非往歲比。而西帥不和,交惡互申,平時尚爾,一旦緩急,何以望其協謀敵愾!

云"交惡互申"與前引《孟珙傳》合,殆指彭大雅無疑,是當時猶未去職。《宋季三朝政要》卷二云:

後不幸遭敗而卒,蜀人懷其恩為之立廟。

薛應旂《宋元通鑒》、郭子章《豫章書》等皆沿此說,雍正《江西通志》引舊志本傳原跋:

按彭大雅集中有致仕得請七律二章,非卒官重慶者。

即駁斥其誤。元吳存《樂庵遺集》卷一(《豫章叢書》《鄱陽五家集》本。此詩《通志》、《縣志》皆已收入):

彭忠烈錦袍、鐵扇落他姓,公孫尹購得,有詩次韻:東歸幾日竟南遷,苔沒渝城萬仞鐫。社稷已墟遺古廟,英雄不死作飛仙。空開鐵扇遮西日,忍見袍花麗晚天。猶有故家喬木在,年年春綠照番川。

云"東歸"即指致仕得請而言,云"南遷"即指贛州居住而言,是離蜀必在金淵勁奏之前可知。《宋季三朝政要》之非,可不待辨。云"社稷已墟遺古廟"蓋忠烈祠堂至元代猶有存者,則《政要》之言亦非全無根據。特欲籠統終言其事,未加深考,遂不免遺破綻耳。

同治《鄱陽縣志》卷四《壇廟》:

蜀三大神廟在禮遜坊西,一在月波門內。其神有二:

一,清源,嘉州太守趙昱。隋時斬江蛟以捍民患。一,文昌,即梓潼。一,射洪,即蜀郡太守李冰,秦時作石犀以鎮水怪。皆蜀地神。鄱陽彭大雅宋時帥蜀,後歸因建祠奉焉。明初總制宋炳、知府陶安重修,今廢。

《鄱陽縣志》中不應重出"鄱陽"字,此不知自何處抄入。大雅遺迹存於鄉里者僅此,附錄於此,亦可以見其嘗致仕歸田里也。

四、藝文

大雅幼負才氣,嘗舉進士,帥蜀雖鹵莽,固非糾糾武夫者比。惜其文集不傳,"致仕得請七律二章"亦不可見。《宋季三朝政要》卷二云:

> 其築重慶也,委幕僚為記,不愜意,乃自作之曰:某年某月某日,守臣彭大雅築此,為國西門。

文與前引之《姑蘇筆記》及無名氏《三朝野史》、邵桂子《雪舟脞語》諸書所載俱不同,未知孰是。劉一清《錢塘遺事》卷三《彭大雅》條:

> 大雅入蜀,曾有祭諸葛武侯文云:"大國之臣不拜小國之卿,大雅今拜矣。拜公以八陣之神圖,拜公以出師之一表。尚饗。"其文甚偉。

惜著作今僅《黑韃事略》一種,王靜安先生跋云"叙述簡該,足徵覘國之識",洵無溢美。按鄒伸之《使韃日録》為宋代使臣報命時例有之作,矧使韃為創舉必不可無。鄒氏為文吏為武弁今不可考,然當其出疆日是否多暇能從容及之,則殊堪疑問。倘即書狀官彭大雅秉筆為之,亦未可知。其書今不傳,僅見《湛淵靜語》卷二所引記汴京宮殿二千五百餘言,文字狀畫周至,不勝麥秀黍離之感。容或有大雅手筆參與其間耶?今竟無可考矣。

元劉有定《衍極注》卷三云:

> 宋彭大雅以漢碑完者四十本作橫卷,刻於渝州博古堂,雖功用精加,而筆法緩弱失真矣。

是彭氏講求漢隸,於書法尤有深好,宜其作修重慶城記古樸得碑版之體,而處渝城殘破之日,撫輯之餘,能從容及此若操勝算者,其識度尤不可及。此刻在元時當尚有傳本,故劉有定特言及之。惜不知毀於何時,今後重慶穿濠治舍,容有殘石可得,好事者宜留意焉。

摹勒古碑,翻雕法帖,為宋人習氣,蜀中尤甚,然如此規模之大,亦所罕覯。況當喪亂之際,糾工、審材、鉤刻、察書,殆非倉猝可辦。嘗考宇文紹奕所刻《博雅堂漢碑》五十四卷,而疑大雅蓋有所本,今略述之,文獻不足徵,不敢斷定也。

宇文紹奕字袞臣,南宋初廣都人。初為吏部郎,數月去官。晚復左承議郎,通判劍州,歷守資、臨邛、廣漢三州。好古博雅,敏於吏事。嘗撰《原隸》(陸游《渭南文集》卷二十八有跋)、《臨邛志》(見《宋史藝文志》)、《石林燕語考異》(見《直齋書錄解題》)等書。今惟《燕語考異》十卷有《琳瑯祕室叢書》及《郋園全書》本。胡珽嘗輯《宇文紹奕事實》一篇,附刊於其後(兩本皆有之,又見葉廷琯《吹網錄》卷六),而采錄疏闊,大可增補,於翻刻漢碑事一字未及,尤為遺憾。《蜀中廣記》卷八《名勝記》川西道資縣(景印《四庫全書珍本》):

《碑目》云:《聚書樓記》李石文,《博雅堂記》張震文,俱乾道七年立碑。

《博雅堂記》略曰:宇文紹奕為資守,風清事簡,則歎曰,自吾承先大父右丞相公餘烈,以詩書發身,凡二十年,聚書上自孔氏,下至歷代諸史、稗官小說,與夫國典名公之文,合萬餘卷,手所校錄者幾半之,不為不多矣。顧猶有遺恨者,嘗見前漢文字之奧,篆隸之工,鏤金石而傳後世,尚有可考。乃其在中原者淪於草澤(二字粵雅堂本《蜀中名勝記》作"夷狄",此蓋四庫館臣妄改),後生不可復見。吾家故所貯,吾幸得之,不欲擅而有也,盍傳之是邦以與學士大夫共之?於是摹刻漢石經及他碑凡五十四卷,覆以石柱大廈,名其堂曰博雅。

紹奕此刻蓋與《原隸》相輔而行,《原隸》者"原而釋之"之意(《學齋佔

欧·亚·历·史·文·化·文库·

畢》述紹奕語),當與《隸釋》略同,而資州之所刻亦猶洪氏之有《隸續》、《隸圖》也。惜兩書自來金石家皆不著錄,按洪氏《隸釋》、《隸續》等書草創雖久,其成書已在乾道、淳熙間,所收中原舊碑而稱得本於西川或汪聖錫者,疑不免有博雅堂翻刻本羼與其間。聖錫名應辰,乾道三年官四川制置使,其《薦蜀中人才劄子》曾舉紹奕(又嘗見之奏疏中,並見《文定集》)。《隸續》卷二十《尉府靈壁甎文》後云:

> 資州重刻《燕然銘》,自竇憲之後,誰曾再登此山？若當時椎拓者無緣留到今日,兼東都之初石刻未如此整齊,一見可知其偽。

則斷為宇文紹奕所刻無疑矣。《學齋佔畢》卷三《古聖賢名》條:

> 余大父武陽府君好古博雅,生平精於篆隸行草,殘碑斷刻,靡不搜訪。自集《隸格》一冊,以補洪景伯漢隸之缺,其中有一節云:"東州冢間得三碑,高廣各五六尺,皆就石室壁間刻古聖賢、義夫、節婦及車馬人物,其質樸可笑。然每事各有漢隸數字,字止五六分,筆法精隱,可為楷式,生平所閱漢隸未有若是之小者,而完好如新,蓋不為風日所剝泐,且模印者常寡故也。乾道丁亥五月子堅書。"余每閱之,恨不得見其碑石之正在何所。然甚愛其伏羲、神農、黃帝、帝堯之贊,及曾子、老萊、丁蘭之贊,文旨精嚴簡古,非後世所及。如祝誦氏不知其為沮誦或祝融,帝嚳字作帝俈,殊可以證古辨今。後因護漕攝憲梓部,行部至資州,則此碑在州宅博雅堂下,經兵火之後,刓缺多矣。制梱又輦運寘之明新,士夫殊無識者。余奉祠歸過渝,為學官言其事,且以祖父所隸模本付之,令補完,又未知其果否也。因惜其漢隸存者寡矣,一失其傳,湮沒亡考,故錄其碑而識其事,以資考古君子之訪焉。

此所述東州三碑即武梁祠畫像,向來學者未知有宇文紹奕翻刻本,今以前舉《博雅堂記》證之,當可不謬。據此文知博雅堂石刻經兵火後,刓缺實多,云"制梱又運真之明新"者,今以時代考之,此制梱可能為彭大雅。明新為何地今不可考,錢竹汀云:"二字疑有譌脱"(《十駕齋養新録》卷十四),初疑即新明(今岳池)之倒文,然觀《學齋佔畢》卷三《中庸心性》條又云"余頃在明新口講《中庸》《大學》篇義"云云,是二字固不誤。殆是學宮或書院之名,取大學明德新民之義,故史氏講學於此。其地當在重慶府屬,故史氏奉祠歸過渝為學官言其事令補完也。如此反覆推覈,疑彭大雅博古堂刻漢碑四十本即淵源於此,蓋有補刊整理之勞,元人遂以為彭氏所刻也。洪氏論資州重刻《燕然銘》云其"整齊",劉有定論博古堂漢碑"雖功用精加,而筆法失真",其失惟均,殆即一事歟? 以推論過多,不敢確定,姑著其意於此,謹以質諸博雅君子。

博古堂刻漢碑自來搜藏金石法帖之家無著録者,孫承澤《閑者軒帖考》有博古堂帖,云:

> 宋人集諸家善本為一帖,三代止周"穆王壇山"四字,漢止蔡中郎《石經論語》二段,……末集漢隸千文,皆精工勁秀。蓋宋去唐未遠,名刻俱在,故得以集其佳勝。

此帖不著彙刻者名氏,《何義門集》有跋定為越州石氏本,則非彭大雅刻於渝州者矣。

宋黎廷瑞《芳洲集》卷二(《豫章叢書》《鄱陽五家集》本):

> 忠烈侯酷好山水,作《葬書》以行於世。……(原注:彭大雅號太極翁,封忠烈英衛侯。)英英太極翁,器明吳楚甲。馳輅使沙漠,枚鉞帥巴峽。南瞻嶺表縮,東睨溟漲狹。林居念環轍,簡脱卑藏策。

據此知大雅精堪輿之術,並有《葬書》行世,惜今不可見矣。

五、論定

大雅帥蜀,屢登白簡,聲名狼藉,今以史料不具,不敢妄事平反,僅就其事迹彰明者論之。考其致身之迹,初受知於史定之,繼出史嵩之幕屬,所以後來罹禍之酷者,宜有黨爭參與其間。史嵩之以家世專橫為國

人所疾棄,其過惡亦不僅一端,然固將才也(《宋史》卷四一四本傳
《贊》),遠勝道學迂腐之儒。屢遣使臣,偵察韃情。務邊功,圖恢復,既
未嘗異人,延攬豪傑,汲引善類,出其門者非無有志之士,徒以席史彌
遠、史彌堅之後,遂為"道學家"攻擊之的。觀《宋史》及《歷代名臣奏
議》理宗朝幾以排斥史嵩之黨為惟一大政。朋比既興,是非漸泯,卒使
賈似道得有機可乘,終歸利用,當時"道學家"之不情,可參考周密《癸
辛雜識》下列各條:

《三學之橫》(《後集》)

《賈相制外戚抑北司戢學校》(《後集》)

《開慶六士》(《續集上》)

《道學》(《續集下》)

《徐霖》(《別集下》)

腐儒奸相互相勾結,竟亡宋國,讀史至此,可為太息。

黃震《戊辰修史稿》《丞相杜範傳》(《四明叢書》本):

　　時襄蜀俱壞,江陵孤危,兩淮震恐。遂極論清之橫挑強
敵,幾危宗社。……併言簽書樞密院事李鳴復與史寅午、彭
大雅以賄交結,曲為之地,鳴復庇姦人以犯眾怒,既不恤父
母之邦,亦何有於陛下之社稷。上以清之潛邸舊臣,鳴復未
見大罪,未忍行。……鳴復俄抗疏自辯,言臺臣論臣未知所
指何事,豈以臣嘗主和議,故為陳韡地,欲抉史嵩之而奪其
權耶?不知今日國勢,但當和而不當戰。又謂辛未斥退,則
安國家,利社稷,死生以之,否則無家可歸,惟有扁舟五湖
耳。範遂再極言其寡廉鮮恥。既而合臺劾其為鄙夫患失,
太學諸生亦上書交攻之,鳴復獨眷眷未肯去。詰旦會朝,入
待漏院,範語閤門吏,李參政已被劾,今日不可使立班。閤
門手扞去之,始出關。上遣中使召回,範遇諸塗,舊比臺諫
行車避執政,執政被論則不避,至是範前趨呵殿中侍御史,
鳴復謂其陵己,泣訴於上。範復合臺奏鳴復身為宰執,所交

惟史寅午、彭大雅,此輩相與陰謀,不過賂近習,蒙上聽,以
陰圖相位。臣近得其自辨之章,見其交鬬邊臣,以啟嫌隙,
妄言和戰,以肆脅持,且以蜀既破蕩,而欲泛舟五湖,又以安
國家利社稷自任,不知鳴復久居政府,有何安利之策?欺君
罔上,無所不至,見者無不駭笑,其無識固位,一至於此,用
是不免泝干天聽?如臣等言是,乞即賜施行,如臣等言非,
則是臣不識事體,上忤聖意,下觸大臣,乞早賜罷斥。……

李鳴復事迹《宋史》卷四一九本傳不詳,《歷代名臣奏議》載其奏疏數十
篇,非無忠言讜論,以附史嵩之,竟為當時"道學家"所彈擊。黨爭之烈
於此約略可見。李,瀘州人,嘉熙二年五月知樞密院事(本傳及卷四二
《理宗紀》)。此云"庇姦人以犯眾怒,不恤父母之邦",云"交鬬邊臣,
以啟嫌隙",當在彭大雅帥蜀與陳隆之不協之時,則是嘉熙三、四年事。
黃震敘於端平之末,《宋史》本傳因之,《宋史》卷四一五《程公許傳》又
以為嘉熙元年,誤矣。

《宋史》卷四三《理宗紀》淳祐五年詔嚴臧吏法,記載不詳。《宋史
全文》卷三四:

淳祐五年,三月庚子,以殿中侍御史鄭寀上進故事,施
行溫大雅等罪,仍降詔申警中外。詔曰:時方多事,念未能
蠲租減賦,而吏之不良乃肆貪虐。或有前期預借,或抑配重
催,或斛面取贏,或厚價抑納,朘毒害民,朕深憫焉。可令監
司常切覺察,務蘇疾苦而消愁歎,倘隱而不聞,公論所指,必
罰無赦。

詔書凡舉四事,大雅果犯何科,今不可曉。蜀自寶慶以還,虜騎蹂躪殆
遍,焚殺劫掠,無所不至。而潰卒又復攘奪為亂,城鎮既墟,倉儲如洗,
則為恢復之業者,籌軍饟、繕城守並為急務。吳泳《鶴林集》卷二十《論
壞蜀四證及救蜀五策劄子》(景印《四庫全書珍本》):

三京之師,棄資糧如泥沙,至蜀餉科降則嗇。北使之
遣,捐金帛如糞土,至川閫奏請則嗇。……然聞敵兵之入利

255

路,諸司樁椿積已蕩盡於廣都劫船之日,根本掃地,公私赤立,似未可以虛文救之也。臣欲乞朝廷捐撥金帛,多給官告。……又恐世之便文自營、不識時務者各持異論,土地之殘破不惜而惜金帛,人民之塗炭不恤而恤顏情,衣冠華族之污辱不校,而校爵之崇卑,忠臣義士之死亡不問,而問軍功之泛濫。撐虛駕漏,付之悠悠,將恐禍至無日,而唇齒俱寒矣。

吳,潼川人。此劄子約上於端平三年,其他奏疏論此者尚夥,可見當日蜀事艱棘情形。彭大雅苟惟足食足兵是圖,自為當務之急,惜謀之不臧,民信未立,以至有"險譎變詐,殊費關防"之謗,則尤覺非其罪矣。宋代地方官吏幾無不貪污者,實一代制度使然,故"文官不愛錢,武官不怕死"竟成最高之準的,其攻詰懲治多由朋黨傾軋。《理宗紀》"準淳熙故事"云者,疑即"真決刺面"之謂(見《宋史》卷四三。先是嘉熙二年賈似道嘗有是請,見《宋史》卷四二),則當時所以處大雅者亦酷矣。

重慶據嘉陵江與川江之會,為全蜀樞鍵。自端平之末,蒙古大舉入寇,取利州、潼川兩路,并破成都,諸司退保夔門,四蜀汲汲不可終日。至彭大雅築重慶城為蜀根本,制置始得進駐重慶,與合、瀘、嘉定等地互為犄角。自此支持二十餘年,疆土不變。《宋季三朝政要》謂其"取辦促迫人多怨之",《三朝野史》云:

> 彭大雅知重慶,大興城築,僚屬諫不從,彭曰:不把錢做錢看,不把人做人看,無不可築之理。既而城成,僚屬乃請立碑以紀之。大雅以為不必,但立四大石於四門之上,大書曰:某年某月,彭大雅築此城,為西蜀根本。其後蜀之流離者多歸焉。蜀亡,城猶亡恙,真西蜀根本也。

此云"不把人做人看"疑出反對派之宣傳,無從證明其然否,而築城之功則異代共覩。善為國謀而不善自謀,遂遭悠悠之口,不免重為大雅惜矣。

淳祐元二,蜀事日急,而成都備禦苟且,施夔蕩無關防,賴彭大雅於數年前早城重慶以為支柱。其形勢之重,要朝廷非不知之,而卒從諸諫御之請,責罰至再者,其事至不可解。今節錄《宋史全文》卷三三中淳祐二年朝廷關於蜀事議論,以見其概。

夏四月癸亥,倉部郎官趙希墍言,蜀自易帥之外,未有他策。上曰:今日捄蜀為急,朕與二三大臣無一日不議蜀事,孟琪亦欲竭力向前。希墍奏:當擇威望素著之人,於夔峽要害建一大閫。上曰:重慶城堅,恐自可守。希墍奏:重慶在夔峽之上,虜若長驅南下,雖城堅如鐵,何捄東南之危。帝然之。(烺按:尋希墍語意,蓋求退保,不事恢圖,故其論如此。)

五月甲午,新知梧州趙時學陛辭,吳玠守蜀三關,今胥失之,固宜成都難守。上曰:嘉定可守否?時學奏:若論形勢,當守重慶。上曰:若守重慶,成都一路便虛。時學奏:重慶亦重地,可以上接利閬,下應歸峽。

蒙古兵破遂寧、瀘州。乙巳,郎官龔基先入對,言上流事。上曰:上流可憂。基先言:施夔國之門戶,蕩無關防,存亡所繫,豈不可慮。

丁未,右正言劉晋之言,蜀禍五六年間,歷三四制臣,無地屯駐,獨彭大雅城渝,為蜀根本,不然蜀事去矣。今宜於重慶立閫,庶可運掉諸戍。願早定至計,料簡邊臣,俾就經理,則蜀可為也。上然之。

六月甲寅,倉部郎官李鍇乞廣求備禦之方。上曰:去歲蜀事大壞,今當如何?鍇奏:陳隆之因成都城故基增築,未為非是,第功力苟且,識者逆知其難守。臣嘗問其方略,但云誓與城存亡而已。未幾為田世顯所賣,城門夜開,隆之衂焉。上噸戚久之。

陳隆之築成都城,識者逆知其難守,玩忽職責,視大雅之築重慶優劣自判。卒之蜀事因以大壞,是豈"誓與城存亡"即可了其責耶!

257

大雅廟食,封忠烈英衛侯。同治《鄱陽縣志》云淳祐十二年追諡,而不見於《理宗紀》及《編年》各書,疑未足據。究為朝廷追卹,抑出鄉里公議,今不可考,要此五字大雅可以當之矣。

自來為議論者,事愈近則感情愈重,愈不能得是非之真,其蔽在所見者短也。今觀各書稱述大雅功績者,《宋季三朝政要》、《三朝野史》,皆不著撰人名氏,以內容考之,並宋遺民所作。吳存《樂庵遺稿》、王逢《梧溪集》則皆元人。蓋易代之後,經國家破滅、種姓凌夷之痛,而後始識真正之民族英雄也。王逢一詩尤美,每喜誦之。今據本所藏清初查氏敬業堂抄本《梧溪集》錄出,後有修《鄱陽志》采集藝文者,宜錄入也。

宋制置彭大雅瑪瑙酒椀歌,周伯溫大參徵賦(有序)。

今大尉開藩之三月,命部將王左丞晟書使躍海上,招至吳中。以予無錫避地,說晟勸張楚公歸元,擢淮省都事,辭。江浙參政周公適蒞公省,延飲齋閣,懽甚。出瑪瑙酒椀曰,此彭大雅燕饗舊物,子才器足當之,遂引滿酌之再。氣酣思涌,率爾走筆,紀清賞非求知他人焉。(一本,三月下即云適江浙參政周公分省江淮,延飲齋閣,懽甚。以余避地無錫,說王左丞晟勸張楚公歸元,特出瑪瑙云。此字下有宋字,足字下有以字,酌作醻,紀字上有以字,焉作也。)歌曰:

淮藩開吳豪傑滿,歌鍾地屬姑蘇館。相儒獨為緩頰生,笑出彭公瑪瑙椀。血乾智伯髏不腥,黃玉瑩錯紅水精,妖蟇蝕月魄半死,虹光霞氣歃且盈。隱若陣倔邊將營。彭公彭公古烈士,重慶孤城亦勞止。天忘西顧二十年,歃盡東南數千里。武侯祝文何乃偉,敗由宋祚民今祀。太湖底寧魚米豐,官廨喜與闔門同。酒波盈面動峽影,想見制置師犒飄風中。再酌庶沃磈磊胸。君不見漢家將軍五郡封,班彪(一作氏)天與世史功。詩狂昭暕(一作諫)客吳越,存心唐室人憐忠。嗚呼尚友余豈敢,醉墨慘淡雲飛鴻。(《梧溪集》卷五)

一九四一年七月三十日晚錄畢

補記

　　此文作於五年之前，嗣後所看雜書頗多，間有能補訂之者，因筆記不在行篋，而此文排版已成，又不能大事更改，爰就記憶所及，補著數事：

　　一、江西志書皆云彭大雅字子文，而羅志仁《姑蘇筆記》、劉一清《錢塘遺事》云字文子，未知孰是。

　　二、張端義《貴耳集》（卷中）云彭大雅"曾發解"，其言是也。蓋嘗舉嘉定七年進士不第，故許應龍《東澗集》云"以爾名中賢書"，羅志仁《姑蘇筆記》云"文子以布衣位至方伯連率"（宋代領舉猶布衣也）。《宋季三朝政要》及《湖海新聞夷堅續志》並謂大雅嘗登科，蓋傳聞之誤，不足信也。

　　三、元人多追思彭大雅城渝之功，如胡三省《資治通鑒音注》（卷一百四十六）云"我朝自紹定失蜀，彭大雅遂城渝為制府，支持西蜀且四十年"。袁桷《清容居士集》（卷八）《渝州老人歌》、范梈《范德機詩集》（卷一）《贈方永叔往教重慶路》皆記念彭君，文辭甚美。黃溍《金華黃先生文集》（卷十八）《彭克紹詩序》：

　　　　鄱陽彭克紹來京師，示予以其詩曰《學餘稿》者若干卷，……叩其家世，則故四川制置副使忠烈公其祖也。予竊觀宋之季年，疆圉雖日蹙，而文武材智之士足任方面之重者未為乏人。公又傑出其間，而能以奇偉非常之功自奮者也。謀人之國者視此為何時，而使全軀保妻子之臣得以媒孽其短，一斥而不復，廢興存亡固皆天運，抑有人事焉。凡公已試之效著於簡冊，藏之史官者，世既莫得而見；其平生所蘊未克究於設施者，史亦莫得而詳也。而克紹以異代事，頗諱言之。

此論頗公允，而亡國之餘，雖賢孫不敢言先祖功烈，斯彭君遺事所以湮而弗章矣。

　　　　　　　　　　（《國學季刊》第六卷第四號，北京大學，一九四六年）

259

參考文獻

古籍

〔漢〕班固.漢書［M］.〔唐〕顏師古,注.北京:中華書局,1962.

〔漢〕史游.急就篇［M］.〔唐〕顏師古,注.四部叢刊續編本.

〔漢〕司馬遷.史記［M］.〔宋〕裴駰,集解.〔唐〕司馬貞,索隱.〔唐〕張守節,正義.北京:中華書局,1982.

〔北齊〕魏收.魏書［M］.北京:中華書局,1974.

〔梁〕顧野王.大廣益會玉篇［M］.影印清澤存堂本.北京:中華書局,1987.

〔唐〕白居易.白居易集［M］.顧學頡,校點.北京:中華書局,1979.

〔唐〕杜牧.樊川文集［M］.陳允吉,點校.上海:上海古籍出版社,1978.

〔唐〕慧立,彥悰.大慈恩寺三藏法師傳［M］.孫毓棠,謝方,點校.北京:中華書局,1983.

〔唐〕孔穎達,疏.禮記正義［M］.十三經注疏本.北京:北京大學出版社,1999.

〔唐〕孔穎達,疏.毛詩正義［M］.十三經注疏本.北京:北京大學出版社,1999.

〔唐〕李百藥.北齊書［M］.北京:中華書局,1972.

〔唐〕李賀.三家評注李長吉歌詩［M］.〔清〕王琦,姚文燮,方扶南,評注.上海:上海古籍出版社,1998.

〔唐〕李吉甫.元和郡縣圖志［M］.北京:中華書局,1983.

〔唐〕李林甫,等.唐六典［M］.陳仲夫,點校.北京:中華書局,1992.

〔唐〕李筌:太白陰經[M]//吳龍輝,主編.中華雜經集成:第1卷.守山閣叢書本.北京:中國社會科學出版社,1994.

〔唐〕李肇:唐國史補[M].上海:上海古籍出版社,1979.

〔唐〕劉恂.嶺表録異[M].魯迅,校//魯迅輯録古籍叢編:第3册.北京:人民文學出版社,1999.

〔唐〕顔師古.匡謬正俗[M].叢書集成初編:1170册.

〔唐〕姚汝能.安禄山事蹟[M].曾貽芬,點校.北京:中華書局,2006.

〔唐〕姚思廉.梁書[M].北京:中華書局,1973.

〔五代〕孫光憲.北夢瑣言[M].賈二强,點校.北京:中華書局,2002.

〔宋〕陳彭年.鉅宋廣韻[M].上海:上海古籍出版社,1983.

〔宋〕陳師道.後山談叢[M].李衛國,點校.北京:中華書局,2007.

〔宋〕陳元靚,等,編.新編纂圖增類羣書類要事林廣記(簡稱事林廣記)[M].元至順(1330 — 1332)建安椿莊書院刻本//續修四庫全書:子部類書類第1218册.上海:上海古籍出版社,2002.

〔宋〕陳準.北風揚沙録[M].宛委山堂本:卷55//說郛三種.上海:上海古籍出版社,1989.

〔宋〕陳準.說郛[M].宛委山堂本:卷55//說郛三種.上海:上海古籍出版社,1989.

〔宋〕程大昌.演繁露[M]//許沛藻,劉宇,點校.全宋筆記:第4編.鄭州:大象出版社,2008.

〔宋〕程俱.北山小集[M]//文淵閣四庫全書:集部別集類第1130册.臺北:商務印書館,1986.

〔宋〕丁度.宋刻集韻[M].北京:中華書局,2005.

〔宋〕范成大.桂海虞衡志[M]//孔凡禮點校.范成大筆記六種.北京:中華書局,2002.

〔宋〕費袞.梁谿漫志[M].金圓,点校.上海:上海古籍出版社,1985.

〔宋〕洪皓.松漠紀聞[M].張劍光,劉麗,點校//全宋筆記:第3編.鄭州:大象出版社,2008.

〔宋〕洪邁.容齋隨筆[M].孔凡禮,點校.北京:中華書局,2005.

〔宋〕胡寅.斐然集[M].文淵閣四庫全書:集部別集類第1137冊.

〔宋〕華嶽.翠微先生北征錄[M].貴池先哲遺書:第11種.

〔宋〕黃震.古今紀要逸編[M]//四明叢書:第1集.

〔宋〕黃震.古今紀要逸編[M]//知不足齋叢書:第21集.

〔宋〕江少虞.宋朝事實類苑[M].上海:上海古籍出版社,1981.

〔宋〕孔平仲.孔氏雜說[M]//古今說海:說略部丁集.影印本.上海:上海文藝出版社,1989年。

〔宋〕黎靖德,輯.朱子語類[M].王星賢,點校.北京:中華書局,1986.

〔宋〕李壁,箋注.王荊文公詩箋註[M].高克勤,點校.上海:上海古籍出版社,2010.

〔宋〕李綱.李綱全集[M].王瑞明,點校.長沙:嶽麓書社,2004.

〔宋〕李燾.續資治通鑑長編[M].北京:中華書局,2004.

〔宋〕李心傳.建炎以來朝野雜記[M].徐規,點校.北京:中華書局,2000.

〔宋〕李心傳.建炎以來繫年要錄[M].北京:中華書局,1988.

〔宋〕李廌.濟南集[M].文淵閣四庫全書:集部別集類第1115冊.

〔宋〕羅大經.鶴林玉露[M].王瑞來,點校.北京:中華書局,1983.

〔宋〕歐陽修,宋祁.新唐書[M].北京:中華書局,1975.

〔宋〕歐陽修.歐陽修全集[M].李逸安,點校.北京:中華書局,2001.

〔宋〕歐陽修.新五代史[M].〔宋〕徐無黨,註.北京:中華書局,1974.

〔宋〕彭□.墨客揮犀[M].孔凡禮,點校.北京:中華書局,2002.

〔宋〕沈括.夢溪筆談[M].上海:上海書店,2009.

〔宋〕司馬光.資治通鑑[M].北京:中華書局,1956.

〔宋〕宋祁.宋景文公筆記[M].文淵閣四庫全書:子部雜家類第862冊.

〔宋〕蘇頌,編撰.本草圖經[M].尚志均,輯校.合肥:安徽科學技術出版社,1994.

〔宋〕蘇轍.龍川略志[M].俞宗憲,點校.北京:中華書局,1982.

〔宋〕唐慎微.證類本草[M].郭君雙,金秀梅,趙益梅,校注.北京:中國醫藥科技出版社,2011.

〔宋〕陶穀.清異録[M]//說郛三種,上海:上海古籍出版社,1989.

〔宋〕王明清.揮塵録[M].上海:上海書店出版社,2001.

〔宋〕王闢之.澠水燕談録[M].呂友仁,點校.北京:中華書局,1981.

〔宋〕王易.燕北録[M]//說郛三種,上海:上海古籍出版社,1989.

〔宋〕吳自牧.夢粱録[M].文淵閣四庫全書:史部地理類第590冊.

〔宋〕西湖老人.西湖老人繁勝録[M].函芬樓秘笈:第3集.上海:商務印書館,1917.

〔宋〕徐夢莘.三朝北盟會編[M].上海:上海古籍出版社,2008.

〔宋〕葉隆禮.契丹國志[M].賈敬顏,林榮貴,點校.上海:上海古籍出版社,1985.

〔宋〕葉夢得.石林燕語[M].侯忠義,點校.北京:中華書局,1984.

〔宋〕葉適.水心先生文集[M].四部叢刊初編本//全宋文:第285-287冊.上海:上海辭書出版社,2006.

〔宋〕葉寘.愛日齋叢抄[M].孔凡禮,點校.北京:中華書局,2010.

〔宋〕佚名,編.續編兩朝綱目備要[M].汝企和,點校.北京:中華書局,1995.

〔宋〕佚名,輯.名公書判清明集[M].中國社會科學院歷史研究所宋遼金元史研究室,點校.北京:中華書局,1987.

〔宋〕俞德鄰.佩韋齋文集[M].天禄琳琅叢書:第1集.

〔宋〕俞琰.席上腐談［M］//叢書集成初編:第322冊.

〔宋〕宇文懋昭.大金國志［M］崔文印,校證.北京:中華書局,1986.

〔宋〕岳珂.桯史［M］.吴企明,點校.北京:中華書局,1981.

〔宋〕曾公亮,丁度,等,編.武經總要［M］.文淵閣四庫全書:子部兵家類第726冊.

〔宋〕曾敏行.獨醒雜志［M］.朱傑人,標校.上海:上海古籍出版社,1986.

〔宋〕張端義.貴耳集［M］.李保民,點校.//叢書集成初編:2783冊.上海:上海古籍出版社,2012.

〔宋〕趙珙.蒙韃備録［M］.〔清〕曹元忠,校注.清光緒二十七年(1901年)《箋經室叢書》本//續修四庫全書:史部423冊。

〔宋〕趙珙.蒙韃備録［M］.〔清〕沈曾植,箋注.上海圖書館藏清鈔本.

〔宋〕趙善括.應齋雜著［M］.文淵閣四庫全書:集部別集類第1159冊.

〔宋〕趙彦衛.雲麓漫鈔［M］.傅根清,點校.北京:中華書局,1996.

〔宋〕趙與袞.辛巳泣蘄録［M］//指海:第11集.清道光間刻本.

〔宋〕趙與袞.辛巳泣蘄録［M］//叢書集成·初編:第3895冊.

〔宋〕鄭思肖.宋鄭所南先生心史［M］.北京大學藏明崇禎十二年張國維刻本//四庫禁燬書叢刊·集部:第30冊.北京:北京出版社,1997.

〔宋〕鄭思肖.宋鄭所南先生心史［M］//四庫全書存目叢書·集部:第21冊.濟南:齊魯書社,1997.

〔宋〕鄭思肖.鄭思肖集［M］.陈福康,點校.上海:上海古籍出版社,1991.

〔宋〕周密.齊東野語［M］.張茂鵬,點校.北京:中華書局,1983.

〔宋〕周密.雲煙過眼録［M］.鄧子勉,點校.瀋陽:遼寧教育出版社,2000.

〔宋〕周應合.景定建康志〔M〕//文淵閣四庫全書·史部·地理類:第 488 - 489 冊.

〔宋〕朱熹.朱熹集〔M〕.尹波,郭齊,點校.成都:四川教育出版社,1996.

〔宋〕朱熹:資治通鑑綱目〔M〕//文淵閣四庫全書·史部·史評類:第 689 - 694 冊.

〔金〕董解元.董解元西廂記〔M〕.凌景埏,校注.北京:人民文學出版社,1962.

〔金〕丘處機.丘處機集〔M〕.趙衛東,輯校.濟南:齊魯書社,2005.

〔金〕元好問.元好問全集〔M〕.姚奠中,李正民,點校.太原:山西古籍出版社,2004.

〔元〕陳桱.通鑑續編〔M〕//文淵閣四庫全書·史部·編年類:第332 冊.

〔元〕戴表元.戴表元集〔M〕.李軍,辛夢霞,校點.長春:吉林文史出版社,2008.

〔元〕忽思慧.飲膳正要〔M〕.《四部叢刊續編》本.上海:商務印書館,民國 23 年(1934).

〔元〕黄溍.黄溍全集〔M〕.王頲,點校.天津:天津古籍出版社,2008.

〔元〕李道謙.甘水仙源録〔M〕//道藏:第 19 冊.影印本.北京:文物出版社,1988.

〔元〕柳貫.柳貫詩文集〔M〕.柳遵傑,點校.杭州:浙江古籍出版社,2004.

〔元〕歐陽玄.歐陽玄集〔M〕.魏崇武,劉建立,校點.长春:吉林文史出版社,2009.

〔元〕蒲道源:閒居叢稿〔M〕//文淵閣四庫全書·集部·別集類:第 1210 冊.

〔元〕釋梵琦.楚石北游詩〔M〕.吳定中,鮑翔麟,校注.杭州:浙江古籍出版社,2010.

〔元〕釋梵琦.楚石北游詩［M］.影印臺灣中央圖書館藏舊鈔本.海鹽:天寧永祚禪寺,2007.

〔元〕釋念常.佛祖歷代通載［M］.元至正刊本//文淵閣四庫全書·子部·釋家類:第1054冊.

〔元〕蘇天爵,輯.元朝名臣事略(國朝名臣事略)［M］.姚景安,點校.北京:中華書局,1996.

〔元〕蘇天爵.元文類(國朝文類)［M］//四部叢刊初編.

〔元〕蘇天爵.元文類(國朝文類)［M］//文淵閣四庫全書·集部·總集類:第1367冊.

〔元〕陶宗儀.陶宗儀集［M］.徐永明,楊光輝,整理.杭州:浙江人民出版社,2005.

〔元〕陶宗儀.南村輟耕録［M］.北京:中華書局,1959.

〔元〕脫脫,等.金史［M］.北京:中華書局,1975.

〔元〕脫脫,等.遼史［M］.北京:中華書局,1974.

〔元〕脫脫,等.宋史［M］.北京:中華書局,1977.

〔元〕王士點,商企翁.秘書監志［M］.高榮盛,點校.杭州:浙江古籍出版社,1992.

〔元〕王惲.秋澗先生大全文集［M］//元人文集珍本叢刊:第1、第2冊.臺北:新文豐出版社,1985.

〔元〕王惲.玉堂嘉話［M］.王曉春,點校.北京:中華書局,2006.

〔元〕王惲.中堂事記［M］//秋澗先生大全文集:卷81、82.

〔元〕楊瑀.山居新語［M］.余大鈞,點校.北京:中華書局,2006.

〔元〕姚燧.姚燧集(牧菴集)［M］.查洪德,編校.北京:人民文學出版社,2011.

〔元〕耶律楚材.西遊録［M］.向達,校注.北京:中華書局,1981.

〔元〕耶律楚材.湛然居士文集［M］.謝方,點校.北京:中華書局,1986.

〔元〕耶律鑄.雙溪醉隱集［M］.〔清〕李文田,箋.清光緒十八年(1892)順德龍氏知服齋刊本.

〔元〕佚名.大元馬政記[M]//廣倉學宭叢書甲類(學術叢編):第1集.上海倉聖明智大學排印本,民國5年(1916).

〔元〕佚名.大元聖政國朝典章[M].影印臺灣故宮博物院藏元刊本.北京:中國廣播電視出版社,1998年。

〔元〕佚名.大元聖政國朝典章·刑部[M].祖生利,李崇興,點校.太原:山西古籍出版社,2004.

〔元〕佚名.經世大典·站赤[M]//永樂大典:卷19416-19423.影印本.北京:中華書局,1986.

〔元〕佚名.净髮須知[M]//永樂大典:卷14125.影印本.北京:中華書局,1986.

〔元〕佚名.居家必用事類全集[M]//續修四庫全書·子部·雜家類:第1184冊.

〔元〕佚名.蒙古秘史[M].余大鈞,譯注.石家庄:河北人民出版社,2001.

〔元〕佚名.元朝秘史[M].李文田,箋注.鮑思陶,點校.濟南:齊魯書社,2005.

〔元〕佚名.元朝秘史三種[M].李迺揚,編.張興唐,解題.臺北:維新書局,1975.

〔元〕佚名.元典章[M].陳高華,張帆,劉曉,黨寶海,點校.天津:天津古籍出版社,2011.

〔元〕虞集.虞集全集[M].王頲,点校.天津:天津古籍出版社,2007.

〔明〕陳誠.西域行程記[M].周連寬,校注.北京:中華書局,1991.

〔明〕范景文.戰守全書[M].國家圖書館藏明崇禎刻本//四庫禁燬書叢刊·子部·兵家類:第36冊.

〔明〕郭應聘.郭襄靖公遺集[M]//續修四庫全書·集部·別集類:第1349冊.

〔明〕何汝賓.兵録[M].明崇禎刻本//四庫禁燬書叢刊·子部·兵家類:第9冊.

〔明〕火源潔.華夷譯語［M］.北京圖書館古籍珍本叢刊:6.北京:書目文獻出版社,1988.

〔明〕金幼孜.北征録［M］.影印本//古今說海:說選部甲集.上海:上海文藝出版社,1989.

〔明〕金幼孜.北征録［M］//薄音湖,王雄,編輯點校.明代蒙古漢籍史料匯編:第1輯.呼和浩特:內蒙古大學出版社,2006.

〔明〕李昌祺.剪燈餘話［M］.周楞伽,校注//剪燈新話(外二種).上海:上海古籍出版社,1981.

〔明〕李呈芬.射經［M］//吳龍輝.中華雜經集成:第1卷.北京:中國社會科學出版社,1994.

〔明〕李時珍.本草綱目［M］.王育傑,整理.北京:人民衛生出版社,2010.

〔明〕凌迪知.萬姓統譜［M］//文淵閣四庫全書·子部·類書類:第956－957冊.

〔明〕茅元儀.武備志［M］.明天啟刻本//續修四庫全書·子部·兵家類:第936－966冊.

〔明〕岷峨山人.譯語［M］//薄音湖,王雄,編輯點校.明代蒙古漢籍史料匯編:第1輯.呼和浩特:內蒙古大學出版社,2006.

〔明〕岷峨山人.譯語［M］//紀録彙編:卷161.

〔明〕丘濬.大學衍義補［M］//文淵閣四庫全書·子部·儒家類:第712－713冊.

〔明〕邵經邦.弘簡録［M］.清康熙刻本//續修四庫全書:第304－308冊.

〔明〕施耐庵,羅貫中.水滸傳［M］.林峻,點校.上海:上海古籍出版社,2009.

〔明〕釋幻輪.釋鑑稽古略續集(釋氏稽古録續集)［M］//大正新修大藏經:第49冊.

〔明〕宋濂,等.元史［M］.北京:中華書局,1976.

〔明〕唐順之.武編［M］.上海圖書館藏明萬曆刻本//文淵閣四庫

全書・子部・兵家類:第 727 冊.

〔明〕田藝蘅.留青日札[M].朱碧蓮,點校.上海:上海古籍出版社,1992.

〔明〕蕭大亨.北虜風俗(夷俗記)[M].中國國家圖書館藏明萬曆二十二年(1594)自刻本//四庫全書存目叢書・史部・地理類:第 255 冊.

〔明〕楊寅秋.臨皋文集[M]//文淵閣四庫全書・集部・別集類:第 1291 冊.

〔明〕葉子奇.草木子[M].北京:中華書局,1959.

〔明〕余繼登.典故紀聞[M].北京:中華書局,1981.

〔清〕畢沅,疏證.釋名疏證[M].上海:上海古籍出版社,1984.

〔清〕曹廷傑.東三省輿地圖說[M].叢佩遠,趙鳴岐,編//曹廷傑集.北京:中華書局,1985.

〔清〕段玉裁,注.說文解字註[M].上海:上海古籍出版社,1988.

〔清〕方觀承.述本堂詩集[M].清乾隆刊本//四庫全書存目・補編:第 30 冊.

〔清〕馮集梧,注.樊川詩集注[M].上海:上海古籍出版社,1978.

〔清〕顧嗣立.元詩選初集[M].北京:中華書局,1987.

〔清〕郝懿行.爾雅義疏[M].上海:上海古籍出版社,1983.

〔清〕胡敬.南薰殿圖像考[M]//胡氏書畫考三種.清嘉慶刻本.

〔清〕崑岡,等,修.劉啟端,等,纂.欽定大清會典圖[M]//續修四庫全書・史部・政書類:第 795 – 797 冊.

〔清〕李文田.元史地名考[M].鈔本.上海:上海圖書館藏.

〔清〕錢大昕.廿二史考異[M]//嘉定錢大昕全集:第 2/3 冊.南京:江蘇古籍出版社,1997.

〔清〕錢大昕.十駕齋養新錄[M]//嘉定錢大昕全集:第 7 冊.南京:江蘇古籍出版社,1997.

〔清〕錢繹,箋疏.方言箋疏[M].上海:上海古籍出版社,1984.

〔清〕沈曾植,箋證.蒙古源流箋證[M].嘉興姚家埭沈氏刊本,民國二十一年（1932）.

〔清〕孫星衍. 平津館鑒藏記書籍［M］. 上海：上海古籍出版社, 2008.

〔清〕屠寄. 蒙兀兒史記［M］. 影印本. 上海：中國書店, 1984.

〔清〕汪輝祖. 元史本證［M］. 北京：中華書局, 2004.

〔清〕王夫之. 四書稗疏［M］. 船山遺書本.

〔清〕文廷式. 純常子枝語［M］. 民國三十二年（1943）刻本//續修四庫全書·子部·雜家類：第 1165 冊. 上海：上海古籍出版社, 2002.

〔清〕徐松輯. 宋會要輯稿［M］. 影印本. 北京：中華書局, 1997.

〔清〕楊倫, 箋注. 杜詩鏡銓［M］. 上海：上海古籍出版社, 1980.

〔清〕于敏中, 等. 日下舊聞考［M］. 北京：古籍出版社, 1983.

〔清〕張澍. 續黔書［M］//叢書集成·初編：第 3184 冊.

〔清〕張澍. 養素堂文集. 清道光十五年（1835）刻本//續修四庫全書：第 1506–1507 冊.

〔清〕趙翼. 陔餘叢考［M］. 欒保羣, 呂宗力, 點校. 石家莊：河北人民出版社, 1990.

〔清〕朱彝尊. 日下舊聞［M］.〔清〕朱昆田, 補遺. 康熙二十七年（1688）刻本.

〔民國〕劉文典, 集解. 淮南鴻烈集解［M］. 馮逸, 喬華, 點校. 北京：中華書局, 1989.

〔民國〕王國維, 箋證. 蒙韃備録箋證［M］. 民國十五年（1926）排印本.

〔民國〕王國維, 箋證. 蒙韃備録箋證［M］//王國維遺書：第 8 冊. 影印民國二十九年（1940）石印本. 上海：上海書店出版社, 1983 年.

〔民國〕王國維, 校注. 長春真人西遊記校注［M］.//王國維遺書：第 8 冊. 影印民國二十九年（1940）石印本. 上海：上海書店出版社, 1983.

〔民國〕王國維, 校注. 聖武親征録校注［M］//王國維遺書：第 8 冊. 影印民國二十九年（1940）石印本. 上海：上海書店出版社, 1983.

阿爾達札布,譯注.新譯集注蒙古秘史[M].呼和浩特:內蒙古大學出版社,2005.

道潤梯步,譯注.新譯簡注蒙古秘史[M].呼和浩特:內蒙古人民出版社,1979.

道潤梯步,譯注.新譯校注蒙古源流[M].呼和浩特:內蒙古人民出版社,1980.

鄧之誠,注.東京夢華録注[M].北京:中華書局,1982.

額爾登泰,烏雲達賚,校勘.蒙古秘史校勘本[M].呼和浩特:內蒙古人民出版社,1980.

方齡貴,校注.通志條格校注[M].北京:中華書局,2001.

郭光,輯注.岳飛集輯注[M].鄭州:中州古籍出版社,1997.

胡才甫,校注.汪元量集校注[M].杭州:浙江古籍出版社,1999.

胡道靜,校注.夢溪筆談校注[M].北京:中華書局,1959.

胡問濤,羅琴,校注.文同全集編年校注[M].成都:巴蜀書社,1999.

賈敬顏,疏證.張德輝嶺北紀行疏證稿[M]//五代宋金元人邊疆行記十三種疏證稿.北京:中華書局,2004.

賈敬顏,朱風.蒙古譯語女真譯語匯編[M].天津:天津古籍出版社,1990.

梁伍鎮,〔韓〕鄭丞惠.原本老乞大[M].北京:外語教學與研究出版社,2002.

劉永翔,校注.清波雜誌校注[M],北京:中華書局,1994.

尚衍斌,孫立慧,林歡,註釋.飲膳正要註釋[M].北京:中央民族大學出版社,2009.

尚志均,輯釋.本草拾遺輯釋[M].合肥:安徽科學技術出版社,2003.

汪維輝.朝鮮時代漢語教科書叢刊[M].北京:中華書局,2005.

王曾瑜,校注.鄂國金佗稡編續編校注[M].北京:中華書局,1989.

王瑞來,箋證.宋季三朝正要箋證[M].北京:中華書局,2010.

王學奇,吳振清,王靜竹,校注.關漢卿全集校注[M].石家莊:河北教育出版社,1988.

許維遹,集釋.韓詩外傳集釋[M].北京:中華書局,1980.

楊丙安,校理.十一家注孫子校理[M].北京:中華書局,1999.

楊伯峻,編著.春秋左傳注[M].北京:中華書局,1990.

楊奉琨,校譯.洗冤集錄校譯[M].北京:羣眾出版社,1980.

伊永文,箋注.孟元老.東京夢華錄箋注[M].北京:中華書局,2006.

張璋,黃畬,編.全唐五代詞[M].上海:上海古籍出版社,1986.

朱邦賢,陳文國,等,校注.千金翼方校注[M].上海:上海古籍出版社,1999.

朱風,賈敬顏,譯.漢譯蒙古黃金史綱[M].呼和浩特:內蒙古人民出版社,1985.

麻赫默德·喀什噶里.突厥語大辭典[M].北京:民族出版社,2002.

〔波斯〕拉施特(Rashīd al – Dīn Fadl allāh).史集:第1卷[M].余大鈞,周建奇,譯.北京:商務印書館,1983.

〔波斯〕志費尼(Juvaini).世界征服者史[M].何高濟,譯.翁獨健,校訂.呼和浩特:內蒙古人民出版社,1980.

〔法〕魯布魯克(William of Rubruk).魯布魯克東行紀[M].〔美〕柔克義(W. W. Rockhill),譯注.何高濟,譯.北京:中華書局,1985.

〔高麗〕鄭麟趾.高麗史[M].韓國首爾大學奎章閣藏刻本.

〔瑞典〕多桑(C. d'Ohsson).多桑蒙古史[M].馮承鈞,譯.北京:中華書局,2004.

〔亞美尼亞〕乞剌可思·剛扎克賽(Kirakos Ganjakeci).海屯行紀[M].〔英〕波伊勒(J. A. Boyle)譯.何高濟,譯.北京:中華書局,2002.

〔意〕柏朗嘉賓(Jean de Plan Carpin).柏朗嘉賓蒙古行紀[M].〔法〕貝凱(J. Becquet),韓百詩(L. Hambis),譯注.耿昇,譯.北京:中華書局,1985.

〔意〕鄂多立克(Friar Odoric).鄂多立克東遊録[M].〔英〕亨利·玉兒〔Henri Yule〕,何高濟,譯.北京:中華書局,2002.

〔意〕馬可·波羅(Marco Polo).馬可波羅行紀[M].〔法〕沙海昂(A. J. H. Charigon),譯注.馮承鈞,譯.北京:中華書局,2004.

近人論著

安泳鋅.天驕遺寶——蒙元精品文物[M].北京:文物出版社,2011.

蔡美彪.八思巴字碑刻文物集釋[M].北京:中國社會科學出版社,2011.

蔡美彪.罟罟冠一解[J].中華文史論叢,2010,2.

蔡美彪.明代蒙古與大元國號[M]//遼金元史十五講.北京:中華書局,2011.

蔡美彪.說頭項、頭下與投下[M]//遼金元史十五講.北京:中華書局,2011.

蔡美彪.曳剌之由來及其演變[M]//遼金元史十五講.北京:中華書局,2011.

蔡美彪.中國歷史大辭典·遼夏金元史卷[M].上海:上海辭書出版社,1986.

陳得芝.元察罕腦兒行宮今地考[M]//蒙元史研究叢稿.北京:人民出版社,2005.

陳得芝.元嶺北行省諸驛道考[M]//蒙元史研究叢稿.北京:人民出版社,2005.

陳高華,史衛民.中國風俗通史·元代卷[M].上海:上海文藝出版社,2001.

陳高華.王機使宋事實考略[M]//元史研究新探.上海:上海社會科學出版社,2005.

陳永志.羊群廟元代石雕人物像裝飾考[J].內蒙古大學學報,

1997(5).

程妮娜.古代中國東北民族地區建置史[M].北京:中華書局,2011.

黨寶海,楊玲.腰線袍與辮線襖[M]//西域歷史語言研究集刊.北京:科學出版社,2009.

黨寶海.蒙古帝國的牌符——以實物爲中心[M]//歐亞學刊:第4期.北京:中華書局,2004.

黨寶海.蒙元驛站交通研究[M].北京:崑崙出版社,2006.

鄧廣銘.有關"拐子馬"的諸問題的考釋[M]//鄧廣銘治史叢稿.北京:北京大學出版社,1997.

丁國范.釋"兀剌赤"[M]//元史論叢:第1集.北京:中華書局,1982.

董新林,張鵬.中國墓室壁畫全集·宋遼金元卷.石家莊:河北教育出版社,2011.

段連勤.丁零、高車與鐵勒[M].上海:上海人民出版社,1988.

敦煌研究院.中國石窟·安西榆林窟[M].北京:文物出版社,1997.

方齡貴.古典戲曲外來語考釋詞典[M].上海:漢語大詞典出版社,2001.

方齡貴.通志條格釋詞五例[M]//元史叢考.民族出版社,2004.

方齡貴.元朝秘史通檢[M].北京:中華書局,1986.

方齡貴.元明戲曲中的蒙古語[M].上海:漢語大詞典出版社,1991.

馮承鈞.西域地名[M].陸峻嶺,增訂.北京:中華書局,1980.

馮志文,等.西域地名詞典[M].烏魯木齊:新疆人民出版社,2002.

付愛民.古代少數民族畫家胡瑰及"北方草原畫派"考略[M]//付愛民民族藝術與人類學影像研究文集.北京:中央民族大學出版社,2009.

甘肅省博物館,漳縣文化館.甘肅漳縣元代汪世顯家族墓葬[J].

文物,1982(2).

　　高榮盛.換盞醉飲與"蒙古式"宴飲禮[M]//元史淺識.南京:鳳凰出版社,2010.

　　耿世民.回鶻文亦都護高昌王世勛碑研究[M]//新疆文史論集.北京:中央民族大學出版社,2001.

　　韓儒林.韓儒林文集[M].南京:江蘇古籍出版社,1990.

　　韓儒林.穹廬集——元史及西北民族史研究[M].上海:上海人民出版社,1982.

　　郝蘇民.鮑培八思巴字蒙古語文獻研究入門[M].北京:民族出版社,2008.

　　河北省文物研究所.河北古代墓葬壁畫[M].北京:文物出版社,2000.

　　河北省文物研究所.宣化遼墓[M].北京:文物出版社,2001.

　　呼格吉勒圖,薩如拉.八思巴字蒙古語文獻匯編[M].呼和浩特:內蒙古教育出版社,2004.

　　黃惇.元代印風[M].重慶:重慶出版社,1999.

　　黃時鑑.阿剌吉與中國燒酒的起始[M]//黃時鑑文集:第2冊.上海:中西書局,2011.

　　黃時鑑.關於漢軍萬戶設置的若干問題[M]//黃時鑑文集:第1冊.上海:中西書局,2011.

　　黃時鑑.木華黎國王麾下諸軍考[M]//黃時鑑文集:第1冊.上海:中西書局,2011.

　　黃時鑑.釋至正妓人行中的蒙古語及其他[M]//黃時鑑文集:第1冊.上海:中西書局,2011.

　　黃時鑑.元代扎你別獻物考[M]//黃時鑑文集:第2冊.上海:中西書局,2011.

　　賈敬顏.探馬赤軍考[M]//元史論叢:第2輯.北京:中華書局,1983.

　　金啟孮.女真文辭典[M].北京:文物出版社,1984.

柯昌濟.金文分域續編[M].餘園叢刻刊本.民國19年(1930).

柯昌泗.釋站:第1冊[M].北京:北京圖書館出版社,2007.

李治安,薛磊.中國行政區劃通史:元代卷[M].上海:復旦大學出版社,2009.

遼寧省博物館,凌源縣文化館.凌源富家屯元墓[J].文物,1985(6).

林梅村.蒙古山水地圖[M].北京:文物出版社,2011.

劉寶愛,張德文.陝西寶雞元墓[J].文物,1992(2).

劉迎勝.察合台汗國史研究[M].上海:上海古籍出版社,2006.

劉迎勝.回回館雜字與回回館譯語研究[M].北京:中國人民大學出版社,2008.

劉迎勝.有關元代回回人語言問題[M]//元史論叢:第10輯.北京:中國廣播電視出版社,2005.

柳洪亮.吐魯番發現北涼武宣王沮渠蒙遜夫人彭氏墓[M]//新出吐魯番文書及其研究.烏魯木齊:新疆人民出版社,1997.

龍潛庵.宋元語言詞典[M].上海:上海辭書出版社,1985.

羅福頤.古璽印考略[M].北京:紫禁城出版社,2011.

羅振玉.松翁近稿[M].民國15年(1926)排印本//羅振玉學術論著集:第10集.上海:上海古籍出版社,2010.

羅振玉.貞松堂唐宋以來官印集存[M]//七經堪叢刊.墨緣堂石印本,民國25年(1936).

馬一虹.靺鞨、渤海與周邊國家、部族關係史研究[M].北京:中國社會科學出版社,2011.

那木吉拉.早期探馬赤軍職司考辨[J].民族研究,1992(1).

內蒙古文物考古研究所,正藍旗文物管理所.正藍旗羊群廟元代祭祀遺址及墓葬[M]//李逸友,魏堅.內蒙古文物考古文集:第1集.北京:中國大百科全書出版社,1994.

內蒙古自治區文物考古研究所,孫建華.內蒙古遼代壁畫[M].北京:文物出版社,2009.

寧夏博物館.西夏陵墓出土殘碑粹編[M].李範文,編釋.北京:文物出版社,1984.

彭金章.敦煌吐魯番所出隨葬衣物疏中"腳靡"新探[M]//敦煌莫高窟北區石窟研究.蘭州:甘肅教育出版社,2011.

錢文忠.印度的古代漢語譯名及其來源[M]//天竺與佛陀.上海:上海書店出版社,2007.

裘錫圭.從殷墟甲骨卜辭看殷人對白馬的重視[M]//古文字論集,北京:中華書局,1992.

榮新江,李肖,孟憲實.新獲吐魯番出土文獻[M].北京:中華書局,2008.

山西大學科學技術哲學研究中心,山西省考古研究所,山西博物院.山西興縣紅峪村元至大二年壁畫墓[J].文物,2011(2).

陝西省考古研究所.陝西蒲城洞耳村元代壁畫墓[J].考古與文物,2000(1).

陝西省考古研究院.壁上丹青——陝西出土壁畫集[M].北京:科學出版社,2009.

邵循正.蒙古的名稱和淵源[M]//邵循正歷史論文集.北京:北京大學出版社,1985.

沈從文.中國古代服飾研究[M].上海:上海書店出版社,2002.

沈衛榮.西藏歷史和佛教的語文學研究[M].上海:上海古籍出版社,2010.

史金波,聶鴻音,白濱,譯注.天盛改舊新定律令[M].北京:法律出版社,2000.

史金波.西夏佛教史略[M].銀川:寧夏人民出版社,1988.

史金波.西夏社會[M].上海:上海人民出版社,2007.

史衛民.蒙古汗國時期的探馬赤軍[M]//中國民族史研究:第2輯.北京:中央民族學院出版社,1989.

孫伯君,聶鴻音.契丹語研究[M].北京:中國社會科學出版社,2008.

譚其驤.元代的水達達路和開元路[M]//長水集:下.北京:人民出版社,1987.

湯開建.解開"黃頭回紇"及"草頭韃靼"之謎——兼談宋代的"青海路"[M]//宋金時期安多吐蕃部落史研究.上海:上海古籍出版社,2007.

唐圭璋.全宋詞[M].北京:中華書局,1965.

唐長孺,李涵.金元之際漢地七萬戶[M]//文史:第 11 輯,北京:中華書局,1981.

唐長孺.吐魯番出土文書[M].北京:文物出版社,1996.

天津市藝術博物館.天津市藝術博物館藏古璽印選[M].北京:文物出版社,1997.

王國維.觀堂集林[M].中華書局,1959.

王啟濤.吐魯番出土文書詞語考釋[M].成都:巴蜀書社,2005.

王日蔚.維吾爾(纏回)民族名稱演變考[J].禹貢半月刊,1937,7(4):27-45.

王頲.蒙古國漢軍萬戶問題管見[M]//元史論叢:第 4 輯,北京:中華書局,1992.

魏堅,陳永志.正藍旗羊群廟石雕研究[M]//李逸友,魏堅.內蒙古文物考古文集:第 1 集.北京:中國大百科全書出版社,1994.

魏良弢.西遼史綱[M].北京:人民出版社,1991.

翁同文.中國坐椅習俗[M].北京:海豚出版社,2011.

烏思."探馬赤"詞源新釋[J].內蒙古社會科學,1986(6).

吳雅芝.淺談東北樺樹皮文化[M].北京:中央民族大學出版社,1998.

西安市文物保護考古所.西安南郊潘家莊元墓發掘簡報[J].文物,2010(9).

項春松,王建國.內蒙古昭盟赤峰三眼井元代壁畫墓[J].文物,1982(1).

項春松:內蒙古赤峰市元寶山元代壁畫墓[J].文物,1983(4).

蕭啟慶.說"大朝":元朝建號前蒙古的漢文國號［M］//內北國而外中國:上冊.北京:中華書局,2007.

蕭啟慶.元代的通事和譯史:多元民族國家中的溝通人物［M］//內北國與外中國:下冊.北京:中華書局,2007.

蕭啟慶.元代四大蒙古家族［M］//內北國與外中國:下冊.北京:中華書局,2007.

熊國堯.元代"漁關醮提領印"淺證［J］.敦煌學輯刊,1983,3.

許全勝.西遊錄、黑韃事略的版本與研究——兼論中日典籍交流與新見沈曾植箋注本［J］.復旦學報,2009(2).

楊玲.元代的辮線襖［M］//元史論叢:第 10 輯.北京:中國廣播電視出版社,2005.

楊志玖.蒙元時代"回回砲"的東傳及作用［M］//元代回族史稿.天津:南開大學出版社,2003.

楊志玖.元史三論［M］.北京:人民出版社,1985.

姚從吾.黑韃事略中所說窩闊台汗時代胡丞相事跡考［M］//東北史論叢.臺北:正中書局,1976.

姚大力.北方民族史十論［M］.桂林:廣西師範大學出版社,2007.

姚大力.蒙元制度與政治文化［M］.北京:北京大學出版社,2011.

亦邻真.亦鄰真蒙古學文集［M］.呼和浩特:內蒙古人民出版社,2001.

余大鈞.一代天驕成吉思汗——傳記與研究［M］.呼和浩特:內蒙古人民出版社,2002.

余輝.晉唐兩宋繪畫·人物風俗卷［M］.故宮博物院藏文物珍品大系.上海:上海科學技術出版社,2005.

余嘉錫.四庫提要辯證［M］.北京:中華書局,1980.

袁賓,段曉華,徐時儀,等.宋語言詞典［M］.上海:上海教育出版社,1997.

張家口市宣化區文物保管所,劉文海.宣化下八里 II 區遼壁畫墓考古發掘報告［M］.北京:文物出版社,2008.

張政烺.宋四川安撫制置副使知重慶府彭大雅事輯[M]//張政烺文史論集.北京:中華書局,2004.

趙文坦.元史劉黑馬傳"七萬戶"蠡測[J].歷史研究,2000(6).

鍾民巖,那森柏,金啟孮.明代奴兒干永寧寺碑記校釋[J].考古學報,1975(2).

鍾興麒.西域地名考録[M].北京:國家圖書館出版社,2008.

周清澍.元蒙史札[M].呼和浩特:內蒙古大學出版社,2001.

〔俄〕巴托爾德.蒙古入侵時期的突厥斯坦[M].張錫彤,張廣達,譯.上海:上海古籍出版社,2007.

〔法〕伯希和.高麗史中之蒙古語[M]//馮承鈞,譯.西域南海史地考證譯叢:二編.北京:商務印書館,1962.

〔法〕伯希和.蒙古與教廷[M].馮承鈞,譯.北京:中華書局,1994.

〔法〕伯希和.評《王國維遺書》[M]//馮承鈞,譯.西域南海史地考證譯叢:五編.北京:商務印書館,1962.

〔法〕伯希和.突厥語與蒙古語中之驛站[M]//馮承鈞,譯.西域南海史地考證譯叢:五編.北京:商務印書館,1962.

〔法〕伯希和.斡耳朵[M]//馮承鈞,譯.西域南海史地考證譯叢:五編.北京:商務印書館,1962.

〔法〕伯希和.中亞史地叢考[M]//馮承鈞,譯.西域南海史地考證譯叢:五編.北京:商務印書館,1962.

〔美〕丹尼斯·塞諾(Denis Sinor).丹尼斯·塞諾內亞研究文選[M].北京大學歷史系民族史教研室,譯.北京:中華書局,2006.

〔美〕勞費爾(Berthold Laufer).中國伊朗編[M].林筠因,譯.北京:商務印書館,1964.

〔美〕謝弗(薛愛華,E. H. Schafer).唐代的外來文明(撒馬爾罕的金桃)[M].吳玉貴,譯.北京:中國社會科學出版社,1995.

〔日〕白鳥庫吉.東胡民族史[M].方壯猷,譯.[S. l.]:商務印書館,民國23年(1934).

〔日〕箭內亙.元朝符牌考.陳捷,陳清泉,譯[M]//元朝制度考.

〔S. l.〕:商務印書館,民國 23 年(1934).

〔日〕江上波夫.匈奴的祭祀[M]//日本學者研究中國史論著選譯:第 9 卷(民族交通).北京:中華書局,1993.

〔日〕内田吟風,等.北方民族史與蒙古史譯文集[M].余大鈞,譯.昆明:雲南人民出版社,2003.

〔日〕桑原騭藏.中國人辮髮的歷史[M].錢婉約,王廣生,譯.北京:中華書局,2005.

〔日〕羽田亨.羽田博士史学论文集[M].京都:同朋舍,1975

〔日〕羽田亨.元朝驛傳雜考[M].辛德勇,譯//日本學者研究中國史論著選譯:第 9 卷(民族交通).北京:中華書局,1993.

〔匈〕卡拉(Kara Gyorgy).蒙古人的文字與書籍[M].范麗君,譯.呼和浩特:内蒙古人民出版社,2004.

〔英〕弗雷澤.金枝[M].徐育新,汪培基,張澤石,譯.北京:中國民間文藝出版社,1987.

Bagchi P C(師覺月). India and China[M]. Delhi: Anthem Press India,2011.

Bawden C R. The Mongol Chronicle Altan Tobči[M]. Göttinger Asiatische Forschungen:band 5. Wiesbaden:Otto Harrassowitz,1955.

Dawson C. The Mongol Mission [M]. New York: Sheed and Ward,1955.

Hambis L. Le Chapitre CVII du Yuan Che [M]. Leiden:E. J. Brill,1945.

Hambis L. Le Chapitre CVIII du Yuan Che[M].Leiden:E. J. Brill,1954.

Pelliot P. Histoire Secrète des Mongols[M]. Paris:Adrien-Maisonneuve,1949.

Pelliot P. Notes sur L'Histoire de la Horde d'Or[M]. Paris: Adrien-Maisonneuve,1949.

Pelliot P,Hambis L. Histoire des Campaignes de Gengis Khan, Cheng

-Wou Ts'in-Tcheng Lou[M]. Leiden: Brill,1951.

Pelliot P. Notes on Marco Polo: I [M]. Paris: Adrien - Maisonneuve,1959.

Pelliot P. Notes on Marco Polo: II [M]. Paris: Adrien - Maisonneuve,1963.

Frazer J G. The Magic Art and the Evolution of Kings [M]// The Golden Bough: Part I. London: Mac Millan and Co. Limited,1926.

Olbricht P, Pinks E. Meng-Ta Pei-Lu und Hei-Ta Shih-Lüeh, Chinesische Gesandtenberichte über die frühen Mongolen 1221 und 1237, nach Vorarbeiten von Erich Haenisch und Yao Ts'ung-wu[M]. Asiatische Forschungen: band 56. Wiesbaden: Otto Harrassowitz,1980.

Rachewiltz, Igor de. Personnel and Personalities in North China in Early Mongol Period[J]. Journal of the Economic and Social History of the Orient,1966,9:88 – 144.

Rachewiltz, Igor de. Index to the Secret History of the Mongols[M]. Bloomington: Indiana University,1972.

Tumertogoo D, Cecegdari G. Mongolian Monuments in Uighur-Mongolian Script(XIII – XVI Centuries) [M]. Taipei: Academia Sinica Institute of Linguistics,2006.

索　引

A

按察兒（按扎兒）
168,177,182

按打奚　108,112

按只觮（額勒只吉歹）　11

按只觮（阿勒赤歹、按只帶、按只
台、按赤帶、按赤台、按只吉歹）
6,8,10,11,168,173,182,187,
208,209,210

B

八都魯　112－114,201

八都魯軍　108,113,129,131

跋焦　70,88,92,93,95,96

白韃（白韃靼）
172,173,194,197,245

白厮馬（白厮卜、不顏昔班）
168,172,173

博窩（袍阿、孛魯）
92－94,97,168,169,173,182,
189,190,202,203,210

必徹徹　10,12,52

辮線襖　48,50,51,274,279

撥都馬（撥都駙馬、豹突駙馬、孛
禿、不圖、孛徒）
168,171,172,184,187

C

茶合觮（察合台、察哈台）
6,12,13,139,168,170,183,
186,193,195,218,231,276

長春宮　88,92,99

成吉思（成吉思皇帝）
1,2,4－6,56,89,93,94,99－
101,107,115,159,167,171,
173,183,185－189,197,204,
215,219,221,223,230,231,279

程大使　22,24,236,243

D

達塔（塔塔兒）
4,5,159,194,201

韃主

·欧·亚·历·史·文·化·文·库·

欧·亚·历·史·文·化·文·库·

跋

　　拙稿蒙余太山先生不棄,收入文庫,并時加督促,始克蔵事。數年來,牽蠹簡,注蟲魚,亦云勞矣。乃得吳念庵丈、榮新江先生、余欣君、邱軼皓君惠賜資料,感荷無已。復蒙黃時鑑丈勖勉,并贈新刊文集,惜稿成而丈已歸道山,請益無從,彌增悵惘。海上耆宿周退密教授年屆期頤,惠賜題簽,深感榮幸。責任編輯施援平女史,不辭煩勞,克盡厥職,亦當銘刻。癸巳長至許全勝記於觀米山房。

欧亚历史文化文库

已经出版

林悟殊著:《中古夷教华化丛考》　　　　　　　　定价:66.00元
赵俪生著:《弇兹集》　　　　　　　　　　　　　定价:69.00元
华喆著:《阴山鸣镝——匈奴在北方草原上的兴衰》　定价:48.00元
杨军编著:《走向陌生的地方——内陆欧亚移民史话》　定价:38.00元
贺菊莲著:《天山家宴——西域饮食文化纵横谈》　定价:64.00元
陈鹏著:《路途漫漫丝貂情——明清东北亚丝绸之路研究》

　　　　　　　　　　　　　　　　　　　　　　　定价:62.00元
王颋著:《内陆亚洲史地求索》　　　　　　　　　定价:83.00元
〔日〕堀敏一著,韩昇、刘建英编译:《隋唐帝国与东亚》　定价:38.00元
〔印度〕艾哈默得·辛哈著,周翔翼译,徐百永校:《入藏四年》

　　　　　　　　　　　　　　　　　　　　　　　定价:35.00元
〔意〕伯戴克著,张云译:《中部西藏与蒙古人
　　——元代西藏历史》(增订本)　　　　　　　定价:38.00元
陈高华著:《元朝史事新证》　　　　　　　　　　定价:74.00元
王永兴著:《唐代经营西北研究》　　　　　　　　定价:94.00元
王炳华著:《西域考古文存》　　　　　　　　　　定价:108.00元
李健才著:《东北亚史地论集》　　　　　　　　　定价:73.00元
孟凡人著:《新疆考古论集》　　　　　　　　　　定价:98.00元
周伟洲著:《藏史论考》　　　　　　　　　　　　定价:55.00元
刘文锁著:《丝绸之路——内陆欧亚考古与历史》　定价:88.00元
张博泉著:《甫白文存》　　　　　　　　　　　　定价:62.00元
孙玉良著:《史林遗痕》　　　　　　　　　　　　定价:85.00元
马健著:《匈奴葬仪的考古学探索》　　　　　　　定价:76.00元
〔俄〕柯兹洛夫著,王希隆、丁淑琴译:
　《蒙古、安多和死城哈喇浩特》(完整版)　　　定价:82.00元
乌云高娃著:《元朝与高丽关系研究》　　　　　　定价:67.00元
杨军著:《夫余史研究》　　　　　　　　　　　　定价:40.00元

梁俊艳著:《英国与中国西藏(1774—1904)》 定价:88.00元

〔乌兹别克斯坦〕艾哈迈多夫著,陈远光译:

    《16—18世纪中亚历史地理文献》(修订版) 定价:85.00元

成一农著:《空间与形态——三至七世纪中国历史城市地理研究》

                                    定价:76.00元

杨铭著:《唐代吐蕃与西北民族关系史研究》 定价:86.00元

殷小平著:《元代也里可温考述》 定价:50.00元

耿世民著:《西域文史论稿》 定价:100.00元

殷晴著:《丝绸之路经济史研究》 定价:135.00元(上、下册)

余大钧译:《北方民族史与蒙古史译文集》 定价:160.00元(上、下册)

韩儒林著:《蒙元史与内陆亚洲史研究》 定价:58.00元

〔美〕查尔斯·林霍尔姆著,张士东、杨军译:

    《伊斯兰中东——传统与变迁》 定价:88.00元

〔美〕J. G. 马勒著,王欣译:《唐代塑像中的西域人》 定价:58.00元

顾世宝著:《蒙元时代的蒙古族文学家》 定价:42.00元

杨铭编:《国外敦煌学、藏学研究——翻译与评述》 定价:78.00元

牛汝极等著:《新疆文化的现代化转向》 定价:76.00元

周伟洲著:《西域史地论集》 定价:82.00元

周晶著:《纷扰的雪山——20世纪前半叶西藏社会生活研究》

                                    定价:75.00元

蓝琪著:《16—19世纪中亚各国与俄国关系论述》 定价:58.00元

许序雅著:《唐朝与中亚九姓胡关系史研究》 定价:65.00元

汪受宽著:《骊轩梦断——古罗马军团东归伪史辨识》 定价:96.00元

刘雪飞著:《上古欧洲斯基泰文化巡礼》 定价:32.00元

〔俄〕Т. Б. 巴尔采娃著,张良仁、李明华译:

    《斯基泰时期的有色金属加工业——第聂伯河左岸森林草原带》

                                    定价:44.00元

叶德荣著:《汉晋胡汉佛教论稿》 定价:60.00元

王颋著:《内陆亚洲史地求索(续)》 定价:86.00元

尚永琪著:

    《胡僧东来——汉唐时期的佛经翻译家和传播人》 定价:52.00元

桂宝丽著:《可萨突厥》 定价:30.00元

篠原典生著:《西天伽蓝记》　　　　　　　　定价:48.00 元

〔德〕施林洛甫著,刘震、孟瑜译:
　《叙事和图画——欧洲和印度艺术中的情节展现》　定价:35.00 元

马小鹤著:《光明的使者——摩尼和摩尼教》　定价:120.00 元

李鸣飞著:《蒙元时期的宗教变迁》　　　　　定价:54.00 元

〔苏联〕伊·亚·兹拉特金著,马曼丽译:
　《准噶尔汗国史》(修订版)　　　　　　　　定价:86.00 元

〔苏联〕巴托尔德著,张丽译:《中亚历史——巴托尔德文集
　第 2 卷第 1 册第 1 部分》　　定价:200.00 元(上、下册)

〔俄〕格·尼·波塔宁著,〔苏联〕B.B.奥布鲁切夫编,吴吉康、吴立珺译:
　《蒙古纪行》　　　　　　　　　　　　　　定价:96.00 元

张文德著:《朝贡与入附——明代西域人来华研究》　定价:52.00 元

张小贵著:《祆教史考论与述评》　　　　　　定价:55.00 元

〔苏联〕K.A.阿奇舍夫、Г.A.库沙耶夫著,孙危译:
　《伊犁河流域塞人和乌孙的古代文明》　　　定价:60.00 元

陈明著:《文本与语言——出土文献与早期佛经词汇研究》

　　　　　　　　　　　　　　　　　　　　定价:78.00 元

李映洲著:《敦煌壁画艺术论》　　定价:148.00 元(上、下册)

杜斗城著:《杜撰集》　　　　　　　　　　　定价:108.00 元

芮传明著:《内陆欧亚风云录》　　　　　　　定价:48.00 元

徐文堪著:《欧亚大陆语言及其研究说略》　　定价:54.00 元

刘迎胜著:《小儿锦研究》(一、二、三)　　　定价:300.00 元

郑炳林、陈于柱著:《敦煌占卜文献叙录》　　定价:60.00 元

许全胜著:《黑鞑事略校注》　　　　　　　　定价:66.00 元

敬请期待

段海蓉著:《萨都剌传》

贾丛江著:《汉代西域汉人和汉文化》

王永兴著:《敦煌吐鲁番出土唐代军事文书考释》

薛宗正著:《汉唐西域史汇考》

徐文堪编:《梅维恒内陆欧亚研究文选》

李锦绣编:《20 世纪内陆欧亚历史文化研究论文选粹》

李锦绣、余太山编:《古代内陆欧亚史纲》

李锦绣著:《裴矩〈西域图记〉辑考》

李艳玲著:《田作畜牧
　　——公元前 2 世纪至公元 7 世纪前期西域绿洲农业研究》

许全胜、刘震编:《内陆欧亚历史语言论集——徐文堪先生古稀纪念》

张小贵编:《三夷教论集——林悟殊先生古稀纪念》

李鸣飞著:《横跨欧亚——中世纪旅行者眼中的世界》

杨林坤著:《西风万里交河道——明代西域丝路上的使者与商旅》

林悟殊著:《华化摩尼教补说》

王媛媛著:《摩尼教艺术及其华化考述》

李花子著:《长白山踏查记》

芮传明著:《摩尼教敦煌吐鲁番文书校注与译释研究》

马小鹤著:《霞浦文书研究》

〔德〕梅塔著,刘震译:《从弃绝到解脱》

郭物著:《欧亚游牧社会的重器——鍑》

王邦维著:《华梵问学集》

李锦绣著:《北阿富汗的巴克特里亚文献》

孙昊著:《辽代女真社会研究》

赵现海著:《长城时代的开启
　　——长城社会史视野下明中期榆林长城修筑研究》

华喆著:《帝国的背影——公元 14 世纪以后的蒙古》

杨建新著:《民族边疆论集》

王永兴著:《唐代土地制度研究——以敦煌吐鲁番田制文书为中心》

〔苏联〕伊·亚·兹拉特金等著,马曼丽、胡尚哲译:
　　《俄蒙关系档案文献集(1607—1654)》

〔俄〕柯兹洛夫著,丁淑琴译:《蒙古与喀木》

马曼丽著:《马曼丽内陆欧亚自选集》

韩中义著:《欧亚与西北研究辑》

刘迎胜著:《蒙元史考论》

尚永琪著:《古代欧亚草原上的马——在汉唐帝国视域内的考察》

石云涛著:《丝绸之路的起源》

青格力等著《内蒙古土默特金氏蒙古家族契约文书整理研究》

尚永琪著:《鸠摩罗什及其时代》

石云涛著:《魏晋南北朝时期的外来文明》

淘宝网邮购地址:http://lzup.taobao.com